医療経営士 実践 テキストシリーズ ⑥

これからの医療政策の論点整理と
戦略的病院経営の実践

千葉大学医学部附属病院病院長企画室長・特任教授　**井上貴裕** 編著

戦略的思考力を磨き、収益力を上げる経営処方箋49

| 7対1入院基本料 | DPC/PDPS | 診療報酬と原価計算 |

JMP 日本医療企画

はじめに──医療政策の方向性と戦略的病院経営の課題

　高齢化や医療技術の進歩等によって国民医療費が増大し続けている。経済が大きく成長しているのであれば、医療費の増大も許容されるだろうが、経済成長を上回る勢いで医療費が増大している。特に昨今、高額な抗がん剤や肝炎の治療薬等の台頭により、病院は増収減益の状況にあり、今後もその傾向は続いていくかもしれない。それに追い討ちをかけるように、消費税の増税、診療報酬のマイナス改定が行われ、医療機関経営は厳しさを増している。これからも医療費の増大に歯止めをかけるために、医療費抑制が政策の柱になっていくことは間違いがないだろう。質が高く、効果的で効率的な医療提供体制を継続していくためには、限りある医療資源を適切に配分することは不可欠であり、それは医療機関に痛みを強いることもあるはずだ。

　2018（平成30）年度は医療と介護の同時報酬改定があり、医療政策のターゲットイヤーの1つに設定されている2025年に向けて重要な方向性が提示されることだろう。特に地域医療構想等において過剰と試算されている急性期入院医療について大きな変革が迫られる可能性が高い。具体的には7対1入院基本料やICU、総合入院体制加算などの急性期あるいは高度急性期機能には多額のコストがかかるために、それらが厳格化されていくことだろう。政策が変われば、現場の行動も変わっていく。医療機関は政策のメッセージを微妙に嗅ぎ取り、その方向に突き進んでいく傾向があるし、時として過剰反応することも少なくない。その意味で、病院経営に携わる者は本格化する医療制度改革の方向性について十分に理解をし、自院の戦略を練り、舵取りをしていくことが求められている。

　本書は編著者である私が雑誌等に連載したものをベースに大幅な加筆・改筆・再編を行い、医療政策の方向性等については、厚生労働省の現役および元医系技官にも寄稿してもらった。さらに、医療現場で日々闘う専門家にも執筆してもらい、これからの戦略的な病院経営を推進していくために不可欠な内容としたつもりである。

　高齢化、人口減少、医師偏在など自院だけではコントロールできない環境変化が待ち受けている。しかし、地域に必要な医療を提供し続け、王道を歩む限り、私たちには明るい未来が待ち受けている。そう信じてあるべき姿を追求する医療機関が1つでも多く生まれることを願っている。

井上貴裕

CONTENTS

はじめに──医療政策の方向性と戦略的病院経営の課題⋯⋯⋯⋯⋯⋯⋯ ❸

第1章 地域医療構想等、医療政策の行方

1 医療提供体制の変革はどこへ向かうのか
　　──地域医療構想等の行方⋯⋯⋯⋯⋯⋯⋯⋯⋯⋯⋯⋯⋯⋯⋯⋯⋯ 2
2 ICTに関連した診療報酬改定のポイントとそこから見える今後⋯⋯⋯ 9
3 重症度、医療・看護必要度⋯⋯⋯⋯⋯⋯⋯⋯⋯⋯⋯⋯⋯⋯⋯⋯⋯ 21
4 療養病床⋯⋯⋯⋯⋯⋯⋯⋯⋯⋯⋯⋯⋯⋯⋯⋯⋯⋯⋯⋯⋯⋯⋯⋯ 34
5 リハビリテーション関連の診療報酬改定の概要について
　　──回復期リハビリテーション病棟のアウトカム評価を中心に⋯⋯ 45
6 ポリファーマシー問題⋯⋯⋯⋯⋯⋯⋯⋯⋯⋯⋯⋯⋯⋯⋯⋯⋯⋯⋯ 51
7 特定集中治療室管理料⋯⋯⋯⋯⋯⋯⋯⋯⋯⋯⋯⋯⋯⋯⋯⋯⋯⋯⋯ 59

第2章 病院経営を取り巻く環境と戦略的経営の推進

1 病院経営についての3つの誤解⋯⋯⋯⋯⋯⋯⋯⋯⋯⋯⋯⋯⋯⋯⋯ 68
2 激戦区と競争が緩やかな地域との戦略の違い⋯⋯⋯⋯⋯⋯⋯⋯⋯⋯ 72
3 地域の競争状況を客観的に把握する方法⋯⋯⋯⋯⋯⋯⋯⋯⋯⋯⋯⋯ 76
4 新入院患者数　なぜ増えないのか？
　　──病床数を減らすという選択⋯⋯⋯⋯⋯⋯⋯⋯⋯⋯⋯⋯⋯⋯⋯ 82
5 高齢社会において高度急性期を目指すこと⋯⋯⋯⋯⋯⋯⋯⋯⋯⋯⋯ 86
6 予定入院患者をいかに獲得するか
　　──高度急性期病院として満たすべき要件⋯⋯⋯⋯⋯⋯⋯⋯⋯⋯ 91
7 「高機能とは何か」資源の客観的評価で知る⋯⋯⋯⋯⋯⋯⋯⋯⋯⋯ 97
8 高齢者増で救急に注力、受入先との連携密に⋯⋯⋯⋯⋯⋯⋯⋯⋯⋯ 102
9 何かをしないという選択
　　──捨てる意思決定を医療機関に迫るのは困難か⋯⋯⋯⋯⋯⋯⋯ 108
10 診療報酬と原価計算⋯⋯⋯⋯⋯⋯⋯⋯⋯⋯⋯⋯⋯⋯⋯⋯⋯⋯⋯⋯ 112

第3章 7対1入院基本料等の絞り込み

1. 2016年度診療報酬改定
   ——7対1入院基本料をどう考えるか……………………………… 124
2. 7対1入院基本料を維持するため看護必要度向上のための施策…… 130
3. 7対1からの4つの転換オプション……………………………… 137
4. 地域包括ケア病棟、要件見直しの意味とは……………………… 140
5. 入院Ⅲダウンで進む地域包括ケア病棟の転換…………………… 144
6. 医療の質をも考慮した診療報酬の支払い
   ——7対1病院にDPC/PDPSの義務付けを……………………… 149
7. 7対1の基準、看護必要度から発想の転換を……………………… 154
8. 7対1よりも厳しいICUの重症度、医療・看護必要度…………… 159

第4章 高度急性期機能に関する論点

1. 総合入院体制加算で小手先の手法拡大を危惧…………………… 168
2. 総合入院体制加算1をどう考えるか……………………………… 173
3. 総合入院体制加算と地域包括ケア病棟両立も必要……………… 176
4. Ⅱ群要件を満たすための機能の高度化とは……………………… 180
5. 地域医療構想策定ガイドラインとⅡ群の関係…………………… 185
6. 高齢化進む地域のⅡ群病院"降格"に現実味…………………… 190
7. 内科医からみたⅡ群病院の選定要件「特定内科診療」………… 194
8. 画像診断管理加算の大きな意義と制度の矛盾…………………… 203
9. 休日・時間外・深夜の手術・処置等の加算の意義と課題……… 207

第5章 DPC/PDPSにおける論点

1. 機能評価係数Ⅱを分析、簡潔な係数が不可欠 ……………………………… 212
2. コーディングと機能評価係数Ⅱ
　——特に効率性係数・複雑性係数・カバー率への影響 ……………… 219
3. 複雑性の評価とその実態 …………………………………………………… 227
4. 複雑性を高めるための３つの施策 ………………………………………… 232
5. 副傷病名の適正入力が制度発展の鍵を握る ……………………………… 237
6. 地域差に影響されない救急医療係数の設計を …………………………… 242
7. 後発医薬品の積極的採用にあたっての課題
　——適応外使用をどう考えるか ……………………………………… 248
8. 重症度指数に依存せず、効率性と質の追求を …………………………… 252
9. 重症度係数ゼロを目指して ………………………………………………… 258
10. 退院支援加算１を取得する上で必要な視点 ……………………………… 265

第6章 外来診療機能をどう考えるか

1. 地域医療支援病院に不可欠の積極的な逆紹介 …………………………… 270
2. 診療密度高い患者に集中、外来収入は減らず …………………………… 275
3. その同一日複数科受診は本当に必要なのか ……………………………… 280
4. 大病院の外来制限には、次なる一手がある ……………………………… 284
5. 診療所、薬局にとっての2016年度改定
　——実地医家に課された医療政策の方向性 ………………………… 287

第1章

地域医療構想等、医療政策の行方

1 医療提供体制の変革はどこへ向かうのか——地域医療構想等の行方

❶ 医療提供体制の変革の近年の流れ

（1）背景事情

　日本はいま、世界に類を見ない人口の少子高齢化を経験している。さらに、団塊の世代すべてが後期高齢者となる2025（平成37）年に向け、医療・介護ニーズの量的な増大や、質的な変化（複数の問題を抱える患者の増大等）への対応が求められる。この質・量の変化に対応するため、医療提供体制も変革していく必要がある。

（2）法制的な枠組みの整備状況

　医療提供体制の変革については、国でも10年以上にわたって議論が行われてきた経緯がある。しかし、具体的な議論として、法制的な枠組みが整備されたのは最近になってからで、「持続可能な社会保障制度の確立を図るための改革の推進に関する法律（プログラム法）」（2017〔平成25〕年12月に成立）に定められた枠組みに沿って、現在の変革が進められている。

　上記プログラム法を具体化したのが、2014（平成26）年6月に成立した「地域における医療及び介護の総合的な確保を推進するための関係法律の整備等に関する法律（医療介護総合確保推進法）」である。

　この中に医療提供体制以外も含めて、3つの柱がある。まず、①医療・介護の総合的な確保のための基本的な方針（総合確保方針）の策定と地域医療介護総合確保基金の創設である。医療と介護の諸計画を期間設定も合わせ整合的なものとし、また、財政的に取り組みを支援し実現を図るものである。次に②病床機能報告制度、地域医療構想策定の2つの施策による病床の機能分化・連携の推進である。最後は③介護保険法関係である。

（3）法制的な枠組みの整備に至るまでの経緯

　現在の法整備につながる政府の議論の方向性は、「社会保障国民会議」（2008〔平成20〕年1月～11月）で明確に打ち出され、急性期医療と慢性期医療の具体的な機能分化のあり方が示された。2012（平成24）年2月の「社会保障・税一体改革大綱」においても、財源確保策とともに、医療サービス提供体制については、病床の機能分化・連携を進め、医療資源の集中投入を図り、機能を強化することとされた。

　このような政府全体の議論を受けて、厚生労働省においては、2012年6月に、「急性期医療に関する作業グループ」において、「一般病床の機能分化の推進についての整理」がとりまとめられ、医療機関が担っている医療機能を都道府県に報告する仕組みを導入することとされた。その後、「病床機能情報の報告・提供の具体的なあり方に関する検討会」において議論がとりまとめられ、2014年10月から「病床機能報告制度」として開始された。この制度においては、一般病床と療養病床については、「高度急性期」「急性期」「回復期」「慢性期」の4つの機能から1つを選択し、報告する。これらの機能に関する報告とともに、構造設備・人員配置等に関する情報や具体的な医療の内容に関する情報も報告することになった。

（4）機能分化・連携の議論の経緯を見る際のポイント等

　医療機関が担っている医療機能を都道府県に報告する仕組みとは、言い換えれば、医療機能分化のためには、まずは、担っている病床機能を"見える化"することが重要であるということである。

　ここで注目に値するのは、当初、医療機能の分化・連携は、どちらかというと病院単位の議論が主体だったところから、病棟など、より小さい単位での機能分化・連携が議論の主体に移っていった点である。例えば、2012年2月の「社会保障・税一体改革大綱」においては、平均在院日数等の数値を見ると、機能分化は病院単位で行うことが想定されていることがわかる。すなわち、高度急性期機能のほうが急性期よりも平均在院日数が長いことが想定されており、より重症な疾患を比較的長期に治療して、退院・転院を行うことが想定されていると読み取ることができるということである。

　一方、「病床機能報告制度」においては、報告は病棟単位で行うこととさ

れている。また、後述する「地域医療構想」でも、医療機能は資源投入量による推計を行われており、1つの病院の中に複数の機能を持つことが想定されている推計になっていることがうかがえる。

この地域医療構想では、病床機能報告制度により見える化された情報等を参考として、地域ごとに将来の医療ニーズを見据え、提供体制の青写真を描き、その実現のための道筋を定めることが求められている。

❷ 医療提供体制の変革の具体的内容 ——地域医療構想とは

2016（平成28）年4月1日現在、まだすべての都道府県が地域医療構想を作成した段階にはないが、今後、各都道府県の地域医療構想が出揃ってくる段階で、今後の医療提供体制の絵姿が浮かび上がってくると予想される。

2015（平成27）年3月に厚生労働省が示したガイドラインでは、地域医療構想の策定プロセスを8つのステップに分けて詳述するとともに、併せて、協議の場（地域医療構想調整会議）の設置・運営に係る方針を含め、地域医療構想の達成の推進や、病床機能報告制度において報告される情報の公表のあり方についても盛り込んだ。

（1）地域医療構想の策定を行う体制等の整備

関係者からの意見聴取や関係する会議の委員選定を進める。

意見を聴く関係者としては、地域の医療関係者、保険者および患者・住民、市町村などが挙げられる。

（2）地域医療構想の策定および実現に必要なデータの収集、分析および共有

基礎となるデータは、厚生労働省において一元的に整備して都道府県に提供（技術的支援）する。その際、医療機関の協力を得て、病床機能報告制度等により、有用なデータが報告・提出されており、これらを活用することも重要である。

（3）地域住民の医療ニーズに対応した適切な医療提供体制を整えるための構想区域の設定

　構想区域は、現行の二次医療圏を原則としつつ、あらかじめ、人口規模、患者の受療動向、疾病構造の変化、基幹病院までのアクセス時間の変化など将来における要素を勘案して検討する必要がある。現行の二次医療圏と異なる構想区域を設定した場合は、将来における要素を必ず勘案する必要がある。

　また、地域医療構想は、2025（平成37）年を目指すものであるが、設定した構想区域が現行の医療計画の二次医療圏と異なる場合は、最終的には二次医療圏と構想区域を一致させることが適当である。

（4）構想区域ごとの医療需要

　2025年の構想区域ごとの医療需要（高度急性期から慢性期までの4つの機能ごとの医療需要〔入院患者数〕）の推計は、厚生労働省が示した基礎データおよび方法に基づき、都道府県が実施する。手順は以下のとおりである。

①まず、構想区域ごと、医療機能ごとの性・年齢階級別の入院受療率は、2013（平成25）年と2025年で同じと仮定する。
　（入院受療率＝年間入院患者延べ数（人）÷365（日）÷人口）
②NDBのレセプトデータおよびDPCデータに基づき、2013年度の構想区域ごと、機能ごとの性・年齢階級別入院患者数を求める（患者住所地別になっていないデータについては、一定の仮定を置いて各地域に按分する）。
③2013年のそれぞれの人口で除して、入院受療率を求める。
④2025年の構想区域ごとの性・年齢階級別人口と③で求めた入院受療率を乗じて、2025年の医療需要を求める。当該人口は、国立社会保障・人口問題研究所の将来推計人口を用いる。

　高度急性期・急性期・回復期の3機能の推計方法については、医療資源投入量に着目して推計を行った。医療資源投入量とは、患者に対して行われた診療行為を診療報酬の出来高点数で換算した値のことである。この値に着目することで、患者の状態や診療の実態を勘案した推計が可能と考えられた。

　また、在宅等においても実施できる医療等を受療する患者像を参考にして、回復期機能と在宅医療等の区分の境界点の医療資源投入量を設定し、それぞ

れの医療需要の推計を行っている。
　一方、慢性期機能については、在宅医療の充実状況や介護施設等の整備状況なども異なっている中で、療養病床の入院受療率の都道府県ごとの格差を一定程度解消する方向で推計を行うこととしている。

（5）医療需要に対する医療提供体制の検討

（6）医療需要に対する医療供給を踏まえた病床の必要量（必要病床数）の推計

（7）構想区域の確認

　医療供給と医療需要は、原則的な考え方に沿えば、一致するものであるが、患者住所地で考える際の医療需要と医療機関所在地で考える際の医療需要は、同一構想区域内では必ずしも一致しない（患者が居住する構想区域から出て医療を受けているため）。そのため、そのような構想区域を超える医療需要（流出入）に対して、医療供給でどのように対応するかを検討する必要がある。方法は2つあり、構想区域の設定自体を調整するか、患者住所地での医療供給または医療機関所在地での医療供給のいずれとするかを決定する（患者の流出入を調整する）かのどちらかとなる。
　次に、推計された医療供給量を病床稼働率で除して、必要病床数を求める。最後に、都道府県は、人口規模や基幹病院までのアクセス等を踏まえ、構想区域の設定の妥当性を確認する。

（8）将来のあるべき医療提供体制を実現するための施策の検討

　このガイドラインには、地域医療構想の策定プロセスと併せて、構想達成についても記載がなされている。地域医療構想は、策定するだけでは十分ではなく、実現に向けた取り組み等と併せてこそ意味があるからである。
　実現するための施策を検討する前に、都道府県は、必要病床数と病床機能報告制度による集計数との比較を行い、構想区域ごとの課題を抽出する。
　次に、都道府県は、構想区域ごとに抽出された課題に対する施策を検討する。この施策の基本的考え方は、毎年度の地域医療介護総合確保基金に係る

都道府県計画の策定の基本方針として活用されることになる。施策の柱は大きく分けて3つある。

①病床の機能の分化および連携の推進

不足する機能を担う病床の増床や病床機能の転換に伴う施設・設備整備の支援や医療機関が役割分担をして有効に機能するための連携施策を実施する。患者の疾病からの回復が遅延したり、ADL（日常生活における基本的な動作を行う能力）の低下を招くことのないよう地域連携パスの整備・活用の推進や、都道府県や市町村が中心となった連携を推進するための関係者が集まる会議の開催、ICTを活用した地域医療ネットワークの構築等に複合的に取り組む。

②在宅医療の充実

在宅医療の提供体制の充実のためには、医療機関、訪問看護事業所、地域医師会等の関係団体等との連携が不可欠であり、関連する事業の実施や体制整備が重要である。加えて、人材の確保・育成を推進する観点から、医療者に対しての在宅医療への参入の動機付けとなるような研修や参入後の相談体制の構築等を行う。また、後方支援の体制整備を行う。

③医療従事者の確保・養成

地域医療支援センター等を活用した医師等の偏在の解消や医療勤務環境改善支援センター等を活用した医療機関の勤務環境の改善、チーム医療の推進、看護職員の確保・定着・離職防止、ワーク・ライフ・バランスの確立のための諸施策を行う。

以上が、地域医療構想策定ガイドラインの枠組みである。構想策定後の地域医療構想の実現に向けた仕組みとしては、まず、都道府県が、構想区域ごとに地域医療構想調整会議を設け、地域医療構想を達成するために必要な協議を行う。この他、各医療機関の自主的な取り組みがあり、都道府県によるこれらの取り組みへの支援が行われ、実現に向けて取り組みが進むことになる。

当面、地域医療構想で使用されている各機能の推計条件等がただちに診療報酬上の要件等にそのまま活用されるということは想定していないが、政府全体として、目指すべき医療提供体制の変革の方向性は、地域医療構想によっても示されている。患者の状態に合わせた適切な医療提供、および医療提供に沿った人材配置等医療資源配分等が、効率的な医療提供体制の構築には不可欠であろう。

　2018（平成30）年度診療報酬改定は、介護報酬改定との同時改定となるのみならず、2018年4月から開始される第七次医療計画や第七期の介護保険事業計画についても、今後の医療・介護提供体制の構築に大きな影響を与えうるものとなることが予想される。

※執筆時点（2016〔平成28〕年5月）以降も医療提供体制に関わる議論が継続されているので、厚生労働省の審議会等の情報に注意されたい。

ICTに関連した診療報酬改定のポイントとそこから見える今後

　2016（平成28）年度診療報酬改定では、日常的に行われる診療行為である、診療情報提供書Ⅰ（250点、いわゆる「紹介状」）の作成と送受を電子的に行うことを評価する旨を明示し、さらに検査・画像情報提供加算（退院患者の場合200点加算、その他の患者の場合30点加算）が新設された。さらには、電子的に画像情報や検査結果等の提供を受け、診療に活用した場合に電子的診療情報評価料（30点）が新設された。これらの算定項目の詳細を見ていくとともに、施設基準等から医療機関に求められるICTへのインフラ整備の考え方を紹介する。

❶ これまでの議論の経緯

　日本の医療が抱える課題として、高齢化の進行に伴う医療需要・財政負担の増加と疾病構造の変化が挙げられる。これを受けて厚生労働省は医療改革の方向性として、健康の維持増進・疾病の予防および早期発見の促進、医療機能の分化・連携の促進、地域包括ケアシステムの構築が重要と認識し、取り組んできたところである。

　具体的な解決のツールの1つとして医療のICT化があり、レセプト情報等データベース（NDB: National DataBase of Health Insurance Claims and Specific Health Checkups of Japan.）等のいわゆるビッグ・データの利活用や、医療情報連携ネットワークの普及・展開が挙げられる。

　一方で地域の医療事情は地域ごとに大きく異なる。例えば医療機関の集中している地域や医療過疎の地域など様々である。標準的な仕様で、それぞれの地域課題を解決するためにネットワークを構築していくことが必要ではないかとの提案がされている。そのために、どのように情報連携するかを地域ごとに十分意識合わせをしていく必要がある。

　2016年度の診療報酬改定においては、ICTに関連した改定のポイントはい

くつか見られる。その1つはICTを活用したデータの収集・利活用に関連したことである。病床の機能分化・連携のための医療情報連携ネットワークの推進については地域医療再生基金を用いてイニシャルコストの補助を受けることは可能であるものの、ランニングコストの負担は参加する医療機関間で取り決めを行い、構築可否の判断を含めて地域の中での合意形成に委ねられているのが現状である。今回の改定において、医療情報連携ネットワークに関連した診療行為に診療報酬上での評価を行うことは2つの点を考慮した改定といえる。

❷ ICTを活用したデータの収集・利活用に関連する診療報酬改定の詳細と施設要件

　ICTを活用したデータの収集・利活用に関連する診療報酬改定には大きく分けて3つのポイントがある（図表1-2-1）。

①B009診療情報提供書Ⅰ（250点）の作成と送受を電子的に行う事を評価することを明示

　これまでの法令文書として、「医療情報システムにおける標準化の推進について」（平成24年3月26日、保険局医療課事務連絡）において、「保険医療機関等が、診療報酬の算定にあたって作成等することとされている文書については、電子的に作成等された場合であっても、書面（紙媒体）によるものと見なして取り扱うこととして差し支えない」という事務連絡がなされ、診療報酬算定のために作成される文書は電子的に作成しても紙と同等に扱われることとされているが、一部の文書では、様式として、記名・押印が必要とされているなど、電子的に送受した際の取り扱いが明確でなかった。このため、診療現場では依然として書面による運用が主流であった。これを電子的に取り扱うことを明示的に認め、医科診療報酬点数表に明記された。

　算定のための施設基準は主に3点である。つまり（1）他の保険医療機関等と連携し、患者の医療情報に関する電子的な送受信が可能なネットワークを構築していること、（2）別の保険医療機関と標準的な方法により安全に

❷ICTに関連した診療報酬改定のポイントとそこから見える今後

図表1-2-1　ICTを活用した医療連携や医療に関するデータの収集・利活用の推進①

平成28年度診療報酬改定

情報通信技術（ICT）を活用した医療連携や医療に関するデータの収集・利活用の推進

診療情報提供書等の文書の電子的な送受に関する記載の明確化

➢ 診療情報提供書等の診療等に要する文書（これまで記名・押印を要していたもの）を、**電子的に送受できることを明確化**し、安全性の確保等に関する要件を明記。

画像情報・検査結果等の電子的な送受に関する評価

➢ 保険医療機関間で、診療情報提供書を提供する際に、併せて、画像情報や検査結果等を電子的に提供し活用することについて評価。

（新）　検査・画像情報提供加算
　　　（診療情報提供料の加算として評価）
　　　イ　退院患者の場合　　200点
　　　ロ　その他の患者の場合　30点
　診療情報提供書と併せて、画像情報・検査結果等を電子的方法により提供した場合に算定。

（新）　電子的診療情報評価料　30点
　診療情報提供書と併せて、電子的に画像情報や検査結果等の提供を受け、診療に活用した場合に算定。

［施設基準］
① 他の保険医療機関等と連携し、患者の医療情報に関する電子的な送受信が可能なネットワークを構築していること。
② 別の保険医療機関と標準的な方法により安全に情報の共有を行う体制が具備されていること。

出所：中央社会保険医療協議会資料

図表1-2-2　医療情報連携ネットワーク

平成28年度診療報酬改定

医療情報連携ネットワーク

○ 患者の同意を得た上で、医療機関間において、診療上必要な医療情報（患者の基本情報、処方データ、検査データ、画像データ等）を電子的に共有・閲覧できる仕組み。
○ 高度急性期医療、急性期医療、回復期医療、慢性期医療、在宅医療・介護の連携体制を構築。
○ 地域の医療機関等の間で、患者の医療情報をICTを活用して共有するネットワークを構築することにより、医療サービスの質の向上や効率的な医療の提供が期待される。

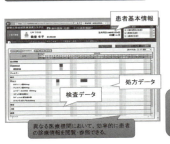

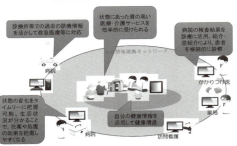

出所：中央社会保険医療協議会資料

情報の共有を行う体制が具備されていること、および（3）電子署名を施すことであり、以下に概説する。

　具体的には、（1）では地域医療情報ネットワークの構築が必要とされている。地域医療情報ネットワークとは患者の同意を得た上で、医療機関間において、診療上必要な医療情報（患者の基本情報、処方データ、検査データ、画像データ等）を電子的に共有・閲覧できる仕組みを指している（図表1-2-2）。「世界最先端IT国家創造宣言」（2015〔平成27〕年6月30日閣議決定）[1]）において、地域医療情報ネットワークを2018（平成30）年度までに全国への普及・展開を図る（すべての二次医療圏が地域の実情に応じて医療情報連携ネットワークを活用できる基盤を整備）こととされている。また、2014（平成26）年9月12日に医療介護総合確保促進会議を踏まえとりまとめられた「地域における医療及び介護を総合的に確保するための基本的な方針」においても、質の高い医療提供体制および地域包括ケアシステムの構築のためには、ICTの活用は情報共有に有効な手段とされており、医療情報連携ネットワークの構築は政府の医療ICT化の大きな方針といえる。厚生労働省内の関連する事業として、医政局研究開発振興課では2016（平成28）年度より医療情報連携ネットワークの構築を支援するサービスを検討している（図表1-2-3）。医療情報連携ネットワークを構築・運営する医療機関等を支援するため、標準規格や実装ガイド、留意するポイント等の必要な情報を提供する。医療情報連携ネットワークを構築する際に有用となる技術面および企画面の情報を一元的に情報発信していく計画であり、本事業内容も参考となると考えられる。

　（2）では、厚生労働省「医療情報システムの安全管理に関するガイドライン」（2016〔平成28〕年3月）[2]）を遵守することを定めている。2016年4月時点では、同ガイドラインは第4.3版が公表されており、標準的な方法により安全に情報の共有を行う体制とはガイドラインの中の「6.11 外部と個人情報を含む医療情報を交換する場合の安全管理」の項目に述べられた内容に留意する必要がある。紙幅の都合上詳述は避けるが、IPsec-IKE等の安全な通信環境の確保が求められる。

　さらに（3）では電子署名を行うシステムといて、厚生労働省の定める準拠性監査基準を満たす保健医療福祉分野の公開鍵基盤（HPKI: Healthcare

Public Key Infrastructure）による電子署名を施すこととされている（図表1-2-4）。「疑義解釈の送付について（その１）」（平成28年３月31日、厚生労働省保険局医療課事務連絡）の（問104）の（答）によると当該基準を満たす電子署名を施すことができるものとして「平成28年３月時点において、一般社団法人医療情報システム開発センター（MEDIS） HPKI電子認証局の発行するHPKI署名用電子証明書及び日本医師会の発行する医師資格証が該当する」とされている。当然ながら医療機関では、勤務する医師・歯科医師がHPKIを保有する必要がある。

さらに診療情報提供書の様式については算定要件に「原則として、厚生労働省標準規格に基づく診療情報提供書様式を用いること」と記されている。具体的には「『保健医療情報分野の標準規格（厚生労働省標準規格）について』の一部改正について」[3)]（平成28年３月28日、厚生労働省医政発0328第６号 政社発0328第１号）において述べられているとおり、「HS008 診療情報提供書（電子紹介状）」の実装が求められている。

図表1-2-3 医療情報連携ネットワーク構築支援サービス（仮称）事業

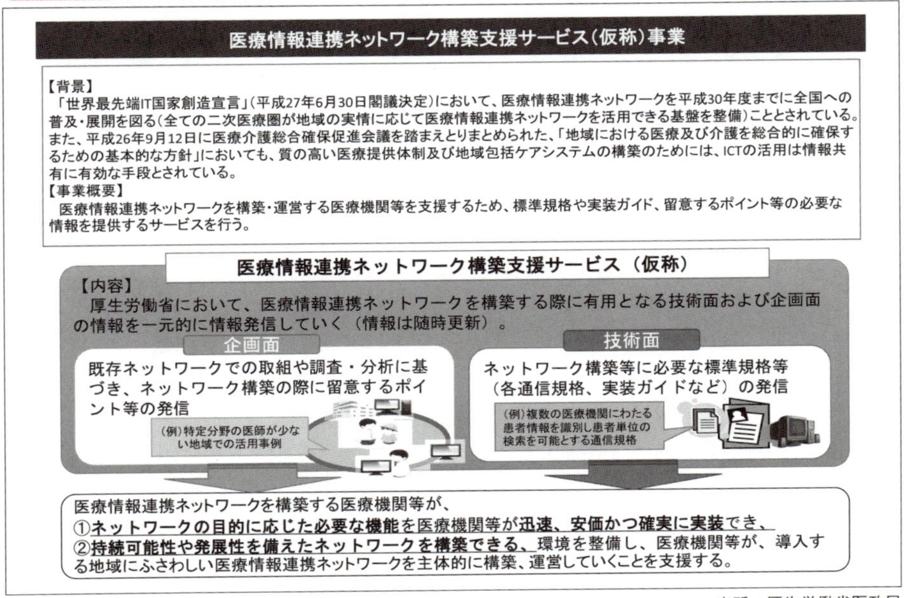

出所：厚生労働省医政局

また今回の改定に際しては、訪問看護ステーションと病院・診療所でやり取りされる「訪問看護指示書」等、および薬局から発出される「服薬情報等提供料に係る情報提供書」についても、上記の診療情報提供書Ⅰと同様の施設基準において、作成と送受を電子的に行うことを評価すると明示している。

②B009診療情報提供書Ⅰ「注15」画像情報・検査結果等の電子的な送信に関する評価

　保険医療機関間で、診療情報提供書を提供する際に、併せて画像情報や検査結果等を電子的に提供し活用することについて新たに評価がなされた。「医科診療報酬点数表」には以下の記載がされている。

　「別に厚生労働大臣が定める施設基準に適合しているものとして地方厚生局長等に届け出た保険医療機関が、患者の紹介を行う際に、検査結果、画像情報、画像診断の所見、投薬内容、注射内容、退院時要約等の診療記録のうち主要なものについて、他の保険医療機関に対し、電子的方法により閲覧可

図表1-2-4 保健医療福祉分野の公開鍵基盤（HPKI）

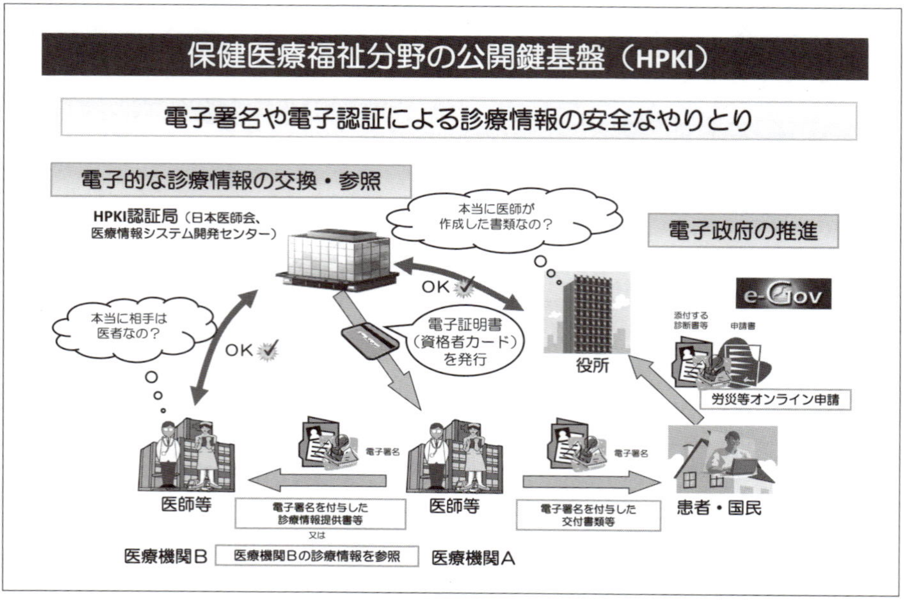

出所：厚生労働省医政局

能な形式で提供した場合又は電子的に送受される診療情報提供書に添付した場合に、検査・画像情報提供加算として、次に掲げる点数をそれぞれ所定点数に加算する。ただし、イについては、注7に規定する加算を算定する場合は算定しない」その上で、以下の点数が診療情報提供料の加算として評価される。

【新設：検査・画像情報提供加算】

（イ）退院する患者について、当該患者の退院日の属する月又はその翌月に、必要な情報を提供した場合（200点）
（ロ）入院中の患者以外の患者について、必要な情報を提供した場合（30点）
（イ）の項目の背景として、元々以下の算定が認められていた。

　診療情報提供料（Ⅰ）「注7」に以下の記載がされている。「保険医療機関が、別の保険医療機関等に対して、退院後の治療計画、検査結果、画像診断に係る画像情報その他の必要な情報を添付して紹介を行った場合200点を加算する。退院患者の紹介に当たっては、心電図、脳波、画像診断の所見等診療上必要な検査結果、画像情報等及び退院後の治療計画等を添付すること」

　この項目は患者の退院の際に、入院中の診療行為により得られた医療情報を添付して紹介先と共有することで、診断、重症度および治療の経過の把握が容易となり、重複検査が行われにくくなることで患者への負担を軽減させることを意図して策定されたものと考えられる。今回の（イ）ではその情報共有の在り方を電子的な送受においても算定されることを明示したものと考えられる。加算される点数（200点）が一致しているのもそうした背景によるものと理解できる。なお、「（イ）については、2018（平成30）年4月以降は、退院時要約を含むものに限る」と記載されていることに注意を要する。退院時サマリーの作成と添付は2018年度には求められることとなり、医療現場の対応が求められる。

　上記より、（ロ）についてはこれまでにない算定項目と考えてよい。「入院中の患者以外の患者」とあることから、外来から外来、外来から入院という場面においても、画像情報・検査結果等を共有することが評価されることとなり、本項目が該当する場面は多く、重要な算定項目と考えられる。なお、多数の検査結果および画像情報等を提供する場合には、どの検査結果および

画像情報等が主要なものであるかを併せて情報提供することが望ましく、単に情報を添付するのではなく、診療に活用できるように整理して共有することが趣旨に沿っているといえる。

検査・画像情報提供加算のための施設基準は主に4点である（図表1-2-5）。つまり（1）他の保険医療機関等と連携し、患者の医療情報に関する電子的な送受信が可能なネットワークを構築していること、（2）別の保険医療機関と標準的な方法により安全に情報の共有を行う体制が具備されていること、および（3）電子署名を施すこと、は前述の①と共通である。さらに加え、（4）標準化されたストレージ機能を有する情報蓄積環境が求められている。具体的には、（4）では前述の「『保健医療情報分野の標準規格（厚生労働省標準規格）について』の一部改正について」（※3）において述べられているとおり、「HS026 SS-MIX2ストレージ仕様書および構築ガイドライン」の実装が求められている。背景としては、2006（平成18）年に開始された、すべての医療機関を対象とした医療情報の交換・共有による医療の質の向上を目的とした「厚生労働省電子的診療情報交換推進事業」（SS-MIX及びSS-MIX2）が関連している（図表1-2-6）。SS-MIX標準化ストレージは、既存の院内情報システムで発生・送信される主要なデータを、標準的な形式・コード・構造で蓄積。蓄積されたデータは、院内で採用しているシステムの種別を問わず、様々なプログラムやシステムで利用可能である。SS-MIX2の仕様書や実装ガイドラインは、日本医療情報学会ホームページにおいて公開されており、ダウンロード可能である[4]。検査・画像情報提供加算を得るためには、SS-MIX2の実装が求められているところであり、インフラ整備上のハードルは上がることとなる。この点に配慮し、算定要件には「当該規格を導入するためのシステム改修が必要な場合は、それを行うまでの間はこの限りでない」とあるとおり、大規模修繕の機会まで猶予されることとなる。

また「疑義解釈の送付について（その1）」（平成28年3月31日、厚生労働省保険局医療課事務連絡）の（問101）の（答）によると画像情報・検査結果等をCD-ROMで提供した場合は算定不可である。

さらに算定要件として「特掲診療料の施設基準等及びその届出に関する手

❷ICTに関連した診療報酬改定のポイントとそこから見える今後

図表1-2-5 ICTを活用した医療連携や医療に関するデータの収集・利活用の推進②

平成28年度診療報酬改定

情報通信技術（ICT）を活用した医療連携や医療に関するデータの収集・利活用の推進

検査・画像情報提供加算及び電子的診療情報評価料の算定要件

検査・画像情報提供加算：診療情報提供書を提供する際に、診療記録のうち主要なものについて、他の保険医療機関に対し、電子的方法により閲覧可能な形式で提供した場合又は電子的に送受される診療情報提供書に添付した場合に算定する。

	情報提供方法		提供する情報
	診療情報提供書	検査結果及び画像情報等	
1	電子的に送信又は書面で提供	医療機関間で電子的に医療情報を共有するネットワークを通じ電子的に常時閲覧可能なよう提供	・検査結果、画像情報、画像診断の所見、投薬内容、注射内容及び退院時要約等の診療記録のうち主要なもの（少なくとも検査結果及び画像情報を含むものに限る。画像診断の所見を含むものが望ましい。退院患者については、平成30年4月以降は退院時要約を含むものに限る。）
2	電子的に送信	電子的に送信（診療情報提供書に添付）	（注）多数の検査結果及び画像情報等を提供する場合には、どの検査結果及び画像情報等が主要なものであるかを併せて情報提供することが望ましい。

電子的診療情報評価料：診療情報提供書の提供を受けた患者に係る診療記録のうち主要なものについて、電子的方法により閲覧又は受信し、当該患者の診療に活用した場合に算定する。

	情報受領方法		受領する情報
	診療情報提供書	検査結果及び画像情報等	
1	電子的に受信又は書面で受領	医療機関間で電子的に医療情報を共有するネットワークを通じ閲覧	・検査結果、画像情報、画像診断の所見、投薬内容、注射内容及び退院時要約等の診療記録のうち主要なもの（少なくとも検査結果及び画像情報を含むものに限る。）
2	電子的に受信	電子的に受信（診療情報提供書に添付）	・受領した検査結果及び画像情報等を評価し、診療に活用した上で、その要点を診療録に記載する。

<施設基準等>
- 診療情報提供書を電子的に提供する場合は、HPKIによる電子署名を施すこと。
- 患者の医療情報に関する電子的な送受信又は閲覧が可能なネットワークを構築すること。
- 厚生労働省「医療情報システムの安全管理に関するガイドライン」（平成25年10月）を遵守し、安全な通信環境を確保すること。
- 保険医療機関において、個人単位の情報の閲覧権限の管理など、個人情報の保護を確実に実施すること。
- 厚生労働省標準規格に基づく標準化されたストレージ機能を有する診療情報蓄積環境を確保すること。
- 情報の電子的な送受に関する記録を残していること。（ネットワーク運営事務局が管理している場合は、随時取り寄せることができること。）
  ▶ 情報提供側：提供した情報の範囲及び日時を記録。
  ▶ 情報受領側：閲覧情報及び閲覧者名を含むアクセスログを1年間記録。

出所：中央社会保険医療協議会資料

図表1-2-6 厚生労働省電子的診療情報交換推進事業

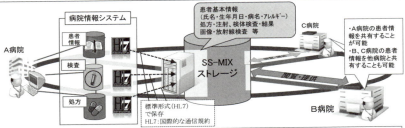

出所：厚生労働省医政局

続きの取り扱いについて」（平成28年3月4日、保険局医療課発0304第2号）の「様式14－2　検査・画像提供加算及び電子的診療情報評価料の施設基準に係る届出書添付書類」（図表1-2-7）を地方厚生局長等に提出する必要があることを申し添える。

図表1-2-7　検査・画像情報提供加算及び電子的診療情報評価料の施設基準に係る届出書添付書類

様式14の2

検査・画像情報提供加算及び電子的診療情報評価料の施設基準に係る届出書添付書類

1	届出を行う点数	検査・画像情報提供加算　　　電子的診療情報評価料 （該当するものを○で囲むこと）	
2	診療情報提供書の送付・受信	イ）電子的な方法による送受を実施する ロ）電子的な方法による送受を実施しない	
3	ＨＰＫＩを有する医師数及び歯科医師数（人）	人	※2がロ）の場合は記入不要
4	検査結果・画像情報等の電子的な送受信・共有の方法	イ）電子的な診療情報提供書に添付して送受信 ロ）検査結果・画像情報等を、ネットワークを通じ他医療機関に閲覧許可 ハ）他医療機関の検査結果・画像情報等を、ネットワークを通じ閲覧 （実施するもの全てを○で囲むこと）	
5	ネットワーク名		
6	ネットワークに所属する医療機関名	以下に5つの医療機関名を記載。ネットワーク内の医療機関数が5つに満たない場合は、所属する全医療機関名を記載する。 イ） ロ） ハ） ニ） ホ）	
7	ネットワークを運営する事務局	事務局名　　： 事務局所在地：	
8	安全な通信環境の確保状況	チャネル・セキュリティ　： オブジェクト・セキュリティ：	
9	個人単位の情報の閲覧権限の管理体制	有　・　無 （該当するものを○で囲むこと）	
10	ストレージ	有　・　無 （該当するものを○で囲むこと） （「有」の場合） 厚生労働省標準規格に基づくストレージ機能	有　・　無 （該当するものを○で囲むこと）

※HPKI：厚生労働省の定める準拠性監査基準を満たす保健医療福祉分野の公開鍵基盤（HPKI：Healthcare Public Key Infrastructure）
※ネットワーク：他の医療機関等と連携し、患者の医療情報に関する電子的な送受信又は閲覧が可能なネットワーク

[記載上の注意]
3　表の8は、厚生労働省「医療情報システムの安全管理に関するガイドライン」（平成25年10月）の「外部と個人情報を含む医療情報を交換する場合の安全管理」に規定するチャネル・セキュリティ及びオブジェクト・セキュリティについて、保険医療機関内でどのような環境を確保しているかを明示する。
例　チャネル・セキュリティ：専用線、公衆網、IP-VPN、IPsec-IKE　等
　　オブジェクト・セキュリティ：SSL/TLS　等

出所：「特掲診療料の施設基準等及びその届出に関する手続きの取り扱いについて」

❷ICTに関連した診療報酬改定のポイントとそこから見える今後

③B009-2 　画像情報・検査結果等の電子的な受診と活用に関する評価

　電子的に画像情報や検査結果等の提供を受け、診療に活用した場合に電子的診療情報評価料（30点）が新設された。「医科診療報酬点数表」には以下の記載がされている。

「別に厚生労働大臣が定める施設基準に適合しているものとして地方厚生局長等に届け出た保険医療機関が、別の保険医療機関から診療情報提供書の提供を受けた患者に係る検査結果、画像情報、画像診断の所見、投薬内容、注射内容、退院時要約等の診療記録のうち主要なものについて、電子的方法により閲覧又は受信し、当該患者の診療に活用した場合に算定する」

　文中の届け出に必要な文書は前述の書類（図表1-2-8）と共通である。その上で、以下の点数が診療情報提供料の加算として評価される。

【新設：電子的診療情報評価料（30点）】

　診療情報提供書と併せて、電子的に画像情報や検査結果等の提供を受け、

図表1-2-8　電子カルテシステムの普及状況の推移

電子カルテシステムの普及状況の推移

1. 一般病院及び一般診療所

	一般病院 （※1）	病床規模別			一般診療所 （※2）
		400床以上	200〜399床	200床未満	
平成20年	14.2% (1,092／7,714)	38.8% (279／720)	22.7% (313／1,380)	8.9% (500／5,614)	14.7% (14,602／99,083)
平成23年 （※3）	21.9% (1,620／7,410)	57.3% (401／700)	33.4% (440／1,317)	14.4% (779／5,393)	21.2% (20,797／98,004)
平成26年	34.2% (2,542／7,426)	77.5% (550／710)	50.9% (682／1,340)	24.4% (1,310／5,376)	35.0% (35,178／100,461)
うちSS-MIX 導入状況 （※4）	34.0% (865／2,542)	43.1% (237／550)	35.5% (242／682)	29.5% (386／1,310)	—

2. 地域医療支援病院及び特定機能病院（再掲）（※5）

	地域医療支援病院	特定機能病院
平成20年	46.5% (106／228)	64.6% (53／82)
平成23年	67.2% (254／378)	78.6% (66／84)
平成26年	86.4% (426／493)	94.0% (79／84)

【注釈】
（※1）一般病院とは、病院のうち、精神科病床のみを有する病院及び結核病床のみを有する病院を除いたものをいう。
（※2）一般診療所とは、診療所のうち歯科医業のみを行う診療所を除いたものをいう。
（※3）平成23年は、宮城県の石巻医療圏、気仙沼医療圏及び福島県の全域を除いた数値である。
（※4）電子カルテを導入している医療機関のみ「導入有り」と回答しているものと仮定
（※5）承認要件（病床数）は、原則、地域医療支援病院200床以上、特定機能病院400床以上

出所：厚生労働省医療施設調査

診療に活用した場合に算定。

　本項目を算定するためには、受領した検査結果および画像情報等を評価し、診療に活用した上で、その要点を診療録に記載する必要がある。
　また「疑義解釈の送付について（その１）」（平成28年３月31日、厚生労働省保険局医療課事務連絡）の（問105）の（答）によると画像情報・検査結果等をCD-ROMで提供を受けた場合は算定不可である。

❸ 改定および施設基準から見える今後のICTインフラ

　今回紹介したのは診療情報の提供・共有に関連した改定である。しかし、重要なのはその背景としての様々な施設基準である。厚生労働省はこれまで、電子カルテの普及・推進を進めて一定の成果を上げており、今後さらに、医療情報連携ネットワークの構築・維持発展、さらにSS-MIX２を含む医療情報の標準化の推進、HPKIの普及推進等を実施する方針である。また、今般の情勢から医療機関において医療情報セキュリティの強化が重視され、関連したガイドラインの遵守が必須である。今後ともこの大きな流れが変わることは考えにくく、以上の状況をよく踏まえ、各医療機関においてはICTインフラの構築にあたることが肝要といえる。

〈引用・参考文献〉
１）世界最先端IT国家創造宣言
　　（https://www.kantei.go.jp/jp/singi/it2/kettei/pdf/20130614/siryou1.pdf）
２）厚生労働省「医療情報システムの安全管理に関するガイドライン　第4.3版（平成28年３月）」
　　（http://www.mhlw.go.jp/stf/shingi2/0000119588.html）
３）「『保健医療情報分野の標準規格（厚生労働省標準規格）について』の一部改正について」
　　（http://www.mhlw.go.jp/file/06-Seisakujouhou-10800000-Iseikyoku/0000118987.pdf）
４）一般社団法人日本医療情報学会　「SS-MIX２ 仕様書・ガイドライン」
　　（http://www.jami.jp/jamistd/ssmix2.html）

重症度、医療・看護必要度

1 はじめに

　看護必要度という言葉が登場したのは、1997（平成9）年に出された「21世紀の国民医療～良質な医療と皆保険制度確保への指針～（与党医療保険制度改革協議会）」である。国民医療費の高騰や国民皆保険制度の崩壊危機等の背景を踏まえ、看護については看護必要度を加味した評価体系とすることが示された。これを契機に看護必要度の導入が検討されるようになった。1999（平成11）年3月の医療保健福祉審議会企画部会「意見書」では、医療の機能分化と連携による効率的な医療体制を指針するため、入院患者に提供されるべき看護の必要量（看護必要度）に応じた評価を考慮することの必要性が指摘された。2000（平成12）年には、中央社会保険医療協議会において看護職員の配置基準にとどまらない、看護必要度などにより診療実績等を評価する手法のあり方について、2002（平成14）年の診療報酬改定で検討することとされた。

　筒井らは、1996（平成8）年より「重症度・看護必要度に係る評価表」の開発を進め、2002年の「看護必要度導入に関する研究」の成果をもとに、ICU入室患者の重症度評価指標を開発した。そして、2003（平成15）年4月より「特定集中治療室管理料」の算定要件にその評価指標を活用した重症度患者の割合が導入された（図表1-3-1）。2004（平成16）年の診療報酬改定においては、「ハイケアユニット入院医療管理料」の算定要件にも導入されるようになった。それ以後、一般病棟の入院基本料の算定要件にも導入された。

　本稿では、重症度、医療・看護必要度と診療報酬制度を概観するとともに、諸外国の活用状況を踏まえながら、わが国における重症度、医療・看護必要度のあり方について検討する。

図表1-3-1 重症度、医療・看護必要度の導入の経緯

```
平成14年改定
「特定集中治療室管理料」の算定要件に重症度の判定基準及び患者割合を導入
⇒A項目9、B項目5、合計14項目について、毎日評価。A項目3点またはB
項目3点以上を重症者と定義。患者割合9割以上を算定要件とした
平成16年改定
「ハイケアユニット入院医療管理料」の算定要件に重症度・看護必要度の判定基準及び患者割合を導入
⇒A項目15、B項目13、合計28項目について、毎日評価。A項目3点またはB項目7点以上を重症者と定義。患者割合8割以上を算定要件とした
平成20年改定
「一般病棟7対1入院基本料」の算定要件に一般病棟用にかかる重症度・看護必要度の基準に該当している患者割合を導入
「回復期リハビリテーション病棟入院料の重症患者回復病棟加算」の算定要件に日常生活機能評価表を導入
⇒一般病棟7対1入院基本料については、A項目9、B項目7、合計16項目について、毎日評価。A項目2点かつB項目3点以上を基準該当患者と定義。患者割合1割以上を算定要件とした
⇒回復期リハビリテーション病棟入院料については、日常生活機能評価表13項目について評価。10点以上を重症者と定義。新規入院患者の1割5分以上を算定要件とした
平成22年改定
「急性期看護補助体制加算」の算定要件、「一般病棟必要度評価加算（10対1）」の算定要件に一般病棟用にかかる重症度・看護必要度の基準に該当している患者割合を導入
⇒「急性期看護補助体制加算」では、一般病棟7対1入院基本料、10対1入院基本料を算定する病棟では、それぞれ患者割合が1割5分、1割以上を算定要件とした
⇒「一般病棟必要度評価加算（10対1）」では重症度・看護必要度の評価を行うことを算定要件とした
平成24年改定
「一般病棟7対1入院基本料」の算定要件の厳格化。「一般病棟10対1入院基本料」「一般病棟必要度評価加算（13対1）」の算定要件に一般病棟用にかかる重症度・看護必要度の測定を導入
「回復期リハビリテーション病棟入院料1」の算定要件に一般病棟用にかかる重症度・看護必要度A項目を導入
⇒一般病棟7対1入院基本料は患者割合を1割5分とし、10対1入院基本料を算定する病棟では評価を行うことを算定要件とした
⇒回復期リハビリテーションについては、A項目9のうち1点以上を基準該当患者と定義。患者割合1割5分以上を算定要件とした
```

出所：平成26年度診療報酬改定の概要（厚生労働省保険局医療課資料）

❷ 重症度、医療・看護必要度と診療報酬制度 ——完全看護制度から新看護体系へ

　1950（昭和25）年に、家族や付き添いによる入院患者の世話を看護職によって行うことを目的とし、「完全看護制度」が導入された。しかしながら、「看護は看護師の手で」とスローガンを掲げたものの、看護体制の充実化は十分に進まなかった。なお、「完全看護」は、入院患者のすべての世話は看護師が担うという誤解を招く可能性もあることから、1958（昭和33）年に標準的な看護は看護師が提供することを示すために、「基準看護制度」に改められることとなった。基準看護では、入院患者4人に看護要員1人（看護師・准看護師・看護補助者）が最も高い配置基準となった。1972（昭和47）年には、入院基本料に含まれていた看護の評価が切り離され、特1類の「3対1」の看護料が創設され、2年後に「2.5対1（特2類看護）」、1988（昭和63）年に「2対1（特3類看護）」が新設され、平均在院日数も算定要件に含まれることとなった。

しかしながら、深刻な看護師不足等により、基準看護によって期待されていた看護過程の十分な実践や付添婦の廃止には至らなかった。そこで、1994（平成6）年に付添婦の廃止と基準看護の見直しを目的として「新看護体系」が創設され、1997（平成9）年には付添看護がすべて禁止となった。新看護体系では、看護職員の評価体系（一般病棟2対1〜4対1）と看護補助者の評価体系（一般病棟4対1〜15対1）を組み合わせる体系となった。

③ 入院基本料による評価の変遷

（1）2006年度〜2012年度診療報酬改定

日本看護協会では、従来から、患者安全や看護の質保証に向け、手厚い看護職員の配置基準や看護職員の労働条件の改善（急性期、夜間に1人の看護職員が看る患者は10人以内、1か月平均夜勤時間数72時間以内、看護職員複数夜勤）を要望していた。また、看護職員配置の旧表記方法では、実際、交代制の各勤務帯や休日にどの程度の看護職員が配置されているのかがわからないことから、実態に即した表記方法に変更することも求めていた。これを踏まえ、2006（平成18）年の診療報酬改定では、入院基本料等における看護職員配置基準が実質配置表記に変更となり、上位区分7対1（旧表記：1.4対1）が新設され、算定要件として、「看護職員の月平均夜勤時間を72時間以内」とする72時間ルールも盛り込まれた。また、昼間・夕方・夜間に実際に働いている看護職員数を病棟に掲示することも義務付けられた。

この動きは、どの医療機関も算定額が最も高い7対1入院基本料の取得を促進することとなり、2006年時点での7対1の届出病床数は44,831床と、当初、厚生労働省が予想していた2万床を大きく上回る形となった。7対1入院基本料の取得による増収効果を図るために、大規模な病院では人件費の最も安い新卒者の大量採用に取り組むようになった。その結果、給料や処遇改善が困難な地方の中小病院は、新卒者を確保できず、看護師の引き抜きにもあい、7対1入院基本料を取得できないことによる減収に陥った。なかには病棟閉鎖や入院患者の受け入れの縮小などの対応を余儀なくされる医療機関も現れた。

このような背景もあり、7対1入院基本料の届出病床の適正化を図るため

2008（平成20）年7月より、その届出要件として「一般病棟用の重症度・看護必要度」の評価において、「A項目2点以上（モニタリング及び処置等に関する項目）、B項目3点以上（患者の状況等に関する項目）」の基準に該当する重症患者を10%以上受けいれていることが要件となった。2012（平成24）年の診療報酬改定では、この重症患者割合が15%以上に引き上げられ、平均在院日数の要件も19日から18日以下となった。

（2）2014年度診療報酬改定

しかしながら、これらの対応は7対1院の届出病床数の抑制につながらず（図表1-3-2）、2014（平成26）年の診療報酬改定ではさらなる厳格化が進められた。この診療報酬改定は、「社会保障と税の一体改革」、「医療・介護総合確保推進法（地域における医療及び介護の総合的な確保を推進するための関係法律の整備等に関する法律）」と連動している。

その背景に、わが国では、少子高齢化に伴う社会保障費の急激な増加から、国や地方自治体の社会保障に関する歳出が伸び、債務残高が増大したことが

図表1-3-2 「A項目：モニタリング及び処置等に関する項目」の見直し（2014年診療報酬改定）

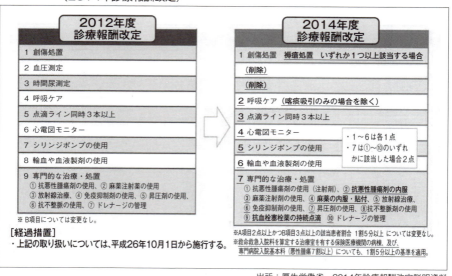

出所：厚生労働省　2014年診療報酬改定説明資料

ある。この債務残高を将来に先送りにせず、社会保障制度の機能の安定化を図るために、2012年8月に成立したのが社会保障と税の一体改革の関連8法案である。

社会保障税一体改革では、消費税の引き上げによる増収分を「子ども・子育て」「医療・介護」「公的年金制度」に割り当て、「医療・介護」では、①病床の役割の分化・連携強化、在宅医療の推進（2014年度から実施）、②地域包括ケアシステムの構築（2015〔平成27〕年度から実施）を行うことが位置づけられた。2014年6月には、「医療・介護総合確保推進法（地域における医療及び介護の総合的な確保を推進するための関係法律の整備等に関する法律）」が公布され、医療法関係として「地域における効率的かつ効果的な医療提供体制の確保」が掲げられ、都道府県は病床機能報告制度とともに地域医療構想を医療計画に策定することが義務付けられた。

社会保障・税一体改革、地域医療構想では、団塊の世代が後期高齢者（75歳以上）に達する2025（平成37）年の病床の機能分化に係るあるべき姿が示されている。2014年の診療報酬改定では、この方針に基づき、7対1入院基本料等の急性期を担う病棟の評価の見直しが行われた。

7対1入院基本料では、重症度・看護必要度以外にも、急性期機能が満たすべき基準として以下の①〜⑥が示された。「一般病棟用の重症度・医療看護必要度」で見直されたA項目（図表1-3-3）は、入院医療等の調査の結果に基づき（図表1-3-4）、「A項目2点以上」かつ「B項目3点以上」の該当患者割合15％以上が重症患者の基準となった。これにより、7対1入院基本料の病床数は、2015年度に減少したものの、2016（平成28）年10月には再び増加に転じている（図表1-3-5）。

●急性期機能が満たすべき基準
① 7対1、10対1一般病棟入院基本料の特定除外制度を廃止
② 一般病棟用の重症度・看護必要度について、名称と項目内容等の見直し
③ 自宅や在宅復帰機能を持つ病棟、介護施設へ退院した患者の割合について基準を新設
④ 短期滞在手術基本料3について、対象手術を拡大し、検査も一部対象とする。本点数のみを算定する患者は、平均在院日数の計算対象から除外
⑤ データ提出加算の届け出を要件化

図表1-3-3 2016年度診療報酬改定項目と重症度基準の見直し

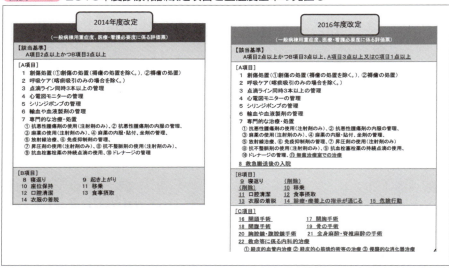

出所：厚生労働省　2016年診療報酬改定説明資料

図表1-3-4 見直しの視点

- 「創傷処置」「血圧測定」「点滴ライン同時3本以上」「心電図モニター」「シリンジポンプの使用」「輸血や血液製剤の使用」の該当率は、療養病棟入院基本料より、7対1入院基本料の方が高い。
- 「時間尿測定」「呼吸ケア」の該当率は、7対1入院基本料より療養病棟入院基本料の方が高い。
- 「呼吸ケア」の「喀痰吸引」のみの該当率は、7対1入院基本料より療養病棟入院基本料の方が高い。
- 「創処置」において、療養病棟入院基本料では手術無の褥瘡が多く、7対1入院基本料、療養病棟入院基本料の手術有は、褥瘡以外の処置が多い。
- 7対1入院基本料の「血圧測定」の該当者のB項目パターンとして、「B項目のいずれも0点（該当なし）」が最も多かった。
- 「専門的な治療・処置1」の該当率は、概ね対1入院基本料の方が高い。

❸重症度、医療・看護必要度

図表1-3-5 一般病棟7対1入院基本料の届出病床数の推移

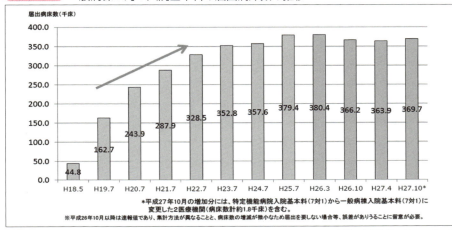

	H18.5	H19.7	H20.7	H21.7	H22.7	H23.7	H24.7	H25.7	H26.3	H26.10	H27.4	H27.10*
届出病床数(千床)	44.8	162.7	243.9	287.9	328.5	352.8	357.6	379.4	380.4	366.2	363.9	369.7

*平成27年10月の増加分には、特定機能病院入院基本料(7対1)から一般病棟入院基本料(7対1)に変更した2医療機関(病床数計約1.8千床)を含む。

※平成26年10月以降は速報値であり、集計方法が異なること、病床数の増減が微小なため届出を要しない場合等、誤差がありうることに留意が必要。

出所:中医協総-227. 12. 9
http://www.mhlw.go.jp/file/05-Shingikai-12404000-Hokenkyoku-Iryouka/0000106597.pdf

図表1-3-6 一般病棟用の重症度、医療・看護必要度に係る評価票【2016年度診療報酬改定】

A	モニタリング及び処置等	0点	1点	2点
1	創傷処置(①創傷の処置(褥瘡の処置を除く)、②褥瘡の処置)	なし	あり	―
2	呼吸ケア(喀痰吸引のみの場合を除く)	なし	あり	―
3	点滴ライン同時3本以上の管理	なし	あり	―
4	心電図モニターの管理	なし	あり	―
5	シリンジポンプの管理	なし	あり	―
6	輸血や血液製剤の管理	なし	あり	―
7	専門的な治療・処置(①抗悪性腫瘍剤の使用(注射剤のみ)、②抗悪性腫瘍剤の内服の管理、③麻薬の使用(注射剤のみ)、④麻薬の内服、貼付、坐剤の管理、⑤放射線治療、⑥免疫抑制剤の管理(注射剤のみ)、⑦昇圧剤の使用(注射剤のみ)、⑧抗不整脈剤の使用(注射剤のみ)、⑨抗血栓塞栓薬の持続点滴の使用、⑩ドレナージの管理、⑪無菌治療室での治療)	なし	―	あり
8	救急搬送後の入院(2日間)	なし	―	あり

B	患者の状況等	0点	1点	2点
9	寝返り	できる	何かにつかまればできる	できない
10	移乗	介助なし	一部介助	全介助
11	口腔清潔	介助なし	介助あり	―
12	食事摂取	介助なし	一部介助	全介助
13	衣服の着脱	介助なし	一部介助	全介助
14	診療・療養上の指示が通じる	はい	いいえ	―
15	危険行動	ない	―	ある

C	手術等の医学的状況	0点	1点
16	開頭手術(7日間)	なし	あり
17	開胸手術(7日間)	なし	あり
18	開腹手術(7日間)	なし	あり
19	骨の手術(5日間)	なし	あり
20	胸腔鏡・腹腔鏡手術(3日間)	なし	あり
21	全身麻酔・脊椎麻酔の手術(2日間)	なし	あり
22	救命等に係る内科的治療(2日間)(①経皮的血管内治療 ②経皮的心筋焼灼術等の治療 ③侵襲的な消化器治療)	なし	あり

[各入院料・加算における該当患者の基準]

対象入院料・加算	基準
一般病棟用の重症度、医療・看護必要度	・A得点2点以上かつB得点3点以上 ・A得点3点以上 ・C得点1点以上
総合入院体制加算	・A得点1点以上 ・C得点1点以上
地域包括ケア入院医療管理料を算定する場合も含む)	・A得点1点以上 ・C得点1点以上
回復期リハビリテーション病棟入院料1	・A得点1点以上

*7対1入院基本料:200床以上の病院では重症患者割合の基準値は「25%以上」
(経過措置として200床未満は23%)

出所:厚生労働省 2016年診療報酬改定説明資料

(3) 2016年度診療報酬改定

「一般病棟用の重症度・医療看護必要度」の大幅な見直しが行われたのが2016年の診療報酬改定である（図表1-3-3、図表1-3-6、図表1-3-7）。「一般病棟用の重症度・医療看護必要度」は、これまでも手厚い看護配置が必要となる急性期の患者象の適正な評価に向け、見直しが行われてきたものの、①重症患者の基準を満たす患者以外にも、医師による指示の見直しや看護師による看護が頻回に発生している患者がいる、②手術直後や救急搬送後の患者等、明らかに急性期の医療が必要な状態にも関わらず、基準を満たさない患者がいる、ということが指摘され、この実態について検証が行われた。

その結果、7対1入院基本料算定病床では、2012年診療報酬改定の「一般病棟用の重症度・医療看護必要度」の重症患者の基準を満たす割合が高い医療機関では、手術等の高度な治療の病床数当たりの実施件数が少ない傾向にあることが示された。また、基準を満たす患者の割合が同程度であっても、相対的に特定機能病院ではA項目の該当患者割合が高く、B項目の該当患者割合が低い、一方、特定機能病院以外ではB項目の該当患者割合が高く、A

図表1-3-7 一般病棟用の「重症度、医療・看護必要度（C項目）」
【2016年度診療報酬改定】

項目名	定義	留意点
開頭手術 （7日間）	・開頭により頭蓋内に達する方法による手術	・穿頭及び内視鏡下に行われた手術は含めない
開胸手術 （7日間）	・胸壁を切開し胸腔に達する方法による手術 （胸骨正中切開により縦隔に達するものも含む）	・胸腔鏡下に行われた手術は含めない
開腹手術 （5日間）	・腹壁を切開し腹腔・骨盤腔内の臓器に達する方法による手術 （腹膜を切開せず後腹膜腔の臓器に達する場合を含む）	・腹腔鏡下に行われた手術は含めない
骨の手術 （5日間）	・骨切り又は骨の切除・移植を要する手術（指（手、足）の手術を除く） ・関節置換・骨頭挿入に係る手術 ・下肢・骨盤の骨接合に係る手術（指（足）は除く） ・脊椎固定に係る手術又は骨悪性腫瘍に係る手術	―
胸腔鏡・腹腔鏡手術 （3日間）	・胸腔鏡下に胸腔に達する手術（縦隔に達するものも含む） ・腹腔鏡下に腹腔・骨盤腔内の臓器に達する手術 （後腹膜腔の臓器に達する場合も含む）	―
全身麻酔・脊椎麻酔の手術（2日間）	・上記5項目に該当しないもので全身麻酔下、脊椎麻酔下に行われた手術	
救命等に係る内科的治療	①経皮的な血管内治療 （2日間）	・経皮的な脳血管内治療　　・t-PA療法 ・冠動脈カテーテル治療　　・胸部又は腹部のステントグラフト挿入術 ・選択的血栓塞栓による止血術	・検査のみの場合は含めない
	②経皮的心筋焼灼術等の治療（2日間）	・経皮的心筋焼灼術 ・体外ペースメーキング術 ・ペースメーカー移植術 ・除細動器移植術	・ペースメーカー交換術及び除細動器交換術は含めない ・体外ペースメーキング術は、1入院中に初回に実施した日から2日間までに限り評価を行う
	③侵襲的な消化器治療 （2日間）	・内視鏡による胆管・膵管に係る治療 ・内視鏡的早期悪性腫瘍粘膜下層剥離術 ・肝悪性腫瘍ラジオ波焼灼療法 ・緊急時の内視鏡による消化管止血術	・検査のみの場合は含めない ・内視鏡的早期悪性腫瘍粘膜切除術又は内視鏡的ポリープ切除術を実施した場合のみとなる ・緊急時の内視鏡による消化管止血術は、慢性疾患に対して予定された止血術で硬化療法は行う場合、同一病変について1入院中に再止血を行う場合、内視鏡治療に起因する出血に対して行う場合は含めない

出所：厚生労働省　2016年診療報酬改定説明資料

項目の該当患者割合が低い傾向が見られた。急性期医療では、発症早期のリハビリテーションや術後の早期離床が推奨されていることを踏まえ、B項目にとらわれない急性期医療としてA項目のみを評価した場合の基準の見直しやA項目で評価できない急性期医療の項目の検討が必要となった。

B項目は項目間ですべての項目に相関が認められ、特に「寝返り」「起き上がり」「座位保持」の項目間に極めて高い相関があった。ただし、「起き上がり」「座位保持」の項目を除外しても、重症患者の該当割合への影響は少ないことから、看護業務の負担からみて重要視された「寝返り」のみで評価することとなった。また、急性期医療機関における増大する認知症患者の受け入れやせん妄患者への対応も課題となっており、これらのケアを反映した項目として、従来、ハイケアユニットの評価項目として活用されてきた「診療・療養上の指示が通じる」「危険行動」が新たに追加されることとなった。

この改定では、「一般病棟用の重症度・医療看護必要度」の重症患者の基準を満たす患者割合を25％に（200床未満は暫定措置として23％）引き上げたことから、病棟群単位による届出が可能となった。病棟群とは、一般病棟入院基本料の届出において、7対1入院基本料から10対1入院基本料に変更する場合に限り、医療機関が2016年4月1日から2年間の期間において、7対1入院基本料病棟と10対1入院基本料病棟を病棟群単位で有することを可能とするものである。これは、7対1入院基本料から10対1入院基本料に届出を変更した場合、看護職員数の急激な変動を緩和する意図がある（図表1-3-8）。ただし、届出に対し、いくつかの要件があるので留意する必要がある（図表1-3-9）。

7対1入院基本料から10対1入院基本料に移行した場合、大幅な医業収益減となり、また看護職員数の適正化を図れない場合には人件費比率も高くなり、経営にかなり大きな影響を与えることになる。7対1入院基本料を維持するためには、①7対1入院基本料の重症患者の基準を満たす入院患者を増やす、②7対1入院基本料の重症患者の基準を満たさない入院患者を減らすといった、どちらかの方策をとることになる。最初にやるべきこととしては、逆紹介を積極的に増やし、重症度の高い入院患者を積極的に紹介してもらうなど、①の達成を目指すことに取り組む必要がある。①の達成が困難な場合には、②の方策として、7対1入院基本料の病棟の他に、地域包括ケア

図表1-3-8 病棟群による看護職員数の変動の緩和

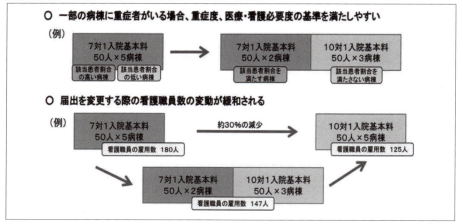

出所：厚生労働省　2016年診療報酬改定説明資料

図表1-3-9 病棟群

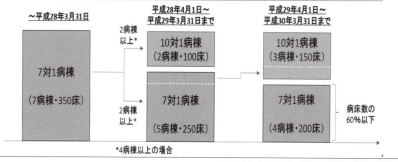

出所：厚生労働省　2016年診療報酬改定説明資料

❸重症度、医療・看護必要度

病棟や回復期リハビリテーション病棟を併設することなどを検討する。

　地域包括ケア病棟の「重症度、医療・看護必要度」の基準（A項目1点以上またはC項目1点以上）を満たす患者割合は当該病棟入院患者の10％以上であり、ハードルも低くなっている。「救命救急入院料」「特定集中治療室管理料」「ハイケアユニット入院医療管理料」「脳卒中ケアユニット入院医療管理料」「小児特定集中治療室管理料」の施設基準を届け出ている医療機関あるいは許可病床数が500床以上の病院では、地域包括ケア病棟入院料（入院医療管理料を除く）の届出は1病棟に限られるが、1病棟を地域包括ケア病棟にして、7対1入院基本料を維持できるのであれば、それも一つの方策となり得る。自医療機関の医療機能の実態や患者の将来需要を踏まえ、将来を見据え、どのように病床を運用するかを見極めることが肝要である。

　特定集中治療室用の「重症度、医療・看護必要」ついても、2014年度に続き、2016年の診療報酬改定においても、さらなる厳格化が図られ、「心電図モニターの管理」「輸液ポンプの管理」「シリンジポンプの管理」が1点、その他の項目が2点と、点数の重みづけが変更となり、それに伴い重症患者の基準を満たす割合も見直された（図表1-3-10）。この基準を満たせない場合には、ICUの病床数を減らしたり、ICUの病床をHCUに転換したりするなどの対応が迫られることになる。なお、特定集中治療室用あるいはハイケアユニット用の「重症度、医療・看護必要度」のB項目の簡素化を図るため、一般病棟用の評価と統一がなされた。

図表1-3-10　特定集中治療室等における「重症度、医療・看護必要度」の見直し

現行	改定後
特定集中治療室用の「重症度、医療・看護必要度」 A項目：すべての項目が1点 該当基準：A項目が3点以上かつB項目が3点以上	特定集中治療室用の「重症度、医療・看護必要度」 A項目：「心電図モニターの管理」「輸液ポンプの管理」「シリンジポンプの管理」が1点 　　　その他の項目が2点 該当基準：A項目が4点以上かつB項目が3点以上
特定集中治療室管理料1・2 「重症度、医療・看護必要度」に該当する患者が90％以上 特定集中治療室管理料3・4 「重症度、医療・看護必要度」に該当する患者が80％以上	特定集中治療室管理料1・2 「重症度、医療・看護必要度」に該当する患者が80％以上 特定集中治療室管理料3・4 「重症度、医療・看護必要度」に該当する患者が70％以上

出所：厚生労働省　2016年診療報酬改定説明資料

❹ 米国における看護人員配置

　米国では、日本の医療法のように看護人員配置に関する国家的な規定や入院基本料によって高い水準の看護人員配置に報酬が多く支払われるような仕組みはなく、看護人員配置に関する規定は各州の政府に委ねられている[1]。病院における看護人員配置を法令/条例で取り扱っているのは14州（CA, CT, IL, MA, MN, NV, NJ, NY, OH, OR, RI, TX, VT, and WA）である。この中で、患者対看護師数比の最低基準を定めている州はカリフォルニア州のみである。マサチューセッツ州では、患者の状態に応じてICUの患者対看護師数を1対1あるいは1対2とする法律が通過した。ミネソタ州では看護部長や被任命者が看護職員配置計画を作成することが要求されている。その他に、看護人員配置の策定方針に責任を持つ委員会の設置を各病院に要求している州が7州（CT, IL, NV, OH, OR, TX, WA）、各病院の看護人員配置を公表することを要求している州が5州（IL, NJ, NY, RI, VT）となっている。

　このように米国の看護人員配置は、患者の重症度や看護必要度に応じて検討はなされているものの、日本の「重症度、医療・看護必要度」のように全国で統一されたツールは活用されていない。米国で比較的多く使用されているツールは、自医療機関が受け入れている患者の重症度の実態に基づいて計測することのできる、Patient Acuityである。このツールは、1部署・1病棟や1人の看護職員に過剰な負担が集中し、患者安全が脅かされたり、看護ケアの質の低下を招いたりすることがないよう、適正人員配置を図るために活用されている。したがって、あくまでも手段としての活用であり、計測することが目的にはなっていない。

❺ わが国における課題

　日本のように全国で統一された「重症度、医療・看護必要度」の基準を用いて評価し、手厚い看護職員配置に応じた報酬が支払われる仕組みは、諸外国には存在しない。入院基本料に看護職員配置を含め、手厚い看護職員配置を誘導するインセンティブとした点は評価すべきことである。しかしながら、実際に手厚い看護職員配置が看護ケアの質保証や患者安全に貢献しているのであればよいが、入院基本料からの報酬を得ることだけに終始し、①新人看

護職員の割合を多くして看護職員の数合わせをする、②「重症度、医療・看護必要度」の基準を満たすように調整する（例：酸素やモニターが必要のない患者に、これらを装着する）といったことが生じているのであれば問題である。

　また、「重症度、医療・看護必要度」の計測が、各勤務帯の患者の割り当ての適正化などに役立てられていればよいが、7対1入院基本料を取得するための手段になっているのであれば、本末転倒である。計測やその記録、監査に時間をとられることで、看護職員の本来業務に支障をきたすことにもなる。また、度重なる「重症度、医療・看護必要度」の項目の改訂は、その教育・研修と、現場に大きな負担を課すことにもなる。またシステム改修費用もばかにならない。

　上記のような問題を回避するためには、DPCデータなどを用いて、高度急性期、急性期等の各医療機能の対象となる患者像を明確に反映した簡便な代替指標やケースミックスにより、患者重症度の判定ができるシステム構築が必須である。患者の重症度や看護必要度を計測することの本来の意義・目的に立ち戻れるようにしていくべきではないだろうか。

〈引用・参考文献〉

1）http://www.nursingworld.org/MainMenuCategories/Policy-Advocacy/State/Legislative-Agenda-Reports/State-StaffingPlansRatios

4 療養病床

❶ 療養病床創設に係る経緯

　療養病床に関する経緯は、1973（昭和48）年の老人福祉法改正による老人医療費無料化まで遡る。老人医療費が無料になったことで、総合病院は満床となり、緊急入院患者を受け入れることができない事態が生じるようになった。このため、1970年代後半から高齢者の入院を受け入れる老人病院が急増した。1963（昭和38）年に「特別養護老人ホーム」（特養）が創設されたが、高齢者の急増に整備が追い付かず、介護施設も少なかったことから、老人病院が高齢者の介護の受け皿化することとなった。この老人病院では、検査や治療をすればするほど医療収益があがる出来高払い制度が導入されており、薬漬けや検査漬けを生じさせ、老人を寝たきりにさせることが社会問題化した。

　このため、1983（昭和58）年に、老人病院を医療法上「特例許可老人病院」と位置づけ、診療報酬を一般病院よりも低く設定し、医師や看護師の配置を減らし、介護機能を評価する点に改めた。1993（平成5）年には、医療法の改正に伴い、一般病院における長期入院患者の増加に対応し、主に長期療養が必要となる患者の入院療養環境を有する病床として、病床単位でも設置できる「療養型病床群」が創設された。「療養型病床群」は、「病院または診療所の病床のうち、主として長期にわたり療養を必要とする患者を収容するための一群の病床で、人的・物的に長期療養患者にふさわしい療養環境を有する病床群である」と定義された。この療養型病床群では、「定額払い制度」が導入され、これまで出来高で請求できた処置や薬剤などが包括で支払われるようになった。

　2000（平成12）年には「介護保険」が施行されたことで、「療養型病床群」は「医療保険型」と「介護保険型」に分けられた。介護保険法では、長期療養を必要とする要介護者に対して医学的管理や介護などを行う施設として、

「介護療養型医療施設（介護療養病床）」を位置付けた。2001（平成13）年の医療法改正では、療養型病床群と老人病院（特例許可老人病院）を再編して一本化し、「療養病床」が創設されることとなった。

しかしながら、この「医療保険型」と「介護保険型」の療養病床に入院する患者の基準は明確化されていなかったため、これらの2つの機能の区別は曖昧なままとなった。このため、2003（平成15）年3月の閣議決定において、「慢性期入院医療については、病態、日常生活動作能力（ADL）、看護の必要等に応じた包括評価を進めるとともに、介護保険との役割分担を図る」という基本方針が示された。

❷ 介護療養病床廃止に係る決定

2006（平成18）年の医療保険制度改革および診療報酬・介護報酬同時改定では、介護療養病床を2011（平成23）年度末で廃止する決定がなされた。その背景には、実態調査において、医療療養病床と介護療養病床における、疾患、処置・治療の内容などの患者特性には大きな差が認められず、医療の必要性の高い患者と低い患者が同程度混在していることが明らかとなり、医療保険と介護保険の役割分担が課題となったことがある。

また、医療保険制度改革の中で、医療費総額抑制を主張する経済財政諮問会議との医療費適正化の議論を踏まえ、患者の状態に応じた療養病床の再編成として、老人保健施設等への転換を図ることや2011年まで介護療養病床を廃止することが、改革の柱として位置づけられたこともある（図表1-4-1）。

2006年7月1日からは、患者特性に応じた評価として、医療療養病床と介護療養病床の役割分担の明確化を図る観点から、療養病棟入院基本料に医療の必要性による「医療区分（1～3）」と、食事・排泄などの患者の自立度に着目した「ADL区分（1～3）」による評価も導入されるようになった（図表1-4-2）。これにより、医療の必要性の高い患者に係る医療についての評価は引き上げられる一方で、医療の必要性の低い患者に係る医療については評価を引き下げられることとなった。

2006年の医療制度改革では、当初、25万床ある「医療型療養病床」を2012（平成24）年度末に15万床まで減らし、「介護療養病床」は全廃することで、

図表1-4-1 患者の状態に応じた療養病床の再編成

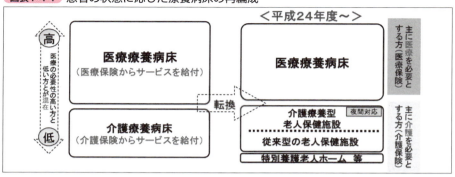

出所：第1回療養病床の在り方等に関する検討会　資料3「介護療養病床の経緯について」

図表1-4-2 療養病棟入院基本料の見直し

【2006年3月31日まで】

療養病棟入院基本料1	若人　1,209点 老人　1,151点
療養病棟入院基本料2	若人　1,138点 老人　1,080点

・その他の加算（日常生活障害加算、認知症加算、特殊疾患入院施設管理加算、難病患者等入院診療加算、（準）超重症児（者）入院診療加算、夜間勤務等看護加算）

↓

【2006年7月1日より】

	医療区分1	医療区分2	医療区分3
ADL区分3	885点	1,344点	1,740点
ADL区分2	764点	1,344点	1,740点
ADL区分1	764点	1,220点	1,740点

（認知機能障害加算　5点（医療区分2・ADL区分1））

【医療区分】
医療区分2・3 … 医師及び看護師により、常時監視・管理を実施している状態や、難病、脊椎損傷、肺炎、褥瘡等の疾患等を有する者
医療区分1 … 医療区分2．3に該当しない者（より軽度な者）
【ADL区分】
ベッド上の可動性、移乗、食事、トイレの使用を自立（0点）から全面依存（6点）で評価

年間3,000億円の医療・介護給付の削減を見込む計画が打ち出された。これにより、2008（平成20）年1月には、介護療養病床は13万床から11万床まで減少した。しかし、この計画には、将来の高齢者人口の伸びを考慮していなかったことが発覚し、「医療型療養病床」は2012年末までに20万床とし、さらに2万床はリハビリテーション用に存続させるといった方針に修正がなさ

れた。

　このような中、医療区分1に該当する病状が安定していて退院できる患者であっても、実際には自宅での受け入れが困難だったり、受け入れ施設の不足により施設入居待ち状態だったりということがあり、強引に医療療養病床を削減すれば医療難民化するのではないかという議論が巻き起こった。このため、民主党政権時に、介護療養病床の廃止を凍結する方針が示されたが、自民党政権に戻った、2011年の介護保険法改正において、介護療養病床の老健施設等への転換が進んでいない現状を踏まえ、介護療養病床の廃止・転換期限を2017（平成29）年度末まで6年延長する方針が示された。また、2012年以降、医療療養病床からの転換を含め、介護療養病床の新設は認めないことも示された。介護療養病床から介護療養型老人保健施設（療養型老健）への転換が進まなかった理由として、税制優遇等の措置が図られたものの、介護報酬は療養病床の時と比較して最大で2割減り、また入居者1人あたりの床面積も広くする必要もあり、転換へのインセンティブとはならなかったことがある。

❸ 2015年度介護報酬改定

　2011（平成23）年の介護保険改正の付帯決議において、介護療養型施設の療養病床の廃止期限の延長については、3年から4年後に実態調査をした上で、その結果に基づき必要な見直しについて検討することとなっていた。

　これを受けて実施された調査では、介護療養型医療施設は、看取りやターミナルケアを中心とした長期療養の他（図表1-4-3、図表1-4-4）、喀痰吸引や経管栄養等の医療処置を実施していることが明らかとなった。このため、介護サービスを提供しながらも、医療ニーズにも対応できる介護療養型施設を維持・確保することの必要性が指摘された。また、地域包括ケアシステムの構築に向け、医療ニーズの高い中重度要介護者への対応の更なる強化を図るために、これらの機能は必須であるとされた。そこで、2015（平成27）年の介護報酬改定では、介護療養型医療施設に「療養機能強化型A」と「療養機能強化型B」が新たに設けられることとなった（図表1-4-5）。

　なお、介護療養型医療施設は、1992（平成4）年の医療法改正で療養環境

図表1-4-3 100床あたり年間看取り実施人数

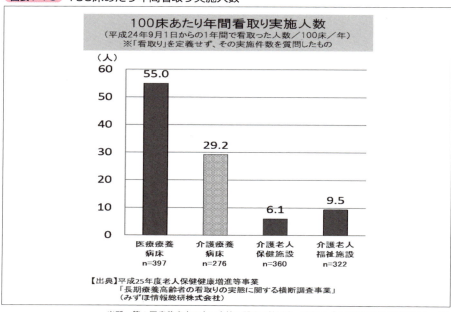

出所：第1回療養病床の在り方等に関する検討会　資料3「介護療養病床の経緯について」

図表1-4-4 100床あたり年間ターミナルケア実施人数

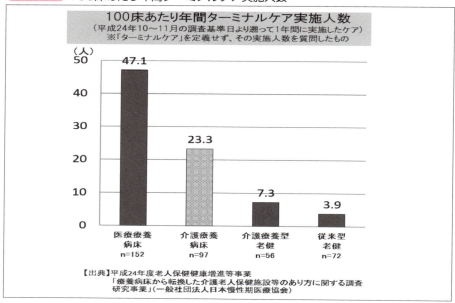

出所：第1回療養病床の在り方等に関する検討会　資料3「介護療養病床の経緯について」

❹療養病床

図表1-4-5 介護療養型医療施設

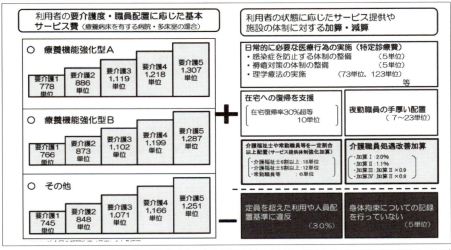

出所：第1回療養病床の在り方等に関する検討会　資料3「介護療養病床の経緯について」

を整備する目的で創設された病床区分である。介護保険法では、「療養病床を有する病院又は診療所であって入院する要介護者に対し、施設サービス計画に基づいて、療養上の管理・看護・医学的管理の下における介護その他の世話及び機能訓練その他必要な医療を行うことを目的とする施設」と定義されている（図表1-4-6）。

「療養機能強化型A」と「療養機能強化型B」を算定するためには、入院患者等のうち、重篤な身体疾患を有する者や合併症を有する認知症高齢者の割合、喀痰吸引・経管栄養・インスリン注射が実施された者の割合、ターミナルケアに係る計画が作成された者の割合、生活機能維持のためのリハビリテーション、地域に貢献する活動といった基準を満たす必要がある。医療機能の高い病床はその他の病床よりも高い単位数が設定されている（図表1-4-5）。

この2015年の介護報酬改正により、介護療養型医療施設がとるべき選択肢は、①医療療養病床、②介護療養型老人保健施設、③療養機能強化型AまたはB、④特養・有料老人ホーム等となった。

図表1-4-6 介護療養型医療施設の人員基準、設備基準

【人員基準】
・医師は医療法に規定する必要数以上（48対1）、薬剤師は医療法に規定する必要数以上（150対1以上）、看護職員6対1以上、介護職員6対1以上、PT・OT実情に応じた適当数、栄養士は医療法に規定する必要数以上（100床以上の場合）、ケアマネジャー1人以上（100対1）

【設備基準】
・1室当たり定員4名以下、入院患者1人当たり6.4㎡以上、機能訓練室40㎡以上、食堂1㎡×入院者数以上、廊下幅1.8m以上（中廊下は2.7m以上）、浴室の整備が必要。
・ユニット型の場合は、共同生活室を設置して、病室を共同生活室に近接して一体的に設置することが必要

❹ 2016年度診療報酬改定

　2016（平成28）年の診療報酬改定では、医療療養病床の有効活用の観点から、療養病棟入院基本料1と同様に療養病棟入院基本料2においても医療区分2・3の患者の受入を要件とすることとなった。これに伴い、入院基本料2を算定するためには、当該病棟の入院患者のうち、医療区分2または3の患者が5割以上であることが必要となった。このため、療養病棟入院基本料2であっても、医療区分2・3に該当する患者の受け入れの強化を図らなければならなくなった。

　また療養病棟入院基本料の算定病棟における医療区分の評価の適正化を図るために、酸素療法、うつ状態及び頻回な血糖検査の項目について、きめ細かな状況を考慮することとなった（図表1-4-7）。というのは、医療区分3の「酸素療法」、医療区分2の「うつ病」「頻回な血糖測定」に該当する患者状態の調査において、「一部の患者は医師による指示の見直しが多く、看護師による観察・管理の頻度も高かったが（急性増悪が認められる）、一部の患者は医師による指示の見直しや看護師による観察・管理の頻度も低い（状態が安定）」というように多様性があり、これらの項目だけでは適切な評価が行われない実態が明らかになったからである。「頻回な血糖測定」については、頻回に血糖測定さえ行えば高い診療報酬点数を算定できることから、不適切に「過剰な血糖測定」を行っている実態が疑われ、血糖測定の医療行為の適正化を図ることが必要とされたことによる。

図表1-4-7 医療区分2、3における評価の適正化

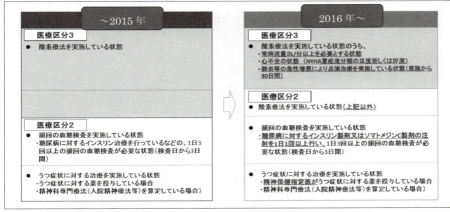

出所：平成28年度診療報酬改定の概要（厚生労働省保険局医療課）

図表1-4-8 療養病棟の在宅復帰機能強化加算の見直し

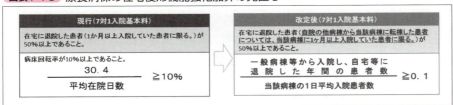

出所：平成28年度診療報酬改定の概要（厚生労働省保険局医療課）

加えて、急性期等から受け入れた患者の在宅復帰がより適切に評価されるよう、在宅復帰機能強化加算の施設基準についての見直しも行われた（図表1-4-8）。

❺ 療養病床のあり方

2015（平成27）年7月から2016（平成28）年1月まで、「療養病床の在り方等に関する検討会」が7回開催された。この検討会は、慢性期の医療・介護ニーズに対応する今後のサービスの提供体制を整備するため、介護療養病床を含む療養病床の在り方をはじめ、具体的な改革の選択肢の整理等を行うことを目的として設置された。検討会でなされた報告は、今後、社会保障品議会の医療部会、介護保険部会等で、制度改正に向けた議論が開始されるこ

ととなっている。

　この検討会が開催された背景には、地域医療構想ガイドラインにおいて、慢性期の病床機能及び在宅医療等の医療需要を一体として捉えて推計し、療養病床の入院受療率の地域差解消を目指すことが示されたことがある。これにより、在宅医療等で対応する者について、医療・介護サービス提供体制の対応の方針を早期に示すことが必要とされた。また、2017（平成29）年度末で介護療養病床の廃止が予定されているが、医療ニーズの高い入居者の割合が増加し、介護サービスの中でどのようにこれらの入居者を受け入れるかが課題となっていることもあった。

　この検討会の取りまとめとして公表された「議論の整理」では、①基本的な方向性、②新たな施設類型の基本設計、③転換における選択肢の多様化、④経過措置の設定等について、⑤療養病棟入院基本料について、⑥老人性認知症疾患療養病棟について、の６つの柱で構成されている。

　基本方針では、介護療養病床の重介護者の受け入れや見取り等の機能を維持しつつ、その長期にわたる入院生活が「生活施設」としての機能を兼ね備えた新たな施設類型を創設すべきことが示された。また、新たな施設類型等への転換のための準備期間に限り、経過措置期限の再延長を第一選択肢として考える意見も示された。

　新たな施設類型としては、（Ⅰ）介護療法病床相当（主な利用者像は療養機能強化型AB）、（Ⅱ）老人保健施設相当以上（主な利用者像は、（Ⅰ）より比較的様態が安定した者）の２つの機能が提示された（図表1-4-9）。

　転換を検討する介護療養病床および医療療養病床については、経営者の多様な選択肢を用意する観点から、「居住サービスと医療機関の併設型」への転換に際する要件緩和などの措置を検討する必要性もあげられた（図表1-4-10）。具体的には、大規模改修までの間、居住スペース部分は現行の「１室あたり定員４人以下、かつ１人あたり6.4平方メートル以上」を認め、また居住スペース部分は個室を原則とするべきことがあがった。

　転換に係る準備のための経過期間は、所要の法整備も必要となることから、「３年程度」あるいは転換には一定の時間を有することを勘案し「６年程度」を目安とすべきとの２つの意見が示された。新たな施設類型の新設に際しては、これまで転換が十分に進んでこなかった経緯に鑑み、現存する介護療養

figure 1-4-9 医療機能を内包した施設系サービス

出所:療養病床の在り方等に関する特別部会資料「療養病床の在り方等に関する議論の整理」

figure 1-4-10 医療を外から提供する居住スペースと医療機関の併設

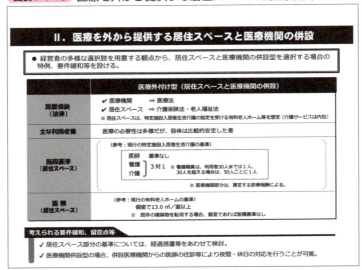

出所:療養病床の在り方等に関する特別部会資料「療養病床の在り方等に関する議論の整理」

病床および医療療養病床からの転換を優先させるべきことが挙げられている。

　廃止対象の療養病床は、介護療養病床約6.1万床のほか、医療保険が適用される「医療療養病床」のうち軽度者向けの約7.6万床の計約13.7万床となっている。各医療機関は、これらの療養病床の転換先としての今後の医療・介護ニーズに適切に対応できる体制を整備するために、入院する患者像や経営状況などを踏まえ、新たな類型や既存の類型の中から、慢性期の医療・介護ニーズへの対応案を自主的に選択しなければならないこととなる。

　地域医療構想では、地域ごとに、療養病床の患者数が多いところは少ないところに近づけることを目指している。療養病床が削減された際、介護やその負担により家族が共倒れしたり、路頭に迷ったりすることがないよう、在宅で多種多様な医療・介護サービスを臨機応変に組み合わせて利用できる体制に加え、独居で家族からの介護を得られない利用者に対しては適切な居場所が選択できるようにしていく必要があろう。

リハビリテーション関連の診療報酬改定の概要について——回復期リハビリテーション病棟のアウトカム評価を中心に

　リハビリテーション関連の2016（平成28）年度診療報酬改定においては、患者にとって安心・安全で納得できる効果的・効率的で質が高い医療を実現する視点で、質の高いリハビリテーションの評価等、患者の早期の機能回復の推進が図られるような改定が行われている。本稿では、改定の背景にある医療介護連携を取り巻く現状に触れ、リハビリテーションに関する診療報酬改定の概要と、特に回復期リハビリテーション病棟のアウトカム評価について述べる。

❶ 医療介護連携を取り巻く現状

　今後超高齢社会へ対応していくべく、医療や介護の環境を整備していくために、「地域における医療及び介護の総合的な確保を推進するための関係法律の整備等に関する法律」（医療介護総合確保推進法：平成26年6月25日公布）が施行され、現在医療介護連携の推進が取り組まれている。この取組みの中には新たな基金の創設や、病床機能報告に基づく地域医療構想の策定、地域包括ケアシステムの構築等が含まれている（図表1-5-1）。

　地域医療構想に関して、2025（平成37）年の医療機能別必要病床数の推計結果が出されており、この中では各病床が機能分化をすることにより、高度急性期病床、急性期病床、慢性期病床が減少する一方で、回復期病床は2014（平成26）年7月の11万床から、2025年には37.5万床まで増加することが推計されている（図表1-5-2）。

　施設基準届け出状況によれば、2014年7月の段階で11万床の申告のあった回復期病床の中でも回復期リハビリテーション病棟の病床数は7万1,890床を占め、回復期病床においては回復期リハビリテーション病床が大きな役割

図表1-5-1 地域における医療及び介護の総合的な確保を推進するための関係法律の整備等に関する法律の概要

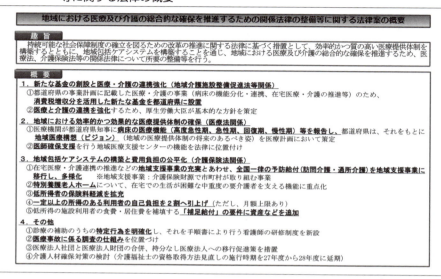

出所：厚生労働省

図表1-5-2 2025年の医療機能別必要病床数の推計結果（全国ベースの積上げ）

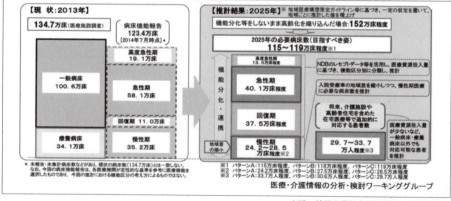

出所：首相官邸社会保障制度改革推進機構

を果たすと考えられる。今後大きく医療提供体制が変化していく中で、回復期の前後のリハビリテーションを含めて、特に診療報酬上の変化も起こりやすい分野であると考えられる。実際、2016（平成28）年度診療報酬改定でも、急性期・回復期・維持期にかけて多数のリハビリテーション関連項目の改定

が実施された。

❷ リハビリテーションに関する診療報酬改定の概要

　リハビリテーション関連の2016（平成28）年度診療報酬改定のキーワードとして、①早期からのリハビリテーション、②質の高いリハビリテーション、③多様な状態に応じたリハビリテーション、④具体的な目標を意識した戦略的なリハビリテーションの4つが挙げられる。①早期からのリハビリテーションとして、ADL維持向上体制加算の算定要件を全身麻酔手術によるADL低下を除くよう変更し、休日体制や介入内容、ADL維持・改善実績に基づき質の高い介入を行っていると認められるものを評価し、疾患別リハビリテーション料の初期加算・早期加算について慢性疾患は手術や急性増悪に限る等、要件の変更が行われた。②質の高いリハビリテーションについては、回復期リハビリテーション病棟におけるアウトカム評価についてであり、これは後ほど詳しく述べる。③多様な状態に応じたリハビリテーションについては、心大血管リハビリテーション料（Ⅱ）の施設基準を見直し、実施時間帯に循環器科または心臓外科を担当する医師および心大血管リハビリテーションの経験を有する医師がそれぞれ1名以上勤務していれば算定可能とすることや、廃用症候群リハビリテーション料を脳血管等疾患等リハビリテーションから独立させ、対象患者についての整理が行われた。また、摂食機能療法の対象患者を医学的有効性が期待できる患者に広げ、より短期の指標で改善を評価できるように経口摂取回復促進加算2を新たに設けている。このほか、項目横断的なものとして、リハビリテーション専門職等の専従規定を主に緩和方向に適正化し、生活機能に関するリハビリテーション実施場所を、実際の状況における訓練を行う必要がある場合に限り医療施設外に広げられるよう改定された。④具体的な目標を意識した戦略的なリハビリテーションとしては、2016年4月1日以降、医療保険による維持期リハビリテーションを実施している要介護被保険者を介護保険によるリハビリテーションへ2017（平成29）年度末を目途に移行することとなっており、その円滑な移行を目的として、目標設定支援・管理料を新設した（図表1-5-3）。なお、維持期のリハビリテーションに関して、介護保険に関しても2015（平成27）年度介護保険制度改正により全国一律の予防給付から市町村が取り組む地域支援事業へ

図表1-5-3 急性期・回復期・維持期のリハビリテーションにかけての医療・介護保険

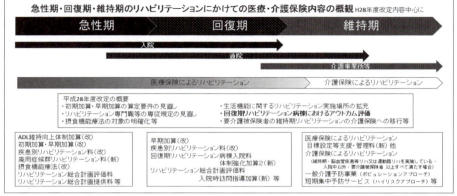

筆者作成

の移行が始まり、平時には一般介護予防事業の中で社会参加を通したADLの維持を行い（ポピュレーションアプローチ）、必要に応じてADL向上を目指して短期集中予防サービスを活用する（ハイリスクアプローチ）ように大きく方向性が変わっている。

❸ 回復期リハビリテーション病棟のアウトカム評価の経緯

　前述のとおり、今後回復期リハビリテーションの需要が伸び、重要度が増してくる中で、より効率的・効果的にリハビリテーションを実施していくことが求められている。回復期リハビリテーション病棟では、入院して集中的にリハビリテーションを実施する有効性を考慮して、疾患別リハビリテーションの1日当たりの算定の上限が6単位から9単位（1単位＝20分）に引き上げられていた。実際のところは回復期リハビリテーション病棟における1日当たりのリハビリテーションの実施単位数は多様性があるが、一部の医療機関では入院患者のほとんどに1日6単位を超えるリハビリテーションを実施しているものが見られる。しかしながら、2016（平成28）年度診療報酬改定の議論の中で、回復期リハビリテーション病棟における入院中のADL向上の度合いには、医療機関間で大きな差があり、1日6単位を超えるリハビリテーションを実施している医療機関であっても、6単位未満の医療機関と

❺リハビリテーション関連の診療報酬改定の概要について

比べて効果が下回っている場合もあることがわかってきた。このことから、回復期リハビリテーション病棟の入院患者に対するリハビリテーションについて、医療機関ごとのリハビリテーションの効果に基づく評価を行うこととし、提供料に対する効果が一定の実績基準を下回る医療機関においては、1日6単位を超えて提供される疾患別リハビリテーションを回復期リハビリテ

図表1-5-4 アウトカム評価の実際

当該病棟におけるリハビリテーションの実績が一定の水準に達しない保険医療機関については、回復期リハビリテーション病棟入院料を算定する患者に対して1日に6単位を超えて提供される疾患別リハビリテーション料を、回復期リハビリテーション病棟入院料に包括するもの。

回復期リハビリテーション病棟におけるリハビリテーションについて、①提供実績を相当程度有し、②効果に係る相当程度の実績が認められない状態が、3か月ごと（1月、4月、7月、10月）の集計・報告で2回連続した場合。

注
・①は報告の前月までの6か月間に回復期リハビリテーション病棟から退棟した患者の数が10名以上かつ報告の前月までの6か月間の回復期リハビリテーション病棟のリハビリテーションの1日平均提供単位数が6単位以上である状態をいう。

$$1日平均提供単位数 = \frac{回復期リハビリテーションを要する状態の患者に提供された疾患別リハビリテーションの総単位数}{回復期リハビリテーションを要する状態の患者の延べ入院日数}$$

・②は、実績指数が27未満である場合をいう。

$$実績指数 = \frac{各患者の（FIM得点運動項目の、退棟時と入棟時の差）の総和}{各患者の\left[\begin{array}{c}入棟から退棟までの在棟日数\\ 状態ごとの回復期リハビリテーション病棟入院料の算定上限日数\end{array}\right]の総和}$$

※ 在棟中にFIM運動項目の得点が1週間で10点以上低下したものは、実績指数の算出において、当該低下の直前に退棟したものと見なすことができる。

・②におけるADLスコアの評価については、FIM（Functional Independence Measure）の運動項目（91点満点）を用いる。FIMについては後述を参照。
・②の算出においては、
　　○ADLが高いもの（FIM運動項目76点以上）、
　　○ADLが低いもの（FIM運動項目20点以下）、
　　○高齢者（80歳以上）、
　　○認知機能の障害が大きいもの（FIM認知項目24点以下）
　を入棟患者の3割を超えない範囲で、また
　　○高次脳機能障害の患者（入棟患者の4割以上を占める保険医療機関に限る）
　をすべて計算対象から除外できる。

［経過措置］2016（平成28）年4月1日以降の入院患者を実績評価の対象とし、2017（平成29）年1月1日から実施。
　評価指標であるFIMについては、運動項目4分類13項目、認知項目2分類5項目、合計18項目からなり、それぞれ1点～7点で評価する。合計点は運動項目91点、認

知項目35点、総計では126点となる。1点〜7点の評価についてはおおよその概念を示した。

FIM(Functional Independence Measure)によるADLの評価

運動項目 4分類13項目				
セルフケア		移乗	排泄コントロール	移動
食事	整容	ベッド・車椅子	排尿	車椅子・歩行
更衣上	更衣下	トイレ	排便	階段
清拭	トイレ動作	浴槽	/計91点	

認知項目 2分類5項目				
社会的認知	コミュニケーション	7点	自立	介助者不要
社会的交流	理解	6点	装具・自助具で自立	
問題解決	表出	5点	要見守り準備・指示等	
記憶	/計35点	4点	75%以上自分で行う	要介助
		3点	50%以上自分で行う	
		2点	25%以上自分で行う	
		1点	25%未満〜全介助	

筆者作成

　実績指数の算出において、ADLが高いものや低いもの、認知機能の低いものを算出から除いているのは、FIMが高い状態では天井効果でより高い改善が望みにくいこと、あまりにFIMが低いものは改善が得られにくいこと、認知機能が低下しているものではリハビリ指示等の疎通性が悪く改善が得られにくいこと等も踏まえていると考えられる。

ーション病棟入院料に包括するという、アウトカム評価（図表1-5-4）を含んだ診療報酬改定がなされた。

　以上、リハビリテーション関連項目の診療報酬改定の背景にある医療介護連携を取り巻く現状について触れ、リハビリテーションに関する診療報酬改定の概要と、回復期リハビリテーション病棟のアウトカム評価の経緯と実際について述べた。当該分野については、2025（平成37）年に向けて大きな方向性としては一貫したものとなると考えられるが、政策マネジメントの過程で今後とも課題の抽出と修正が入念に行われる分野であり、それを受けて診療報酬も重点的に改定されると思われる。特に2018（平成30）年は医療介護の同時改定を控えておりその動向は大きな注目を集めるものとなる。しかし、医療介護連携および地域包括ケアの根本の理念は揺るぐものではないので、医療機関としてそのあるべき姿を見据えて対応していくことが重要となるだろう。

6　ポリファーマシー問題

　2016（平成28）年度診療報酬改定では、ポリファーマシーの問題への対応、すなわち減薬に対する取り組みに対して、薬剤総合評価調整加算および薬剤総合評価調整管理料、連携管理加算が新設された。この背景には、今後団塊の世代のすべてが後期高齢者となる2025（平成37）年を迎えるにあたり、高齢者への医療需要の増加が予想される中で、多剤服用に関して高齢者の生物学的、社会的な状況を踏まえた対応が求められているからであると考えられる。ポリファーマシーとは、定義は文献により異なるが、概ね5種類から6種類以上の薬剤が処方されている状態もしくはそれにより有害事象や服薬アドヒアランス[*1]の低下、残薬等の問題を起こしている状態をいう。減薬に対する取り組みについては、医師、看護師、薬剤師や医事担当等、幅広い立場の理解と協力が求められており、関係者の協力を得るためには減薬の取り組みの背景をよく理解し共有しておくことが重要となる。本稿では、高齢者の薬物療法における生物学的・社会的な状況と多剤服用が与える影響を整理し、骨折や認知症等、高齢者で特に問題となる社会経済上の状況をまとめ、今回、薬剤総合評価調整加算および薬剤総合評価調整管理料、連携管理加算が新設された意義と、具体的に取り組むべき内容について述べる。

❶ 高齢者の薬物療法における生物学的・社会的な状況

　高齢者において多剤処方が問題となっている背景にはいくつかの要因が挙げられる。

①高齢者の加齢に伴う体内の薬物動態の変化

　高齢者は、加齢に伴い生理機能に変化が見られ、その生理機能の変化に伴

---

*1　アドヒアランスとは、患者が積極的に治療方針の決定に参加し、その決定に従って治療を受けること

って薬物動態と薬力学が変化する。たとえば、高齢者は脱水になりやすく加齢に伴い、細胞内水分が減少することにより、水溶性薬物の血中濃度が上昇しやすくなる。さらに、薬物代謝能力や薬物排泄能力も一般的に低下が認められ、肝血流、肝細胞機能の低下や腎血流の低下等により、肝臓や腎臓で代謝・排泄されるべき薬物が若年者に比べて残存しやすくなり、薬物血中濃度が上昇しやすくなる。一般的に薬物血中濃度と副作用の発生には正の相関が認められるため、薬物による副作用被害も起こりやすい状況となっている。

②高齢者の薬物治療における疾病上、機能上の要因と社会的要因

　薬物動態の変化だけでなく高齢者自身の疾病上、機能上の要因や社会的な要因が薬物治療に影響を与える。一般的に高齢者は複数の疾病を有することが多いので、それぞれの疾病に応じて投薬を受けることにより多剤を服用する機会も多くなる。また、高齢者では症候が非典型的となり、必ずしも確定診断と根治療法が行えない場合も多いために、対症療法が行われ多剤併用につながる。社会的な要因として、核家族化により、独居の高齢者が増加しており、家族が薬の状況を確認できる環境にない場合も今後更に増加すると考えられる。こういった高齢者に対して適切に薬剤管理が行われず、更に認知機能の低下等が合わさることによって服薬のアドヒアランスの低下や誤服用のリスクが高まる。加えて、加齢によりADLが低下し移動が困難であったり、自動車免許の返上等で移動手段が限られたりすることにより社会的に医療へのアクセシビリティが低下し、投薬中断の危険も増す。

　以上にように、高齢者の薬物療法では生物学的・社会的な状況により多剤による治療が行われやすく、副作用やアドヒアランスの低下が問題となっている。

❷ 高齢者の多剤服薬状況と課題

　実際複数の慢性疾患を有する高齢者や、認知症の高齢者がどのくらいの量の薬剤を内服しているかについて、厚生労働省は平均約6剤の処方が行われていると報告している（図表1-6-1）。そしてKojimaらの報告[1]によると、高齢者において、6剤以上の投薬が有害事象の発生の増加に関連している

(図表1-6-2)。特に、意識障害、低血糖、肝機能障害はそれぞれおよそ10%程度に見られ、続いて電解質異常、ふらつき、転倒、低血圧等が挙げられる。意識障害、ふらつき、転倒などの副作用により続発する骨折と、骨折を契機としたADL低下に対する介護費用、続発する肺炎等の治療費のことを考慮すると、ポリファーマシーは単に過剰な薬剤費がかかるだけでなく、続発する傷害への医療費の増大の可能性も含んだ問題である。また1日あたりの服薬が多く、服薬回数が多いほど、アドヒアランスの低下、すなわち薬剤が正しく服用されにくくなる。

❸ 高齢者の多剤内服と転倒骨折や認知症とその医療費

　ポリファーマシーと転倒による骨折の関連が報告されており、WHO Anatomical Therapeutic Chemical分類による消化器系、代謝系、血液・造血系、循環器系、筋骨格系や神経系などの薬剤カテゴリーの服薬について、

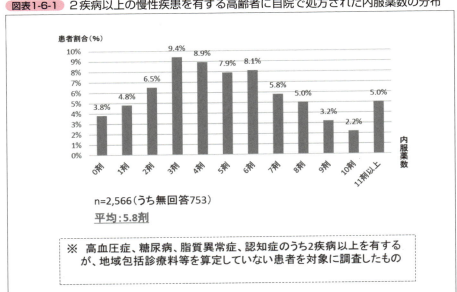

図表1-6-1　2疾病以上の慢性疾患を有する高齢者に自院で処方された内服薬数の分布

※ 高血圧症、糖尿病、脂質異常症、認知症のうち2疾病以上を有するが、地域包括診療料等を算定していない患者を対象に調査したもの

出所：厚生労働省

図表1-6-2 高齢者の投与薬剤数と薬物有害事象発生の関係性

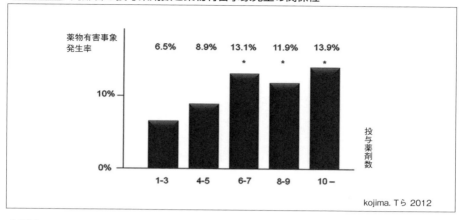

内服しているカテゴリーの種類が多いほど転倒による骨折の可能性が高くなることが報告されている[2]。以下の報告は直接ポリファーマシーについて分析したものではないが、前述の内容を踏まえて考える必要がある。林らの報告[3]によれば、2002（平成14）年の全国調査では大腿骨頸部骨折が1年間で11万7,900件発生しており、1件あたりの医療費は132万円を要することが分かっている。また、大腿骨頸部骨折患者の13.6％は新たな寝たきり状態に陥ることが知られており、約5分の1の要介護者が施設内介護を受け、残りは在宅介護を受けていることから国内で1年間に発生した大腿骨頸部骨折による医療・介護費用は年間3,308億円にも達する。東京都老人医療センター（現・東京都健康長寿医療センター）および敷地内の老人ホームで発生した転倒を調べた報告によると男性では転倒の7.6％が、女性では10.1％が骨折を生じていた。男性では21.1％、女性では15.9％に骨折、頭部外傷、意識消失など重症外傷を負い、転倒高齢者の約半数に軽症の外傷を負っていた。このことから推計すると、大腿骨頸部骨折の2.2倍約7,300億円が転倒後の医療・介護費用として毎年費やされる。これらは10年以上前の推計結果であり、高齢化が進んだ現在、この額はさらに大きくなっていることが推定される。

　ポリファーマシーの認知症に与える影響も懸念されている。国際アルツハイマー病協会の発表では、全世界における認知症の患者数は、2030年に7,600万人、2050年には1億3,500万人になると推計している。日本においても、2025年には認知症高齢者がおよそ700万人、高齢者5人に1人が認知症

の時代が到来する。佐渡ら厚生労働科学研究の共同研究グループは、認知症の社会的費用を推計し、年間約14.5兆円（医療費：1.9兆円、介護費：6.4兆円、インフォーマルケアコスト：6.2兆円）に上る可能性があることを明らかにした[4]。認知症では複数の疾病を併発していることも多く、多剤による治療を受けている場合が多いが、多剤による治療がむしろ病状の悪化を招いている場合も多く、たとえばレビー小体型認知症では抗精神病薬への薬剤感受性が高いために、せん妄や副作用を起こしやすい特徴がある。減薬と環境を整えることにより、認知症の周辺症状（BPSD: Behavioral and Psychological Symptoms of Dementia）を抑えてあげられることも多い[5]。上記を踏まえると、ポリファーマシーによる認知機能の悪化により、不要な医療費、介護費及び家族等への負担などインフォーマルケアコストを増大させている可能性があり、高齢者の状態にあった適切な処方が求められている。また、ポリファーマシーにより、服薬のアドヒアランスは低下し、適正に内服が行われないことにより病状が悪化するだけでなく、残薬による医療費の無駄にもつながる。日本薬剤師会の報告によれば、75歳以上の在宅患者に限っても、年間500億円以上の残薬が出ていると推計されている。

　上記のようなポリファーマシーによるいわば医原性のコスト増と、残薬による医療費の損失について対策に取り組み、限られた財源をより必要な医療への投資へと結び付けていくことが求められている。

❹ 2016年度診療報酬改定における減薬への評価と具体的な対応について

　これらの背景を踏まえて、冒頭で述べたように、2016（平成28）年度診療報酬改定では薬剤総合評価調整加算および薬剤総合評価調整管理料、連携管理加算が新設された。

　薬剤総合評価調整加算は、保健医療期間に入院している患者であって、①入院前に6種類以上の内服薬が処方されていたものについて、処方内容を総合的に評価した上で調整し、当該患者の退院時に処方される内服薬が2種類以上減少した場合、あるいは、②精神病床に入院中の患者であって、入院直前または退院一年前のうちいずれか遅い時点で抗精神病薬を4種類以上内服

していたものについて退院までの間に抗精神病薬の種類が2以上減少あるいは、クロルプロマジン換算で2,000mg以上内服していたものについて、1,000mg以上減少した場合、退院時に1回250点を算定できるものである。

薬剤総合評価調整管理料は、入院中の患者以外であって、6種類以上の内服薬が処方されていたものについて、処方内容を総合的に評価した上で調整し、当該患者の退院時に処方される内服薬が2種類以上減少した場合算定でき、連携管理加算は処方内容の調整に当たって、別の保健医療期間又は保険薬局との間で紹介又は情報提供を行った場合に算定できる（ただし、連携管理加算を算定した同一日に同一の別の保険医療機関に診療情報提供量（Ⅰ）は算定不可）。

これらの算定に当たっては、医師、薬剤師、看護師、医事職員の協働が重要となる。特に入院患者に対し、薬剤総合評価調整加算を算定するにあたっては、病棟薬剤業務実施加算の取り組みといかに連動させていくかがカギとなると思われる。

病棟薬剤業務実施加算1および2に関して、病棟薬剤業務実施加算の「1」については、一般病棟入院基本料、療養病棟入院基本料、結核病棟入院基本料、精神病棟入院基本料、特定機能病院入院基本料又は専門病院入院基本料のいずれかを算定している患者に対して、病棟薬剤業務実施加算の「2」については、救命救急入院料、特定集中治療室管理料、脳卒中ケアユニット入院医療管理料、小児特定集中治療室管理料、新生児特定集中治療室管理料又は総合周産期特定集中治療室管理料のいずれかを算定している患者に対して、薬剤師が病棟において病院勤務医等の負担軽減及び薬物療法の有効性、安全性の向上に資する薬剤関連業務を実施している場合に算定するものである。算定期間に上限はあるが、非集中治療である「1」については週に1回100点、集中治療である「2」については毎日算定が可能となっている。算定条件として病棟専任の薬剤師が病棟薬剤業務を1病棟または治療室1週間につき20時間相当以上、医療従事者の負担軽減および薬物療法の有効性、安全性の向上に資する業務を実施している必要がある。まず医師が高齢者の診療に対して、減薬の意識を持つことが求められ、また、そのサポートに病棟薬剤業務の中で、看護師との情報交換のもと、病棟薬剤師が患者の状態や服薬状況のアセスメント、減薬の提案を医師に対して行い、服薬内容の適正化を図

ることが重要と考えられる。

　薬剤総合評価調整管理料の算定に当たっては、忙しい外来において薬剤師とじっくり相談することは困難と考えられるため、あらかじめ、薬剤師の協力の下、医師が減薬のために服薬の合剤化や、向精神薬の単純化等についてある程度のパターンを用意しておくことで、減薬の取り組みの効率化が図られるものと思われる。

　具体的にどのように減薬を図るかについては、日本老年医学会が「高齢者に対する適切な医療提供の指針」および、「高齢者の安全な薬物療法ガイドライン2015」をまとめており、「特に慎重な投与を要する薬物のリスト」を挙げ、次のようなフローチャートを示している（図表1-6-3、図表1-6-4）。これらを活用して減薬の取り組みを推進していく。

　以上、高齢者の薬物療法における生物学的、社会的な状況と多剤服用が与える影響を整理し、骨折や認知症等、高齢者で特に問題となる社会経済上の状況をまとめ、薬剤総合評価調整加算および薬剤総合評価調整管理料、連携管理加算と具体的な対策について述べた。

　日本においては厚生労働省中心に計画医療が行われており、その手段として、法令、予算事業、厚生労働科学研究や診療報酬改定が挙げられるが、影響力において診療報酬改定が非常に大きいところである。保険診療を行う上

図表1-6-3　「特に慎重な投与を要する薬物のリスト」の使用フローチャート1

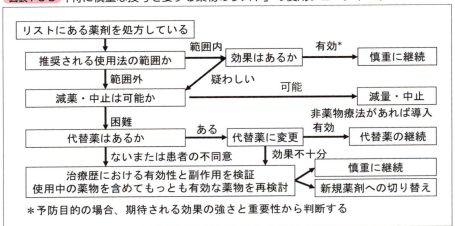

出所：高齢者の安全な薬物療法ガイドライン2015をもとに筆者作成

図表1-6-4「特に慎重な投与を要する薬物のリスト」の使用フローチャート2

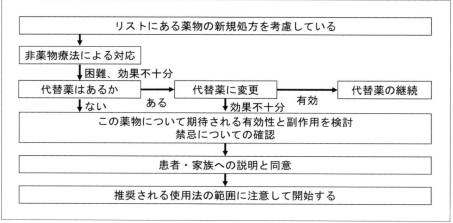

出所：高齢者の安全な薬物療法ガイドライン2015をもとに筆者作成

では経営上国の方針へと沿った対応が非常に重要であり、今回取り上げたポリファーマシーの問題以外にも重要視されているものも存在する。たとえば、ジェネリック医薬品の推進について、DPC医療機関における後発医薬品係数や、一般名処方への加算等の取り組みが行われている。これらの根底には持続可能な医療の提供という考え方があると思われ、後発品の使用により限られた予算の中で医療費を削減し、新薬の開発へと資源を循環させることを目的としていると考えられる。ポリファーマシーの問題への対策についても、これが全国で広まることにより、今般の診療報酬改定による局所的な医療機関の収益の向上だけでなく、全国の医療費の適正化が図られ、財源を必要な領域への投資へと当てることにより、持続可能な医療の提供を可能とすることが望まれる。

〈引用・参考文献〉
1）Kojima T et al Geriatr Gerontol Int. 2012;12:761-2
2）Pan HH et al BMJ Open. 2014 Mar 28;4（3）:e004428.
3）「高齢者の転倒防止」林泰史『日老医誌』2007；44：591—594
4）厚生労働科学研究費補助金認知症対策総合研究事業（H25-認知症-一般-005〔平成25-26年度〕）
5）髙瀬義昌『認知症、その薬をやめなさい』（廣済堂出版）

特定集中治療室管理料

❶ 2016年度診療報酬改定の要点とその背景

（1） 2014年度診療報酬改定

　特定集中治療室管理料に対し、2014（平成26）年度に大きな改定がなされた（図表1-7-1）。すなわち、より体制の充実したICUに対して、初日から7日目までだと1日1患者あたり約48％増（1日9,211点から13,650点に増）となる、これまでにない高い管理料（特定集中治療室管理料1および2）が新たに設定されたのである。従来の管理料は、ほぼそのままの点数で特定集中治療室管理料3および4に移行した。特定集中治療室管理料1および2の具体的な要件として、①医師の数と質、②病床あたりの面積、③臨床工学技師、④重症度、医療・看護必要度（図表1-7-2）の4つの基準が示された（図表1-7-3）。事前調査で、この要件を満たす集中治療室はおそらく全国に10から20程度しかないであろうと推定されていたが、2015（平成27）年10月の時点での日本集中治療医学会の調査では、特定集中治療室管理料1または

図表1-7-1　2014年度特定集中治療室管理料に関わる診療報酬改定

改定前			改定後		
			特定集中治療室管理料1	イ. ≦7日	13,650点
				ロ. 8-14日	12,126点
			特定集中治療室管理料2	イ. ≦7日	13,650点
				ロ. 8-60日	12,319点
特定集中治療室管理料1	イ. ≦7日	9,211点	特定集中治療室管理料3	イ. ≦7日	9,361点
	ロ. 8-14日	7,711点		ロ. 8-14日	7,837点
特定集中治療室管理料2	イ. ≦7日	9,211点	特定集中治療室管理料4	イ. ≦7日	9,361点
	ロ. 8-60日	7,901点		ロ. 8-60日	8,030点

※管理料2、4は広範囲熱傷特定集中治療管理料

図表1-7-2 従来の特定集中治療室用の重症度に係る評価表

A. モニタリング及び処置等	0点	1点
心電図モニター	なし	あり
輸液ポンプ	なし	あり
シリンジポンプ	なし	あり
動脈圧ライン	なし	あり
中心静脈圧ライン	なし	あり
輸血・血液製剤	なし	あり
肺動脈カテーテル	なし	あり
特殊治療等（CHDF、IABP、PCPS、VAS、ICP測定）	なし	あり

B. 患者の状況等	0点	1点	2点
寝返り	できる	何かにつかまればできる	できない
起き上がり	できる	できない	—
座位保持	できる	支えがあればできる	できない
移乗	できる	見守り・一部介助が必要	できない
口腔清潔	できる	できない	—
食事摂取	できる	一部介助	全介助
衣服着脱	できる	一部介助	全介助

図表1-7-3 2014年度改定で新設された特定集中治療室管理料1および2の施設基準

①	医師	専任医師が常時ICU内に勤務。<u>特定集中治療の経験を5年以上有する医師を2名以上含む。</u>
②	病床面積	1床あたり<u>20m²</u>以上
③	臨床工学技士	<u>専任の技士が常時院内に勤務</u>
④	重症度、医療・看護必要度	A項目≧3点<u>かつ</u>B項目≧3点である患者が9割以上

※下線が改定前の旧管理料1、2からの改訂部分

2を算定する施設は全国で91施設あり、最も多い近畿地方と最も少ない東京都を除く関東甲信越地方では、人口補正するとその地域分布に約6倍近い較差が見られた。厚生労働省医療課の届出病床数調査では、2014年度診療報酬改定前後で管理料3が減少し、1が増加した（すなわち3の一部が1に移行した）。2は届出病床そのものが少なく、4は不変であった。全体として特定集中治療室管理料を算定する病床数は横ばいであった。

（2）2016年度診療報酬改定

その後、厚生労働省によるICU患者の重症度、医療・看護必要度に対する調査が継続され、B項目よりもA項目のほうが基準を満たしにくいこと、A項目の中でも心電図モニターと輸液ポンプは90％以上に、シリンジポンプは80％近くに使用されていること、心電図モニターと輸液ポンプは同時に使用される率が最も高いこと、A項目3点以上の組み合わせで最も多いのは「心電図モニター、輸液ポンプ、シリンジポンプ」の3点セットであることが明らかになった。A項目3点の患者のみを抽出すると、その60％が「心電図モニター、輸液ポンプ、シリンジポンプ」の3点セットであった。69施設のICU患者票による評価では、この3点セットに該当する患者が全体の50％を超える施設、40～50％の施設、30～40％の施設がそれぞれ約6％存在した。

また、A項目が2点以下の患者と3点の患者の比較において、医師による1日複数回以上の指示見直しが必要な割合や、看護師による1時間複数回の処置・観察・アセスメントが必要な割合は、3点の患者でむしろ少なかった。包括下出来高診療報酬点数も、3点の患者のほうが低いという結果であった。

これらを受けて2016年度診療報酬改定では早速このA項目にメスが入れられた（図表1-7-4）。前述の3点セットはそれぞれ1点ずつのままで、その他の項目はすべて2点となる傾斜がつけられた。A項目基準が3点から4点以上に引き上げられたため、いわゆる3点セットではA項目基準を満たさないような改定が行われた。基準を満たす患者の割合は、管理料1および2においては90％から80％以上の患者に、3および4においては80％から70％以上の患者に引き下げられた。B項目は、簡素化をはかるために一般病棟用の項目と同一となった。

図表1-7-4 2016年度のA項目の改定

A. モニタリング及び処置等	H26改定後	H28改定後
心電図モニター	1点	1点
輸液ポンプ	1点	1点
シリンジポンプ	1点	1点
動脈圧ライン	1点	2点
中心静脈圧ライン	1点	2点
輸血・血液製剤	1点	2点
肺動脈カテーテル	1点	2点
特殊治療等（CHDF、IABP、PCPS、VAS、ICP測定）	1点	2点
特定集中治療室管理料1、2	9割以上の患者 A項目≧3点 かつ B項目≧3点	8割以上の患者 A項目≧4点 かつ B項目≧3点
特定集中治療室管理料3、4	8割以上の患者 A項目≧3点 かつ B項目≧3点	7割以上の患者 A項目≧4点 かつ B項目≧3点

❷ 今後の重症系加算のあり方

（1）2016年度診療報酬改定のインパクト

　今回の改定により、最も大きな影響を受けたのはおそらく循環器疾患（とくに循環器内科）患者ではなかろうか？　これらの患者の多くが、従来は「心電図モニター、輸液ポンプ、シリンジポンプ」のいわゆる3点セットのみでA項目基準を満たしていたものと思われる。したがって、循環器疾患のみで特定集中治療室管理料を算定していた循環器専用のICUにとっては、大きな打撃である。これに比して循環器疾患を混合系ICUの中に吸収していた施設にとっては、さほどの影響はないのかもしれない。また、術後患者を主に入室させる外科系ICUにとっても、今回大きな打撃はなかったと思われる。何も起こらなければ短期間で退出可能だが、起これば かなり厄介なことになる内科系重症患者の観察を主な目的とするユニットの、今後のあり方を考えさせる改定内容と言える。術後患者でも同様に観察のみを主な目的とする

ICU入室患者は多数存在するが、これらの患者は手術室で動脈圧ラインないし中心静脈圧ラインが挿入されていることが多いため、内科系と異なりA項目4点を満たしやすいのである。

（2）今後の重症系加算のあり方

　今後の特定集中治療室管理料のような重症系加算のあり方について、私見を述べる。特定集中治療室管理料のA項目のすべてがアウトカム指標（死亡率など）ではなくプロセス指標であるのは、おそらく医療にどれくらいコストがかかっているかを推測しようとした結果であろう。これくらいのプロセスが行われているので、これくらいの管理料を支払うべきだという考え方である。しかし、重要なのはどれくらいコストを掛けたかではなく、いかなるアウトカムを出しているかであるのはいうまでもない。その意味では、ICUだからこのようなプロセスが行われていなければならない、という考え方から脱却し、生理学的な重症度とICU全体のアウトカムを評価し、いわゆるP4P（Pay for Performance）の形に移行させていくべきではないかと考える。

　例えば、現在のA項目の問題点の1つに、動脈圧ライン、中心静脈圧ライン、肺動脈カテーテルといったカテーテル類によるモニタリングが挙げられる。今世紀はじめに、重症患者に対する肺動脈カテーテルの有用性が否定されたのは、ICUの歴史の中で最も大きな出来事の1つであった。中心静脈カテーテルは医療安全の観点から近年大きく問題視され、必要時に限り限定的に行うべきものだと考えられている。そもそもA項目で認められているのは「中心静脈圧測定」という行為であるが、中心静脈圧測定の有用性は近年ほぼ完全に否定されたといっても過言ではなく、高カロリー輸液よりも早期経腸栄養が推奨される現在の重症患者における中心静脈カテーテル挿入の最大の目的は、おそらく薬剤投与であろう。動脈圧ラインも、カテーテル関連血流感染のリスクは中心静脈カテーテルと変わらないとする報告もあり、気軽に長期留置されるべきものではない。質の高いICUとは、これらのモニタリングを長期間むやみに留置するICUではなく、専従医師が毎日その必要性を吟味し、不要ならば速やかに抜去しようと努力するICUである。また、そもそも質の高いICUは、早期リハビリテーション、人工呼吸器関連肺炎予防バ

ンドル、早期経腸栄養開始、適切な抗菌薬使用などの実施により、ICU在室日数そのものが短くなるはずであり、長期にわたり過剰な診療を行うICUが評価されることは望ましくない。診療報酬は、基本的に医療従事者のモラルを信用する性善説により成り立っている側面があるが、診療報酬を得ようとすれば過剰診療につながり、患者に有害となる可能性がある行為を基準として設定するのは問題があるだろう。

そこで、診療プロセス指標とアウトカム指標を組み合わせた、ICUの適切なプラクティスに合致するあらたな基準作成が将来的には望まれる。診療プロセスに関しては、現在のA項目のうち、少なくとも心電図モニター、輸液ポンプ、動脈圧・中心静脈圧測定モニタリングは不要であろう。ICUのアウトカム指標で最も重要視されるのは死亡率であるが、これを評価する前提として当然患者重症度の評価が欠かせない。すなわち、死亡率を重症度で補正する必要がある。患者重症度と死亡率の把握に世界で最も用いられているAPACHE（Acute Physiology And Chronic Health Evaluation）スコアは、生理学的データに基づいた患者重症度把握ができるのみならず、その病院死亡率を予測することが可能となる。現在の最新版はAPACHE Ⅳ スコアであるが、いまだに世界で最も用いられているのはAPACHE Ⅱ スコア（図表1-7-5）である。また、主要疾患別の人工呼吸日数やICU在室日数などの指標も、ICUの質の評価に有用と思われる。これらの質の測定指標の把握は簡単ではないが、日本集中治療医学会主導で国内のいくつかの施設で任意登録が開始されたICU患者データベース（JIPAD; Japanese Intensive care PAtient Database）が本格化すれば、これを活用してＰ４Ｐに向けたICUの適切な診療報酬体系の構築が可能となるかもしれない。

図表1-7-5　APACHE Ⅱ スコア

A：急性生理学スコア		0-60点
	体温、循環、呼吸機能、酸塩基平衡、電解質、腎機能、血算、中枢神経の分野の計12項目の生理学指標をスコアリング（ICU入室24時間以内の最悪値を用いる）	
B：年齢		0-6点
C：慢性病態スコア		0-5点
	肝不全、心不全、呼吸不全、腎不全、免疫不全の慢性病態をスコアリング	

第 2 章

病院経営を取り巻く環境と戦略的経営の推進

1 病院経営についての3つの誤解

❶ はじめに

　7対1入院基本料を届け出る病院の絞り込みや病床機能報告制度の開始など、一連の施策は機能分化と連携を推進しようとする医療政策に基づいたものである。経済成長が停滞する中で医療費抑制は喫緊の課題であり、効率的な医療提供体制の構築のために、このような動きが失速することはありえない。診療報酬が右肩上がりだった時代からすれば、先の見えない不確実な時代が到来したといえる。このような環境の中、2014（平成26）年度は消費税増税が行われ、特に材料費率が高い高機能急性期病院において増税による財務状況の悪化がみられ、明るい兆しはまったくない。ただ、厳しいからといって、院内でそのことを声高に叫んでも事態は何も変わらない。むしろ現場の疲弊を招くという意味では逆効果ともいえる。どんなに厳しい環境であっても病院経営層には地域の医療を支え、医療機関を常に成長させていくことが求められている。

　不確実で未来が見えない時代に突入した今日、持続的な成長を遂げるために、客観的データに基づく戦略的病院経営を推進することが重要である。ここでは、その要諦について私が実践する手法を診療領域別などの切り口から紹介する。

❷ 病院経営に対する誤解

　病院経営には定石があり、成長につながった戦略は決して偶然から生まれたものではない。つまり、再現性が高く、科学的な要素が強い。客観的データ活用による実証的な経営が有効である。しかし、単純な成功の方程式が存在するほど甘くはない。"これをやればうまくいくという"甘いささやきについ耳を傾けがちであるが、それを実行しても成長軌道に乗せることは難し

い。ここでは病院経営に対する代表的な3つの誤解について取り上げる。

　まず1つ目が、病院経営＝経営改善と考えることだ。私は、改善のみで未来が開けることはないと考えている。確かに明らかな無駄は慎むべきで、短期的に少しは財務状況を改善させるだろう。しかし、医療において何が無駄かを識別することは容易ではない。改善をしたからといって明るい未来がやってくるわけではない。あるいは、収入を増やそうとし、○○加算の算定率を上げようと取り組みを始めるかもしれない。

　しかし、果たしてそれが必要なのか、妥当な請求なのか、我々の仕事には国民医療費が投じられていることを常に忘れてはならない。過剰な請求により一時的にお金儲けはできるだろうが、私たちには医療人としての倫理観が問われている（もちろん適切な報酬を請求する視点は重要であり、過少請求をする必要はない）。私は、医療費抑制という環境下においては、低コストで質が高い医療を提供する病院を目指すべきであり、そのような病院が勝ち組になると信じている。このような視点が医療政策における重要評価項目の1つに掲げられる日も遠くないであろう。

　2つ目が、収益性について管理を強め、医療の本質を忘れた財務優先主義を強要することである。しばしば事務部長などから、"経営的には"という言葉を耳にする。この言葉の真意は"財務的には"ということであり、経営のとらえ方に誤解がある。病院経営では質の高い医療を低コストで提供し、結果として機能向上のために投資できるだけの経済性を確保することが求められている。それを実現する仕組みをつくるのが経営であり、経営＝財務ではない。一定程度の収益管理は適度な緊張感につながる可能性もあるが、それが前面に出すぎると医療の本質を見失う。その一例が診療科別管理会計の導入とそれに基づく評価を絶対視することだ（実施することは大いに意味があるが、その結果に基づいて評価や資源配分のあり方を強調し過ぎることは危険である）。

　"経営改善"をしようとした際に診療科別でどこが儲かっているのかを把握したいと病院経営層はしばしば考える。稼働額では収益性は評価できないからだ。しかし、管理会計で現場の納得感を醸成することはできない。まず部門共通費に関する配賦基準の妥当性について議論が紛糾する。さらに儲かっていればそれが素晴らしいのか、自院が目指している方向性と合致するの

かなど配慮すべき事項は多い。

3つ目がBSC（Balance Score Card）のような経営ツールを導入することが業績向上につながるという発想である。BSCに取り組むことによって財務的な業績が向上したという事例発表はたくさんある。しかし、BSCが直接の引き金になったのか他の要因が関係したかは明確ではない。私は、BSCに取り組んだから業績が向上するとは考えない。たしかに将来ビジョン等について皆で議論することには重要な意義があり、喧々諤々の議論を大いにすることが望ましい。

しかし、"他の病院がやっているから"という理由だけで、形式的にBSCを導入しても何も変わらない。むしろ、現場は作業ばかりが増えて迷惑だと感じるだろう。形だけの経営ツールの導入では、医療職の心には響かず組織を牽引していくことはできない。また、BSCの作成に当たりSWOT分析を行うが、しばしば強みとして挙げられるものとして、「当院はがん診療連携拠点病院である。地域医療支援病院である」などがある。しかし、その二次医療圏には拠点病院が5つも6つもあったりする。指定を受けられることは素晴らしいが、そこからもう一歩も二歩も踏み込み、客観的データを基に膝を突き合わせた議論を行う必要がある。

❸ "戦略的"とは策略的を意味しない

戦略的というと、しばしば相手を出し抜き大きな利益を享受するものだと誤解している人がいる。しかし、私の考える戦略的経営は短期的な業績変動に決して一喜一憂しない。短期の高い利益率を捨ててでも、中長期で未来を見据えた事業展開を優先する。

中長期的な成長のためには、近隣医療機関との強い信頼関係が重要であり、ライバルを蹴落とすような競争を繰り広げ、そこで優位に立つことを目的にしない。むしろお互いが丸裸になって情報を交換し合い、同じ土俵で議論し、医療の質と効率性を地域全体で高めていくことが望ましい。時として近隣医療機関に出向きサポートをするなどの取り組みも求められる。

また、財務的な業績をよりよいものにするために、職員に無理強いをすることは戦略的ではない。適切に働く仕組みを構築し、職員が働きやすい環境

を提供することが病院経営層の役割である。

　"戦略的"であることは"策略的"であることを意味しない。病院経営は人心や利害が複雑に絡むものであり、だからこそ客観的データに基づき皆が同じ土俵の上で前向きに議論をすることが病院を進化させることにつながる。

　これから、持続的な成長の実現に向けて考慮すべき外部環境である地域の人口構成、ポジショニング、そして内部医療資源の把握方法について取り上げていく。

2 激戦区と競争が緩やかな地域との戦略の違い

❶ ポジショニングの客観的把握と膝を突き合わせた議論

　持続的な成長の実現のために、自院の立ち位置を客観的に把握し、次の一手をどう打つかを考えることは極めて重要である。つまり、地域における自院のポジショニングを把握し、近隣医療機関との差別化を考える必要がある。

　図表2-2-1は東京都の北多摩南部医療圏周辺における急性期病院のポジショニングである。横軸には当該地域における手術シェアを、縦軸には患者構成の指標である複雑性を取り、バブル（円の面積）の大きさを救急車搬送入院件数としている（両軸およびバブルに何を取るかは分析目的によって異なるものであり、柔軟に考えてよい）。

　この地域には高度救命救急センターである杏林大学医学部附属病院（Ⅰ群）、都立多摩総合医療センター（Ⅱ群）、公立昭和病院（Ⅱ群）、武蔵野赤十字病院（Ⅱ群）に加え、慈恵医大第三病院、榊原記念病院、その他特色のある医療機関が激しい競争を繰り広げている。

　図表2-2-1のポジショニングマップでは、横軸の手術シェアで右側の象限にいくためには病床規模が関係する。そこで規模の影響を排除し、自院の今後の方向性を考えるための素材として救急と手術の注力状況を示したものが図表2-2-2である。横軸は入院患者に占める手術患者割合であり、縦軸は入院患者に占める救急車搬送割合、バブルの大きさが1床当たりの月間退院患者数（病床回転率）である。病院の財務特性として、人件費を中心とした固定費が多くを占めるため、多数の新入院患者を獲得し、病床回転率を高めることが有効であることは周知の事実である。ただし、新入院患者の獲得手段は病院のタイプによって異なる。手術患者、特に予定手術を中心にするか、救急重視か、あるいは両者に対しバランスよく取り組むかは病院機能にも大きく影響する。いずれの軸を重視するか、そこから予想される医療機能はい

❷ 激戦区と競争が緩やかな地域との戦略の違い

図表2-2-1 北多摩南部医療圏周辺におけるポジショニング

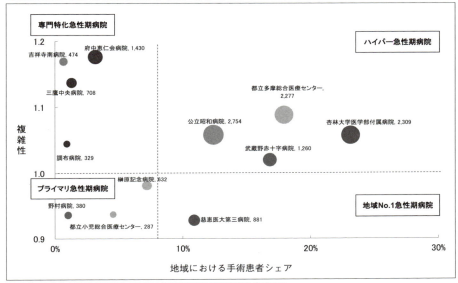

※バブルの大きさ及び病院名横の数値は救急車搬送入院患者数を意味する
出所:平成26年度第5回診療報酬調査専門組織・DPC評価分科会の資料をもとに作成

図表2-2-2 救急と手術の注力状況 北多摩南部医療圏周辺

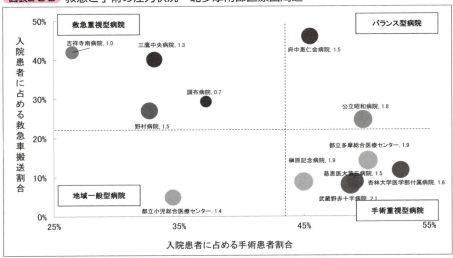

※バブルの大きさ及び病院名横の数値は1床当たりの退院患者数(月)を意味する
出所:平成26年度第5回診療報酬調査専門組織・DPC評価分科会の資料をもとに作成

かなるものであるか、客観的データを基に皆で膝を突き合わせて議論することが求められる。

❷ 地域特性を踏まえた戦略

　病院の取るべき戦略は立地と密接に関係する。新入院患者を獲得するための手段について、地域の競争状況が影響を及ぼすことはいうまでもない。
　激戦区では診療の幅を広くすれば患者が集まるわけではなく、差別化を念頭に置くことが求められる。医療機関では「競争＝悪いこと」と捉えられることもあるが、ここでいう競争は決して周囲を蹴落とそうというものではない。適切な緊張感を保ちながら連携を支柱に据え、お互いが地域の医療を支えるパートナーであるという意識で戦略を展開していくことが重要である。それに対して、競合医療機関が少なく競争が緩やかな地域では、総合的な医療を提供することが最優先となる。特に一刻を争う救急医療では、たとえ不採算であろうと、あらゆる患者を網羅する診療体制を整備しなければならない。

❸ 激戦区での戦略——診療領域・疾患別の差別化を

　戦略の本質は差別化である。差別化は他院とは違った何かをつくり、その魅力を適切な手段によって強調することから始まる。特に激戦区においては、診療領域別（循環器、消化器、呼吸器など）だけでなく、疾患別でも注力領域を考え、強みをさらに際立たせる資源配分を推進することが望ましい。ここでいう資源とは、特定の診療領域に対する病床、人員配置、そして投資額等を意味する。競合医療機関が多数存在する中で際立った実績を残すためには、総花的で無難な意思決定を繰り返すだけでは道は開けない。
　ポジショニングによって院内の資源配分を変更することには、内部でも是非がある。差別的なポジショニングを持つ領域を際立たせることは、院内に軋轢を生むであろうし、そもそも圧倒的に優れた資源の育成が先であるという意見も出てくる。ポジショニングが先か、内部資源の充実が先かという議論にたどり着く。しかし、厳しい競争環境下でさらなる成長を遂げるために

は、資源配分に優先順位をつけることは避けられない。トップマネジメントには、突出した（あるいはさせたい）領域を重点化し、そこから得られた利益を他領域に振り向ける道筋をきちんと見せることで、職員の納得感を醸成することが求められる。

❹ 郊外型医療圏での戦略

　競争が緩やかな地域では、激戦区とは異なる戦略が求められる。特に地方都市の郊外（あるいは中山間地域）に位置するような医療圏ではカバーする診療圏が広く、最後の砦として重要な役割を担うため、そこに存在することが大きな価値でもある。あらゆる疾患への対応力が問われるので、突出した領域を意図的につくるよりも総合的でバランスのよい医療を心掛けることが望ましい。ただし、激戦区とは異なり医師が特に不足する地域であるため、医師に辞められては困るという意識から、現場スタッフが医師を過剰に甘やかしていることが多い。このような地域に立地する医療機関は「患者を診てやっている」という"上から目線"の習慣が染みつきやすい。結果として、がん患者などの予定入院を中心に他の医療圏に大量流出する傾向がある。患者流出を食い止め、「地域の中核病院として確固たる役割を果たす」という原点に戻る施策が新入院患者の獲得につながる。

　このような医療圏では、都会の激戦区とは異なり、重症な救急は自院で何が何でも受け入れる責任がある。その分、紹介については「今日は診られない。明日に回してくれ」などと平気で口にし、患者を気持ちよく受け入れることができないことも少なくない。紹介は断ったら次は来ない。紹介元の気持ちに配慮した行動が求められる。断らない紹介受入体制を構築しなければならない。そして、紹介医を絶対に批判しないことも忘れてはならない。

3　地域の競争状況を客観的に把握する方法

　前項では、地域の競争状況によって、取るべき戦略が異なることを説明した。しかし、競争の状況は肌感覚でとらえる傾向が強く、打ち手を勘違いしやすい。そこで、本項では地域において自院がどのような競争環境にあるのかを客観的に把握する手法を紹介する。

❶ 競争状況の把握——ハーフィンダール指数

　地域の競争の状況は、競争戦略、マーケティング、さらに医療経済学などでしばしば用いられるハーフィンダール指数で把握することが有効である。ハーフィンダール指数は、各病院のシェア（占有率）を二乗し、それを合算して求める。"シェア"についてどの数値を用いるかによって結果は変わるが、病院の競争に影響を与えるのは地域の病床の分散状況であると私は考えている。病床があれば、そこに入院患者を欲するというのが、病院にとっての自然な発想だからである。ここでは二次医療圏における各病院のDPC算定病床数シェアの二乗和を用いる。

　ハーフィンダール指数は、0から最大で1までになり、地域に病院が1つしかない（つまりシェアが100％）場合の当該指数は1となる。病床が分散し、ライバルがたくさんいる地域は指数が0に近づき、独占状態の場合には1となる。図表2-3-1に示すように、地域に急性期病院が2つ存在する①よりも、②のように5つのときには指数が0に近づき、さらに中小病院が多数存在する③の場合には競争はより激しいという評価になる。主観的に「自院には隣に強力なライバルがいるから競争が激しい」というよりは、客観的で納得感の高い評価方法である。

　図表2-3-2は、DPC算定病床を用い二次医療圏別にハーフィンダール指数を試算した結果の分布である。全体的に、二次医療圏のDPC算定病床数が多い地域は、ハーフィンダール指数が低くなる傾向がある（図表2-3-3）。

❸地域の競争状況を客観的に把握する方法

図表2-3-1　ハーフィンダール指数の計算例

①地域に急性期病院が2つある場合
　（A病院・B病院：それぞれ100床）
　A病院のシェア：50％、B病院のシェア：50％、
　➢各病院のシェア50％
　ハーフィンダール指数＝0.5×0.5×2（病院）＝**0.5**

②地域に急性期病院が5つある場合（中核病院あり）
　（C・D・E・F病院：それぞれ50床、G病院300床）
　➢C・D・E・F病院のシェア10％、G病院のシェア60％
　ハーフィンダール指数＝0.1×0.1×4（病院）＋0.6×0.6×1（病院）＝**0.4**

③地域に急性期病院が5つある場合（中小病院多数）
　（H・I・J・K・L病院：それぞれ100床）
　➢各病院のシェア20％
　ハーフィンダール指数＝0.2×0.2×5（病院）＝**0.2**

図表2-3-2　二次医療圏別　競争状況の分布

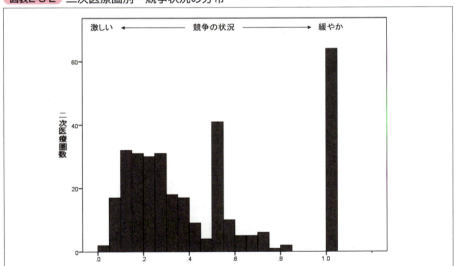

出所：平成26年度第5回診療報酬調査専門組織・DPC評価分科会の資料をもとに作成

図表2-3-3 二次医療圏別 DPC算定病床数とハーフィンダール指数

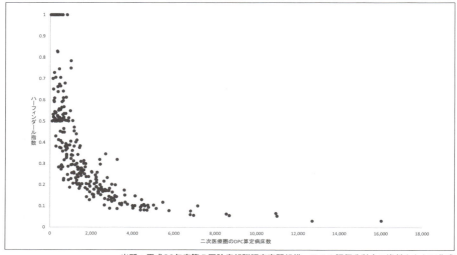

出所:平成26年度第5回診療報酬調査専門組織・DPC評価分科会の資料をもとに作成

　ハーフィンダール指数で10パーセンタイル(競争が極めて激しい地域)に該当する地域が図表2-3-4である。これらの地域は都市型医療圏で、大病院に加えて中小病院が乱立するという特徴がある。

　25パーセンタイル(競争が激しく大病院がしのぎを削る地域)には、東京都北多摩南部医療圏の他に、静岡県静岡医療圏(静岡市周辺)、高知県中央医療圏(高知市周辺)、静岡県西部医療圏(浜松市周辺)、山形県村山医療圏(山形市周辺)、長野県松本医療圏(松本市周辺)・長野医療圏(長野市周辺)、富山県富山医療圏(富山市周辺)・高岡医療圏(高岡市周辺)、北海道上川中部医療圏(旭川市周辺)、茨城県水戸医療圏(水戸市周辺)のような地方中核都市が挙げられる。公的な中核病院がいくつも整備され、大病院の競争が激しい地域といえる。このような地域は公的病院が多く、急性期志向が極めて強く、ある意味では最も機能分化がしづらい地域である。

　なお、当該評価を行うに当たって、二次医療圏を用いるべきかについては議論の余地がある。高機能な病院は、二次医療圏の境界を越えて患者を獲得するのが一般的であり、そのことに配慮することもありえる。つまり、必ずしも二次医療圏にこだわる必要はなく、実質的に機能している医療圏を用い

❸地域の競争状況を客観的に把握する方法

図表2-3-4 競争が極めて激しい二次医療圏
（ハーフィンダール指数10パーセンタイルの二次医療圏）

都道府県	二次医療圏	DPC算定病床数	ハーフィンダール指数
北海道	札幌医療圏	12,687	0.030
大阪府	大阪市医療圏	16,025	0.031
愛知県	名古屋医療圏	10,993	0.053
福岡県	福岡・糸島医療圏	8,683	0.056
兵庫県	神戸医療圏	6,961	0.056
福岡県	北九州医療圏	6,792	0.060
京都府	京都・乙訓医療圏	8,535	0.063
東京都	区中央部医療圏	10,935	0.066
宮城県	仙台医療圏	6,808	0.077
広島県	広島医療圏	5,764	0.078
千葉県	東葛南部医療圏	4,701	0.081
大阪府	北河内医療圏	4,387	0.081
神奈川県	横浜西部医療圏	4,564	0.082
大阪府	泉州医療圏	3,251	0.088
東京都	区西南部医療圏	5,150	0.089
兵庫県	東播磨医療圏	2,891	0.089
鹿児島県	鹿児島医療圏	4,024	0.090
新潟県	新潟医療圏	4,775	0.094
熊本県	熊本医療圏	4,394	0.095
岡山県	県南東部医療圏	4,595	0.100
東京都	区西部医療圏	7,157	0.101
東京都	区東部医療圏	4,114	0.101
千葉県	東葛北部医療圏	4,004	0.102
兵庫県	阪神南医療圏	4,448	0.102
石川県	石川中央医療圏	4,740	0.103
兵庫県	阪神北医療圏	2,641	0.104
東京都	区南部医療圏	5,018	0.104
沖縄県	南部医療圏	3,470	0.105
神奈川県	横浜南部医療圏	4,550	0.107
岐阜県	岐阜医療圏	3,760	0.108
埼玉県	東部医療圏	3,393	0.109
東京都	南多摩医療圏	3,376	0.111
千葉県	千葉医療圏	3,482	0.112

出所：平成26年度第5回診療報酬調査専門組織・DPC評価分科会の資料をもとに作成

ることが望ましい。ただし、ポジショニングを把握する際には、二次医療圏あるいはそれを超えた広域で考えることが必要であり、自院に都合がいいような範囲に狭めることは望ましくない。入院患者は広域で移動するのが一般的だからだ。

❷ 競争激化地域　熊本医療圏の事例

　図表2-3-5は、"機能分化と連携"で全国的に有名な熊本医療圏の急性期病院のポジショニングである。熊本医療圏には多くの急性期病院があり、しのぎを削る戦いが繰り広げられていることが分かる。競争が激しいゆえに、差別化をしようとしていると捉えることもできる。熊本医療圏は"模範的"と称賛されるが、勝ち組ばかりではないのも現実だ。
　図表2-3-6は、同医療圏における複雑性・効率性・病床回転率（DPC算定

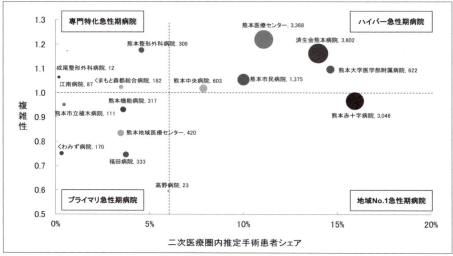

図表2-3-5 2013年度 熊本医療圏におけるポジショニング

※バブルの大きさ及び病院名横の数値は救急車搬送入院患者数を意味する
出所:平成26年度第5回診療報酬調査専門組織・DPC評価分科会の資料をもとに作成

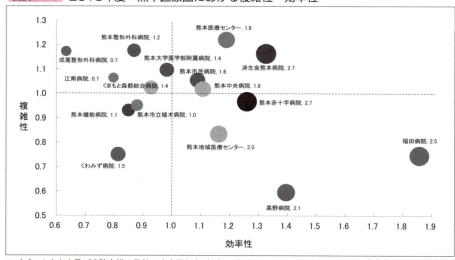

図表2-3-6 2013年度 熊本医療圏における複雑性・効率性

※バブルの大きさ及び病院名横の数値は病床回転率(月)を意味する
出所:平成26年度第5回診療報酬調査専門組織・DPC評価分科会の資料をもとに作成

❸地域の競争状況を客観的に把握する方法

病床1床当たりの月間退院患者数）を可視化したものであり、在院日数が長く（効率性が悪く）、病床回転率が悪い病院も多数存在している。横軸の効率性が1未満の病院は在院日数が長く、また、バブルの大きさを見ると、病床回転率が1.5以下である病院はDPC算定病床1床当たりの退院患者数が少ない。ただし、当該評価は急性期としての評価であり、病院が生きる道は他にも存在する。

同医療圏のような競争が激しい地域では、中核病院は存在するだけでその総合性ゆえに差別化をしているケースもある。中小規模病院が差別化のために専門特化していくと、総合的な機能を有する病院は希少価値が出てくる。また、同医療圏は他の医療圏からの患者の流入が極めて多いのが特色である（図表2-3-7）。熊本県では、熊本医療圏以外では充実した急性期医療を提供できる病院が少なく、そのことが熊本医療圏への一極集中をもたらしている。これが模範的なモデルかどうかは議論の余地がある。

医療機関にはそれぞれ期待された役割がある。地域の競争状況を踏まえて自らがどのような役割を果たすべきか冷静に判断することが求められる。

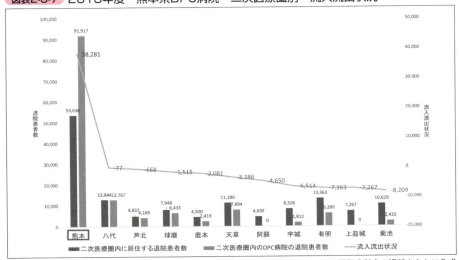

図表2-3-7　2013年度　熊本県DPC病院　二次医療圏別　流入流出状況

出所：平成26年度第5回診療報酬調査専門組織・ＤＰＣ評価分科会の資料をもとに作成

4　新入院患者数　なぜ増えないのか？
　　　──病床数を減らすという選択

　近年、病院の財務状況が悪化の一途を辿っており、回復の見込みが立たない。これには診療報酬の実質マイナス改定、消費税の負担増などが関係していることはいうまでもないが、そもそも新入院患者数が増えないことに頭を抱える医療機関も多い。ここでは、新入院患者数が増えない理由を整理し、それに対する対応策として急性期病床を減らすという選択について考えていく。

❶ 在院日数の短縮と地域の医療機関の取り組み

　急性期病院は在院日数の短縮を粛々と進めている。これは2014（平成26）年度診療報酬改定で7対1入院基本料の厳格化が行われ、さらに2016（平成28）年度診療報酬改定が影響している。今まで病床利用率の維持・向上を優先してきた病院も在院日数の短縮に舵を切ったケースが多い。在院日数の短縮は新入院患者数が増加しない限り、病床利用率を低下させる。急性期の状態を脱した患者ならば、急性期病床に入院する必要はないが過剰な病床を有する医療機関はそのようには反応しない。なぜならば、人件費を中心とする固定費が多い医療機関にとって病床利用率の下落は財務的に強い負の影響を及ぼすからだ。このような状況を打破するために、地域の医療機関が救急医療に注力しはじめている。多くの病院が救急を受けるようになったことによって、自院への搬送数が減少しているのではないだろうか。地域から救急患者がいなくなったわけではない、高齢化は救急車搬送を増加させる。競合医療機関に救急車が奪われていると考えるのが現実的である。特に2016年度診療報酬改定でA項目に救急搬送後の入院が加わった影響は大きい。

❹新入院患者数　なぜ増えないのか？──病床数を減らすという選択

❷ 発症率の変化

　飲食店に流行り廃りがあるように、医療においても需要には時代による変化がある。つまり、病気の発症率等が変わってきている。循環器系疾患、特に虚血性心疾患は長期低落傾向であり、特に心筋梗塞や脳出血など減少している（図表2-4-1、図表2-4-2）。これはデバイスの発達、医療技術の進歩や血圧のコントロールが功を奏するようになったことなどが関係しているのであろう。また、透析患者についても新規導入が減少しており、以前のような慢性腎不全患者が増加し続ける時代ではなくなってきた。がんについても、胃がんや肝がんなど明らかに減少しているものがあれば、前立腺がん、膀胱がん、肺がん、乳がんなど増加傾向を示すものも存在する。医療を取り巻く研究開発が常にイノベーションを生み出し、これからも疾患構成は変わっていくことだろう。何かが隆盛すれば、何かが失速することはやむを得ない。現在は高齢化に伴い発症数自体は増えている脳梗塞についても、今後、心房細動に対するカテーテルアブレーション治療の普及によって減少も予想され、状況は変わっていくかもしれない。

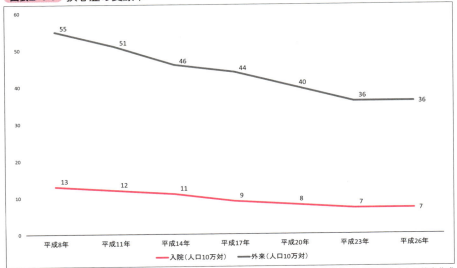

図表2-4-1　狭心症の受療率

出所：厚生労働省の患者調査をもとに筆者作成

図表2-4-2　急性心筋梗塞の受療率

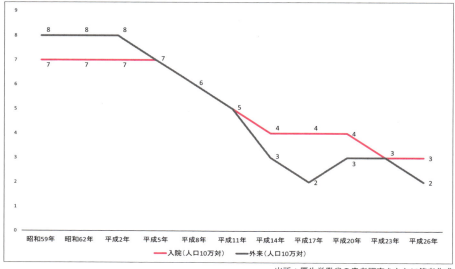

出所：厚生労働省の患者調査をもとに筆者作成

❸ 高齢化の進展

　高齢化が進むことは一見すると医療需要が増加し、新入院患者数が増加しそうな幻想を抱く。しかし、必ずしもそうとはいえない。現在でも著しい勢いで人口減少が続いている地域もあり、そうなると新入院患者増は期待しえない。

　そもそも高齢者は予定入院よりも救急車搬送入院が多くなる。病院では予定入院のほうが緊急入院よりも25％程度単価が高いのが一般的である。これは、緊急入院は手術、特に全身麻酔を伴う手術の実施率が予定入院よりも低いことに加え、在院日数が長引くからだ。急性期の治療は終了しても、認知症があるなどの理由で転院ができないケースも多い。近年は治療技術の発達により高齢者に対しても手術が実施できるようになり、高齢者に対しても術中死亡などは極めて稀になってきている。しかし、生命予後などを考えどこまで実施するか、また本人及び家族も含めてどこまで求めるかは状況による。高齢化は肺炎、誤嚥性肺炎、心不全などを増加させるが、急性期治療を要する新入院患者が飛躍的に増加することは期待できない。

❹ 病床数を減らすという選択

　このような環境の中で医療提供側としてどのような施策を打つことができるだろうか。地域の医療需要は限られているわけだから、まずは競合医療機関との差別化を図り、少しでもシェアを獲得しようという発想が思い浮かぶだろう。突出した領域をつくり、そこで患者を獲得することは有効な手段である。そのためには、自院が得意とする領域の将来患者推計はどうなっていくのかを把握する必要がある。楽観的な期待だけで人員配置や医療機器への投資などの医療資源の配分を決定することは危険であり、冷静な判断が不可欠となる。また、紹介患者はどこから来ているのかを分析する必要がある。紹介は一度断ると次の紹介に強く影響を及ぼすため、紹介の断りが本当に行われていないのか、紹介医に対して失礼な態度がないかなど現状把握を徹底的に行うことだ。ただし、それだけ未来への活路が拓けないほど環境変化は厳しいことだろう。

　その際には病床を絞り込み、残された病床で高機能な急性期医療を提供するという選択肢が現実的だろう。病床を減らせば、従来よりも１床当たりで手厚い人員配置が実現でき、高回転での病床運営が可能となり、重症度、医療・看護必要度等の指標も劇的に改善されるはずだ。もちろん病床を減らしたことに油断しては元も子もないが、適切な緊張感を持ちながら、病床削減を１つの契機としてより急性期志向を強めるいい機会とすることが期待される。

　病床数が多いことはいい病院を意味しない。贅肉をため込むよりも筋肉質でスマートな体型が魅力的で、健康的なはずだ。大きさよりも質の良さをアピールすることを私たちは肝に銘じなければならない。

5 高齢社会において高度急性期を目指すこと

❶ 入院患者の疾患構成の変化

　我が国は未曽有の高齢社会へ向けてひた走っており、その勢いは止まらない。高齢化が進むということは医療需要が増加することを意味し、病院にとって明るい未来が開けるような気もするがそれは誤解である。

　高齢化が進む現在、入院患者の疾患構成が変化している。図表2-5-1に示すように、すでに増加傾向にあり、今後も同様の傾向が続くと予想される疾患としてがんを挙げることができる。これからの急性期病院にとってがん、特に手術対象となるがん患者を獲得できるかどうかが成長のための重要な鍵を握ることは間違いない。また、肺炎も増加するであろう。救急医療に注力する病院では高齢者の誤嚥性肺炎に対する対応に苦慮することが予想される。

図表2-5-1 入院受療率（人口10万対）の推移

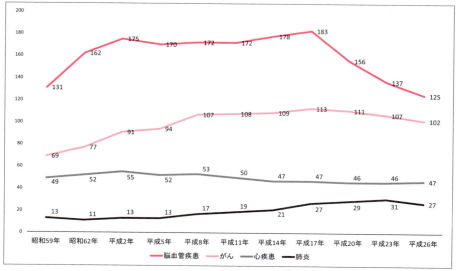

出所：厚生労働省の患者調査をもとに筆者作成

それに対して脳卒中や心疾患は減少傾向にある。これらは在院日数の短縮や治療の発達によるものであり、今後もこの傾向が続くであろう。

❷ 高齢者の救急の増大が入院単価の下落を招く

　高齢化は患者の入院経路に影響を及ぼす。図表2-5-2は、A病院における年代別の入院経路であり、ここから10歳未満はウォークインが多く、70歳以上では予定入院患者の割合が減少し、特に救急車搬送入院が多くなるという傾向を示している。平均在院日数短縮の結果、病床利用率が下落した急性期病院にとって救急医療の充実が重要であることを意味する。しかし、緊急入院患者は予定入院患者と比べて入院診療単価は平均すると25％低い。高齢化が進むことは救急患者が増加し、その点からの急性期医療需要は増加するが、入院単価が下落していき、増収にはつながらない可能性が高い（一方で高齢化に伴い予定入院患者は減少する可能性もある）。

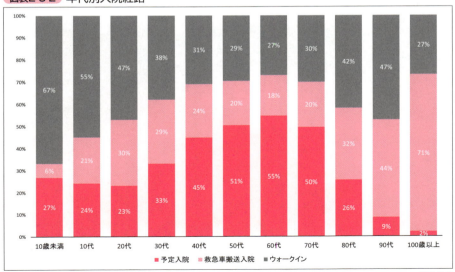

図表2-5-2　年代別入院経路

筆者作成

3 平均在院日数の増加、入院期間Ⅱ以内の退院患者割合の低下

　救急患者の入院診療単価が低い理由は肺炎や脳梗塞ではICUや手術適応になるケースは少なく、診療報酬点数もそれほど高くないことが挙げられる。さらに、高齢者は平均在院日数が長くなり（図表2-5-3）、急性期治療は終わったけれど、家庭の事情などで退院できず転院待ちというケースが多いからだ。このような患者は救命救急センターを有するような病院でも一定程度存在するわけであり、地域包括ケア病棟などを地域全体で整備し入院が長期化した患者の受け皿を考えていく必要がある。また、平均在院日数は心不全や誤嚥性肺炎などの長期化しやすい疾患をたくさん受け入れていれば長くなるので、DPC/PDPSにおける入院期間別退院患者割合をみても、やはり高齢者ほど診断群分類別の平均在院日数である入院期間Ⅱ以内の割合が低下する。高齢者は合併症が多く退院させることが難しい（図表2-5-4）。

　平均在院日数が延びるだけではなく、院内死亡率も高くなる。80歳を超えると院内死亡率が急上昇する。小児の治癒率が高いのとは対照的であり、高

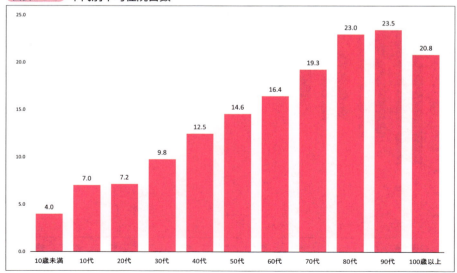

図表2-5-3　年代別平均在院日数

筆者作成

齢化に伴いアウトカムの悪化が予想される。

④ 高度急性期を目指すために求められる条件

　病床機能報告制度で多くの病院の急性期志向が強い状況は予想したとおりである。急性期以外の病棟をつくると現場のモチベーションが下がるとか、派遣元の医局が撤退するという懸念をしている病院も多いようである。しかし、急性期医療の需要は限られている。いくら急性期の看板にこだわったところで、それに見合った患者がいなければ病院は財務的に成り立たない。急性期の病床を減らすなど現実的な発想を持つことが望ましい。

　では、急性期、特に高度急性期として生きていくために求められる条件は何であろうか。私は退院患者の平均年齢が大きく関係していると考えている。高度急性期病院は手術等の治療を要する予定入院患者、あるいは重篤で急性期治療を要する緊急入院患者を中心に受け入れを行う必要がある。実際に手術患者の割合が多いのは40代後半から70歳であり、80代以上では手術患者は少なくなる。医療技術等の発達により高齢者に対する心臓手術なども行われ

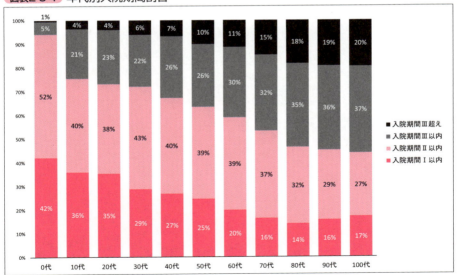

図表2-5-4　年代別入院期間割合

筆者作成

るようになってきたが、症例数が多くアウトカムが優れる病院ほど手術患者の平均年齢は低い傾向がある。手術症例が多い病院では、あえてリスクの高い患者には手を出さないということを意味するのかもしれない。施設基準や学会認定を維持したいというモチベーションばかりを優先させ、高齢者に対して医療提供側の都合で積極的な手術を行うことには疑問が残る。

　私は高齢者に対する医療を制限すべきだといっているわけではない。必要に応じて急性期医療を提供するのが病院の役目である。しかし、限られた国民医療費をどのように配分するか、現行の医療保険制度ではその判断は医療提供側に委ねられる側面が強く、適切な判断を行う必要がある。

　これから高齢化は進み、平均在院日数が長引き、アウトカムも悪化するという難しい時代が到来する。高度急性期病院として生きるためには、小手先のテクニックではなく、状態の早期安定化に向けて診療密度の高い医療を提供するに値する患者をいかに獲得できるかが求められている。

6 予定入院患者をいかに獲得するか ——高度急性期病院として満たすべき要件

　7対1入院基本料を維持するための施策として、在院日数の適正化と新入院患者の獲得が重要であり、その具体的手段として短期的に結果が出やすいのが救急車搬送入院である。今後、高齢化に伴い救急患者は増加するものと予想されるが、中長期的には紹介を中心とした予定入院患者の獲得が急性期、特に高度急性期を志向する病院にとって重要な鍵を握る。

　本項では、高度急性期の概念について私見を交えて整理したうえで、予定入院を獲得するために取り組むべき施策について言及する。

❶ 高度急性期の定義は一様ではない

　"高度急性期"という言葉はしばしば耳にするものの、その定義は一様ではない。病床機能報告制度においては1日当たりの資源投入量など一定の基準が存在するにもかかわらず、届け出においても医療機関により解釈が大きく異なっているのが現実である。ICUレベルの治療は高度急性期かもしれないが、ICUへの入室状況は病院によって大きく異なるのが現実である。医療資源投入量が多いことが高度急性期という解釈には違和感があるし、重症度、医療・看護必要度が高いからといってそのことだけをもって高度急性期ともいえない。そもそも評価票が重症度や医療・看護必要度の実態を表さないから改定ごとに項目の入れ替えが行われてきたという現実も存在する。

　ここでは、私が考える高度急性期を志向する医療機関が具備すべき3つの機能について取り上げる。

　まず1つ目が、診療報酬上のもの、あるいは施設基準に関わるものである。その代表が医療法において高度医療を提供すると明示されている特定機能病院であり、これに異論を持つ方は少ないだろう。もちろん特定機能病院の機

能自体も千差万別であり、特定機能病院間で入院診療単価を比較しても大きなバラつきがある。その他は、DPC/PDPSの基礎係数におけるⅠ群（大学病院本院）、Ⅱ群（大学病院本院に準じた診療密度と一定の機能を有する病院）、2016（平成28）年度診療報酬改定で評価された総合入院体制加算１あるいは２を届け出る病院、ICU上位加算に該当する特定集中治療室管理料１あるいは２を届け出る病院が該当するという見方もあるだろう。これらの病院が急性期病院として優れているという保証はないが、手厚い人員配置で集中治療を行う機能を有しているという共通点を有しており、外形的には高度急性期機能を持つとみて間違いがない。

　２つ目が、横串を刺す機能に優れている病院である。放射線科専門医による迅速な画像診断体制を評価した画像診断管理加算Ⅱ、がん患者に対する緩和ケアチームの活動を評価した緩和ケア診療加算、一般病棟における精神科リエゾンチーム加算などを届け出ることに加え、これらの活動に積極的に取り組むことはこれからの高度急性期病院には必須の機能となるだろう。その他、感染症科を設置し、感染症管理を適切に行うことや増加するがん患者に対応するため腫瘍内科の設置なども高度急性期に求められる取り組みといえるだろう。ただし、ここまでの２つはある意味形式的な要件であり、これだけが高度急性期ではないし、置かれた環境により充足することは容易でないかもしれない。

　３つ目は最も本質的なことであり、高度急性期を志向するならば、治癒する見込みがある患者に対して適切な医療を提供することだ。ある意味、患者構成が問われているということである。特に手術実施率が高くなる紹介を中心とした予定入院患者をいかに獲得するかが多くの医療機関にとっての課題となるだろう。予定入院患者のおよそ70％は手術を要するのに対して、緊急入院では手術実施率は20％程度まで下落するのが一般的だ。診療単価が高いことが儲かることにつながらないが、高度急性期病院は診療単価が高いはずだ。診療単価が低い高度急性期はありえない。診療密度の高い濃厚な治療を要する患者に医療資源を集中できる体制を整備できるかどうかが鍵を握っている。

❷ Ⅱ群とⅢ群の違いは予定入院割合、年齢、在院日数にある

図表2-6-1は、地域中核急性期病院について入院患者の平均年齢（小児周産期と精神科を除く）と予定入院割合、入院期間Ⅱ以内の退院患者割合等をみたものである。上のほうにはⅡ群がくるが、これは外部環境によるところが大きい（前述したようにⅡ群だけが高度急性期ではないが、現行制度を前提にすると1つの代表として考えることができる）。Ⅱ群は、比較的若い入院患者が多い特徴があり、その多くは予定入院であり、そのことが入院期間Ⅱ以内の退院患者割合と関係している。もちろん在院日数については、病院個々の努力も影響する。しかし、緊急入院割合が高く、かつ緊急入院患者の平均年齢が70歳を超えると入院期間Ⅱ以内で退院できる割合は低下し、診療密度も下落する。なお、J病院は緊急入院割合が高いにもかかわらずⅡ群である全国でも珍しいタイプだが、入院期間Ⅱ以内で76%が退院し、さらに地域との連携で早期に転院できる仕組みが構築されている。周囲との連携がスムーズにいかなくなる結果、在院日数が長期化すればJ病院はⅢ群に降格することだろう。

図表2-6-1 医療機関別予定・緊急入院割合と患者の平均年齢

医療機関	平均年齢	予定入院平均年齢	緊急入院平均年齢	予定入院割合	緊急入院割合	入院期間Ⅱ以内退院患者割合
A病院（Ⅰ群）	62.1	62.3	61.4	78%	22%	68%
B病院（Ⅱ群）	66.5	67.0	65.7	63%	37%	65%
C病院（Ⅱ群）	64.8	63.0	67.5	60%	40%	69%
D病院（Ⅱ群）	65.8	64.5	67.5	56%	44%	70%
E病院（Ⅱ群）	66.5	65.9	67.2	55%	45%	77%
F病院（Ⅱ群）	66.9	66.2	67.7	55%	45%	71%
G病院（Ⅲ群）	66.0	67.2	66.6	54%	46%	66%
H病院（Ⅱ群）	66.7	64.2	69.5	53%	47%	73%
I病院（Ⅲ群）	67.8	64.4	71.5	51%	49%	72%
J病院（Ⅱ群）	64.6	63.3	65.8	47%	53%	76%
K病院（Ⅲ群）	68.0	64.8	70.8	46%	54%	69%
L病院（Ⅲ群）	69.1	67.3	70.5	44%	56%	56%
M病院（Ⅲ群）	67.8	64.7	70.2	43%	57%	58%
N病院（Ⅲ群）	74.5	71.6	76.3	37%	63%	53%
O病院（Ⅲ群）	69.9	66.7	71.6	35%	65%	59%

※小児科、産婦人科、精神科を除いた数値

筆者作成

一方で、G病院やⅠ病院は、予定入院割合が50％以上であるのに現在Ⅲ群である（Ⅰ病院は以前Ⅱ群であった）。いずれの病院もⅡ群の実績要件である診療密度がクリアできなかった。高額な薬剤を投与する血液内科の常勤医師がいないという共通点があるが、G病院は地域の唯一の急性期病院であり転院がスムーズにいかない結果、入院期間Ⅱ以内の割合が66％にとどまっている。これが改善できれば状況は一変するだろう。G病院でも地域包括ケア病棟を設置すればよいのだが、2014（平成26）年4月に総合入院体制加算2（現行の3）を届け出たためその選択は困難である。また、Ⅰ病院は緊急入院患者の年齢が70歳を超えていることが診療密度に影響を及ぼしていると予想され、地域包括ケア病棟の設置などが急性期病床をより輝かせることにつながるだろう。

　K病院以下は地域の中核病院であり、高度医療を提供する能力は有しているものの、予定入院を中心に地域から患者流出がかなりみられる。これらの病院がⅡ群になることは困難であり、高度急性期機能は強みを有する一部の診療領域に限定し、一般急性期と地域包括ケアを担うのが現実的な選択肢となる。

❸ 予定入院を円滑に獲得するために取り組むべきこと

　予定入院患者を獲得することは競合医療機関が多数存在する地域では容易ではないし、田舎で人口減少が進む地域でも同様の傾向がある。"魔法の杖は存在しない"が着実に取り組むことが将来の患者獲得につながっていくし、取り組みを怠れば競合に患者を奪われていくだろう。ここでは、紹介を中心とした予定入院を獲得するために取り組むべき5つの事項に言及する。

　まず1つ目が積極的に逆紹介を推進し、外来患者に占める新患率を高めることだ。積極的な逆紹介が行われているかどうかの目安は逆紹介率100％にあると私は考えている。逆紹介率の分母が初診患者であるから、初診が1人来たら必ず地域に返していくという覚悟があれば100％に数値は近づいていくことだろう。"あの病院に紹介したら患者が戻ってこない"という風評は絶対に避けなければならない。患者を抱え込むのではなく、急性期の治療が終了したら地域の医療機関にお願いすることが必要だ。地域に信頼できる医

療機関が存在しないこともあるだろうが、地域の医療機関を育てていくことが高度急性期病院に求められる役割でもある。また、高齢化が進む中、合併症を有する患者が増大するわけで、合併症のフォローアップについては地域でお願いするなどの連携は欠かせない。もちろん責任の押しつけのような逆紹介は慎むべきであり、"二人の主治医をもつ"よう患者を説得・教育する必要がある。さらに、逆紹介の相手先に対しても診療情報提供書が適切に記載されているか、失礼がないか、そして望ましくは患者のエピソードが映画の場面のように思い浮かぶような、この医師に任せたいと思うような紹介したくなる書面を記載する教育をしたいものだ。

2つ目が強みをアピールし、顔のみえる連携を構築することだ。〇〇総合病院という看板だけでは地域の中で得意分野が浸透していないことも多い。連携に関わる営業をする際には、ぜひ強みがわかる資料を持参したい。また、症例検討会などを通じて日ごろから顔の見える連携が築けていれば何ができるのか地域の医療機関から理解してもらえることだろう。

3つ目が、次の紹介を絶対に断らない仕組みを構築することだ。救急車を断ってもまた次の依頼はくるだろう。しかし、紹介を断るとその影響は大きい。断らないことに加え、気持ち良い受け入れをすべきであり、"こんな患者を紹介してきて"という態度をとらないよう院内の教育も怠ってはならない。また、紹介しようと思って電話したけれどたらいまわしにされた挙句、2週間後でないと受けられません、という回答だったとしたら次の依頼はないと覚悟すべきだろう。窓口を一本化するか、あるいは領域別で医師のPHSなどに直接電話がかかってくる開業医向けホットラインを準備するかなど病院によってやり方は異なって構わない。ただ、いずれにしろ絶対に断らない仕組みを構築することが求められている。

4つ目が手術室に対して手厚い人員配置を行うことだ。紹介患者は予定入院につながる可能性があり、一定割合で手術が必要になるはずだ。しかし、手術枠が足りないという理由で入院を先延ばしにすることは避けたい。そのためには、麻酔科医だけでなく、手術室看護師を重点的に配置し手厚い人員配置で臨むことが有効である。高機能な急性期病院ならば、夜間の緊急手術の頻度にもよるが1部屋当たり4名以上の手術室看護師を配置することが求められる。もちろん、一般外来患者を減らし、朝から手術ができる体制整備

など周術期関連で行うべきことは多い。

　5つ目が入院曜日に着目した効率的な病床コントロールを行い、日曜日の予定入院を積極的に受け入れることだ。一般的に週末には病床利用率が下落するが、それを克服するためにも有効な施策となる。もちろんこれには手術や検査の枠が関係するし、ただでさえ人員配置が手薄となる週末に入院を受け入れるためには事前に外来で予定入院を受け入れるための仕組みを構築しなければならない。日曜日に入院し、月曜日の朝から侵襲的な治療などを積極的行い、治療終了後には速やかに退院させる。結果として、在院日数が短縮され、週の真ん中で新たな新入院患者を獲得する道が開ける。

　高度急性期を志向する病院は多い。しかし、外部環境が及ぼす影響は非常に強く、現実を見据えることが大切であり、見極めが肝心だ。運動選手ならば誰でもオンピックを１度は目指したいと思うだろう。しかし、そこは狭き門であり、切符の数は限られている。一流を目指し常日頃努力を怠ってはいけないが、夢だけを追っても未来は開けない。オリンピックだけが晴れ舞台ではないはずだ。発想の転換が功を奏するだろう。別の種目に切り替えたら、オリンピックへの出場権を獲得できるかもしれない。同じように、高度急性期だけが医療ではない。地域の実情を見据えて自らが最も輝ける場所に身を置く勇断が未来の成長をより素晴らしいものとするだろう。

7 「高機能とは何か」資源の客観的評価で知る

❶ 病院にとっての財産＝ヒト

　戦略的病院経営を推進する上で外部環境や競争状況について把握する方法はすでに取り上げた。本項では自院の内部資源を見誤ることなく、"高機能"であるかどうかを客観的に評価するための"切り口"を紹介する。

　外部環境を踏まえて決定する自院のポジショニングは、ヒト、モノ、カネ、情報といった内部資源が重要であり、そこが優れているからこそ差別化が図れる。しかし、自院の資源を楽観的に評価する傾向は強く、多くの病院で急性期志向を強めているが、そのことが結果として地域連携を阻害している。自院の内部のことであり、"なりたい姿"ばかりが目に浮かぶことはやむをえない。しかし、"なりたい姿"ばかりを追い求めても、地域医療の最適化は図れない。

　病院の貸借対照表の「資産の部」で目立つのは有形固定資産であり、多くは建物や土地、さらに高額な放射線機器などで構成されている。しかし、それは財務会計的に評価される資産であり、過去の支出の結果を示したものに過ぎない。過去に割高に購入していれば資産価額は多くなるが、将来の価値を生み出すとは限らない。有形固定資産が多いことは将来の足かせにすらなりえる。本当に大切な財産は、"ヒト"であり、優秀な人材なくして病院は成り立たない。とはいえ、優秀かどうかの評価軸もさまざまであり、"神の手"といわれるスーパードクターの力量でさえも、内部では賛否両論だったりすることもあり、人的資源の評価は容易ではない。しかし当然ながら、病院機能に人的資源が与える影響は大きい。

　ここでは、職員数という量的側面と診療科構成などの質的側面から"高機能"について考え、医療機関が自院の機能を検討する際の素材を提供する。

❷ 職員数から見た高機能急性期病院に求められる機能

①看護師数

　職種別に職員数を見た場合、病床数との強い相関が見られるが、病床規模に対して一定の職員数を確保できなければ、適切な医療提供はできない。つまり、病床当たりでの職員配置は病院機能を考える上で重要な指標である。病床数と特に相関が強いのが看護師数である（図表2-7-1）。外来患者数やICU等の重症系ユニットの数にもよるが、高機能急性期を志向する場合には、一般的に100床当たり100人の看護師が必要だ。ただ頭数を揃えればよいわけではないが、入院基本料や特定入院料では、患者数に対する看護配置が求められている。急性期を志向する病院においても、実際は100床当たり80人くらいから120人まで看護師配置にはバラつきがある。しかし、100床当たり90人を揃えることができなければ入院患者の受け入れに制限が加わるか、ICU等の整備が遅れ、医療の質を低下させる危険性がある。また、手術室看護師の存在も極めて重要である。私は手術室1部屋当たり4人の看護師配置を行うことが高機能急性期病院では必須であると考えている。

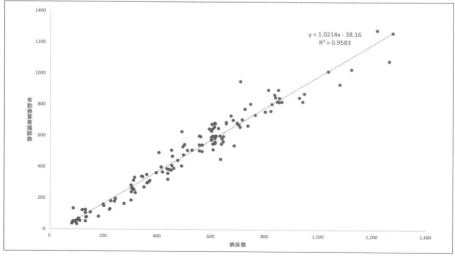

図表2-7-1　病院別　病床数と常勤換算看護指数

②医師数

　医師数は看護師数よりも病院によるバラつきが大きい。このことを検証するために、病院単位ではなく、二次医療圏別で病床数と医師数・看護師数の状況を散布図にしてみた。その結果、二次医療圏の病床数と医師数よりも、二次医療圏の病床数と看護師数は極めて強い正の相関をしていることが分かる（図表2-7-2、図表2-7-3）。一般的に高機能急性期病院では、100床当たり30人以上の医師（研修医を含む）が必要であり、医師集めばかりに目を奪われがちだ。しかし、医師数と看護師数のバランスをとることが重要であり、いずれが欠けても機能面でマイナスに作用する。もちろん、医師数は診療科のラインナップによっても異なる。

❸ 診療科構成等からみた高機能急性期病院に求められる機能

①外科系診療科の充実と腫瘍内科等の集学的治療

　病床機能報告制度やDPC/PDPSにおける評価では、外科系診療科が有利に働く面もあり、高機能急性期病院では外科系診療科の充実が必須である。特に心臓血管外科、脳神経外科、呼吸器外科、肝胆膵外科等を充実させることで、機能面で高い評価につながる可能性がある。ただし、いたずらに診療科のラインナップを広げるのではなく、地域の実情を見据えた上で、注力すべき領域に集中的に資源投入することが望ましい。また、高齢化に伴い、がん患者は増加していく。外科医師が手術に注力できるように、腫瘍内科を設けて化学療法等を任せたり、放射線治療等の集学的治療を拡充することが、高機能の証といえる。

②精神系疾患への対応

　精神系疾患の入院患者数は循環器系疾患やがんよりも多く、今後も増加することが予想される。精神系疾患といっても、慢性期的な精神病院で対応するケースに限らない。例えばがん患者にもせん妄が認められる。せん妄は、がん患者において頻度の高い精神症状であり、術後の30～40％、高齢入院患者の10～40％、終末期患者の30～90％程度に認められる。精神系疾患を合併

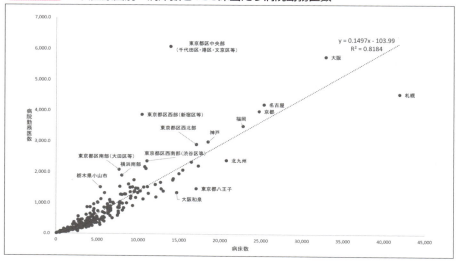

図表2-7-2　二次医療圏別　病床数と100床当たり病院勤務医数

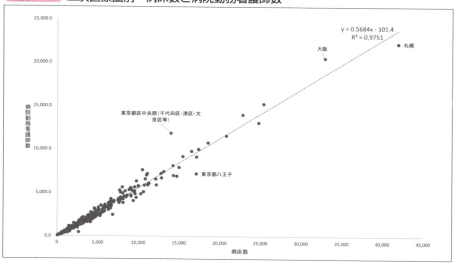

図表2-7-3　二次医療圏別　病床数と病院勤務看護師数

した患者の受け入れができないと、将来的に入院患者の受け入れに支障をきたす可能性がある。精神科については採算だけで判断せずに中長期的な視点から捉えたい。また、高機能を志向するのであれば整備することが望ましい（ただし、精神病床を有することは容易ではないため、まずは精神科リエゾンチーム加算の届け出を目標に進めたい）。

③横串を刺す体制の整備

　高機能急性期を志向する場合には、スーパードクターに依存するだけでなく、"横串を刺す"機能を充実することが望ましい。スーパードクターは患者集めに直結する広告塔であるが、その存在だけでは高機能たりえない。

　例えば、感染症科は高機能急性期病院に求められる機能である。耐性菌への対策などは医療の質向上につながるほか、DPC/PDPSという環境下では経済性という点からもぜひとも整備したい。

　その他、画像診断管理加算Ⅱ、緩和ケア診療加算、病理診断管理加算、検体検査管理加算Ⅳなど、ハードルは高いが整備すべきことは多い。自称「高度急性期」に止まるのではなく、高い水準の体制が整備されているかどうかを、客観的に把握してみることが望ましい。

8 高齢者増で救急に注力、受入先との連携密に

❶ 先が見えない時代に見えるもの

　先が見えない時代に確かに見えるもの、それが人口構成であり、その客観的な把握と戦略への活用は必須である。診療報酬は原則として2年に1回改定され、その都度重点項目も変わっていく。しかし、あらゆる医療政策の根底には、人口構成があることを忘れてはならない。

　地域により高齢化の速度は異なるものの、どの地域でも超高齢社会に向かっていることは間違いない。ここでは高齢化に対して急性期病院がいかに対応すべきかを武蔵野赤十字病院（東京都武蔵野市、611床）の事例をもとに紹介する。

　武蔵野赤十字病院がある東京都の北多摩南部医療圏では75歳以上の人口が急増している（図表2-8-1）。地域の救急医療を支えることは同院にとって最重要課題の1つである。同院は従来、予定入院患者の比率が多かったが、2014（平成26）年度には救急に注力し、緊急入院患者が予定入院患者数を上回った。図表2-8-2は、武蔵野赤十字病院の年代別の入院経路である。10歳まではウォークインの割合が多く、80歳代を超えると救急車搬送の割合が高まる。これは同院に限ったことではなく、一般的な傾向である。高齢化により救急車搬送は増加するものの、地域によっては急性期病院としてぜひとも獲得したい予定入院患者の奪い合いが激化するであろう。

❷ 疾患構成の変化と入院診療単価に対する影響

　厚生労働省の患者調査の結果を見ると、増加している疾患はがんと肺炎であり、脳血管疾患と心疾患は減少の一途をたどっている（図表2-8-3）。これらは治療技術の発達なども関係するが、全般的には脳血管疾患や循環器系

❽高齢者増で救急に注力、受入先との連携密に

図表2-8-1 東京都二次医療圏別人口動態（75歳以上人口）

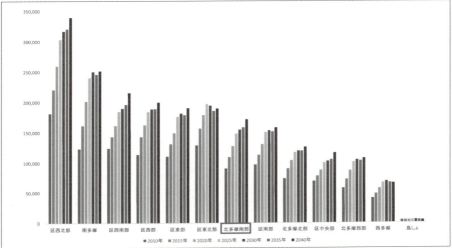

出所：社会保障人口問題研究所資料をもとに筆者作成

図表2-8-2 武蔵野赤十字病院　入院患者の年代別　入院経路

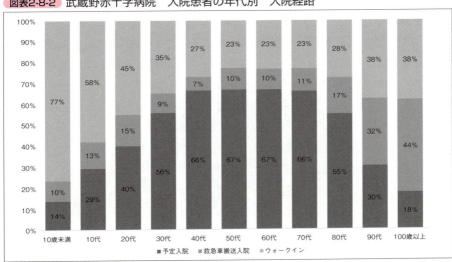

筆者作成

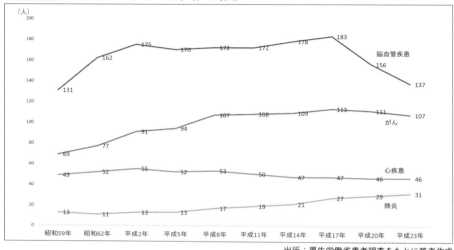

図表2-8-3 入院受療率（人口10万対）の推移

出所：厚生労働省患者調査をもとに筆者作成

疾患、特に虚血性心疾患の患者増は見込みづらい状況になるであろう。今後、急性期病院では予定入院を中心としたがん患者の獲得がさらに重要性を増す。高齢化に伴い、肺炎や誤嚥性肺炎は増加が予想されるが、これらの患者は入院診療単価が高いわけではない。図表2-8-4は、武蔵野赤十字病院の予定および緊急別の入院診療単価であり、予定入院患者が最も高いことが分かる。一般的にも予定入院は緊急入院に比べて入院診療単価が25％程度は高く、診療密度が高い。仮に自院が高度急性期を志向するのであれば、紹介を中心とした予定入院の獲得が鍵を握るであろう。年代別でみると予定入院、特に手術の対象になるのが40歳代後半から70歳代であり、その世代の患者に選ばれる病院であるかどうかが、病院のアクティビティーを左右する。

❸ 緊急入院患者の入院診療単価が低い理由

　緊急入院患者の入院診療単価が低い理由は、高齢者の肺炎や脳梗塞では手術やICU適応になるケースは少なく、在院日数が長期化する傾向にあるからだ。緊急入院であっても、急性心筋梗塞や脳出血などでは手術実施率が高く、ICU等の集中治療室への入室率も高くなるが、そもそもそのような疾患は減

❽高齢者増で救急に注力、受入先との連携密に

図表2-8-4　武蔵野赤十字病院　入院経路別　診療単価

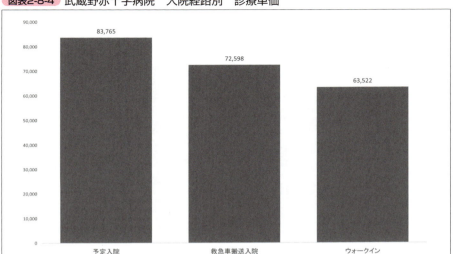

少傾向にあり、"救急を断らずに受け入れる"ということは、高齢者の肺炎をも受け入れることであり、病院としてその対応を考える必要が出てくる。

図表2-8-5は、武蔵野赤十字病院の平均在院日数を年代別・予定・緊急別に集計したものであり、高齢者の緊急入院は簡単に退院できないという現実を目の当たりにする。

それでは、急性期病院は予定入院だけに特化し、救急には注力しないことが有効なのであろうか。私はそうではないと考えている。病院により救急と予定手術の力の入れ具合は異なるのは当然だが、救急を提供しないで新入院患者が獲得できる病院はまれである。在院日数短縮に皆が励む中で、新入院を獲得するために救急に注力するという選択は社会貢献だけでなく、自院の存続にも影響を及ぼす。

❹ 緊急入院患者への対応策

緊急入院患者は入院初期については医療資源の投入量が多く、診療密度が予定入院の2倍程度になる。しかし、1週間を過ぎると診療密度が大幅に下落していく。この状況に対峙するために、救急搬送患者地域連携紹介加算お

図表2-8-5　武蔵野赤十字病院　年代別・予定緊急別　平均在院日数

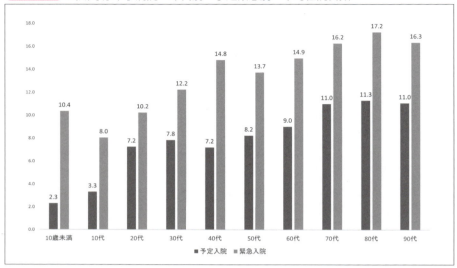

筆者作成

よび同受入加算を有効活用することが期待される。

　当該加算は緊急入院で7日以内に転院した場合に紹介元病院で1,000点（救急搬送患者地域連携紹介加算）、受け入れ先の後方病院で2,000点（救急搬送患者地域連携受入加算）を算定できる仕組みである（残念ながら2016〔平成28〕年度診療報酬改定で廃止）。受け入れた医療機関にメリットがあるよう配慮されている。中核病院に救急が集中することは、ある意味やむをえない。しかし、初期の集中治療と治療方針を決定し、状態が落ち着いた後には近隣病院に転院する仕組みを構築することが急性期病床の有効活用につながり、救急医療を支えることにも結び付く。地域全体で救急医療を支える仕組みづくりが求められている。

　武蔵野赤十字病院では、救急搬送患者地域連携紹介加算を活用し、積極的に地域で救急医療を支える取り組みをしてきた（図表2-8-6）。当該加算はあらかじめ届け出た医療機関でないと算定ができないため、連携先をいかに増やすかがポイントである。

　高齢化の状況は地域によって異なる。自院が立地する地域の人口構成を適切に把握し、戦略的な病院経営に役立てることが望ましい。

❽高齢者増で救急に注力、受入先との連携密に

図表2-8-6 MRC救急搬送患者地域連携紹介加算の算定件数

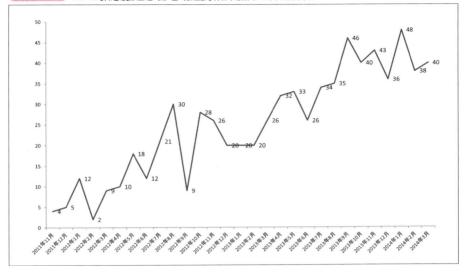

筆者作成

9 何かをしないという選択
——捨てる意思決定を医療機関に迫るのは困難か

❶ 医療機関における意思決定の現状

　医療政策では機能分化を推進することが理想とされており、機能分化を実現する方向で医療法や診療報酬などの各種政策が展開されていく。高齢化により医療費増大が確実視されており、経済成長に対する医療費の負担割合が重くなった今日、効率的な医療提供体制の実現は不可避であり、機能分化は避けることができない。例えば、大病院が単価の低い外来診療を行いかかりつけ医としての機能を果たすことや急性期後の医療提供を提供するのではなく、後方病院と連携することなどが効率的といわれる。確かに、大病院では画像診断などの高額医療機器などを有するため、それらをフル活用することが望ましく、そのためには診療密度が高い患者に集中することが効率的だ。つまり、高機能病院は高機能らしく生きることが求められており、高機能なこと以外は可能な限り他の医療機関等と連携することが求められている。

　しかし、このような理想を現実のものにするためには高いハードルがあり個々の医療機関に委ねたところで、"何かをしないという選択"を行うことは困難である。病院では、常に総花的な意思決定が行われる傾向があり、ある部分は他の医療機関に任せようと考えることは稀である。外来におけるかかりつけ機能から高度な手術、そして術後の管理、回復期まですべてを一気通貫に行うことが患者のためであると捉える向きもいまだに少なくないし、実際に患者としても中核病院でそのような治療を受けたい、そこから転院を促されることは病院から"見捨てられた"という発想すら持ちうるわけだ。

❷ 稼働額重視の姿勢と何かをしないという選択

　病院の財務状況は2012（平成24）年度に収支が良好であり、その後、厳しさが増している。特に2014（平成26）年度は消費税増、診療報酬の実質マイナス改定に加え、診療報酬で7対1入院基本料の絞り込みなどの各種施策が打たれ、それに過剰反応したためか入院患者数が伸び悩み稼働額が減少したという医療機関が多い。それに追い打ちをかけるように人事院勧告等に追随した医療機関は給与費が増大し、結果として収支が著しく悪化した。

　給与費は病院にとってはマンパワーへの投資であり、簡単に減らすことはできない。いやむしろ給与費比率を下げたいならば、手厚い人員配置を行うことは避けられない。また、材料費についても適正使用や価格交渉は重要であるものの、手術等の高度な医療を提供するほど最新の高い医療材料を必要とする。結局、財務状況を悪化させないために最も有効な手段が医業収入を増加させることであり、稼働額重視の病院が多いのは合理的ともいえる。しかし、その稼働額重視の姿勢が"何かをしないという選択"をより困難なものとしてしまう。特に高難易度の診療に対する診療報酬の配分が不十分であり、標準化が進んだ治療に対してうまみのある診療報酬点数の設定である場合にその傾向が助長されてしまう。

❸ 病床を減らすという意思決定

　2016（平成28）年度診療報酬改定では7対1のさらなる要件厳格化が行われた。このような医療政策を踏まえ急性期病床の絞り込みを検討する病院も多いことだろう。急性期の病床を一部、地域包括ケア病棟や回復期リハビリテーション病棟、あるいは緩和ケア病棟などに転用することを視野に入れ機能転換を図れる医療機関はそれでよい。しかし、近隣に後方病床が充実している、リハビリテーションスタッフが集まらない、構造的な問題をクリアするために大規模な改修を伴うなどの理由で機能転換が容易ではないケースも多く存在する。その際には病床を減らすという意思決定が迫られることになる。しかし、医療機関の費用の多くを占める固定費を回収するためにはたとえ単価の低い患者であっても入院させた方がよいという考えに落ち着くこと

が多く、病床数の大幅削減は見送られる可能性が高い。

❹ ある手術を実施しないという意思決定

　機能分化を推進するためには、高機能急性期病院は高度な医療を中心に提供し、それ以外の標準化された症例などは地域の医療機関と連携することが求められる。しかし、高機能急性期病院が高度な医療提供ばかりかというとそうではなく、一般急性期病院と変わらない機能を果たす傾向は強い。確かに、高機能急性期病院では他の医療機関では手の施しようがない患者の割合が一定程度いることは事実である。しかし、そのことがデータで確認できるかというと必ずしもそうではない。例えば、これらの病院の定義副傷病の割合は他の医療機関に比べて必ずしも高くない（このことはコーディングが適切に行われていない、あるいは定義副傷病の設定が適切ではないという可能性もある）。しかし、それ以上に一般的な症例が多いのも事実だ。白内障やポリペク（ポリープ切除）なども入院で治療するケースが多数存在する。また、短期滞在手術等基本料3に掲げられない手術・検査等であっても、症例数を減らすことには各診療科は抵抗がある。なぜならば、病院経営層から一定の稼働額を維持するよう求められるからだ。稼働額を高める施策として、標準化した症例を多数扱い、病床の回転を高めることが挙げられる。特に若手医師が多い高機能病院ではそのような稼働額向上策を採用することは医療機関の立場からすれば合理的であるかもしれない。結果として、近隣の地域一般病院などの医療機関のシェアを食い潰すことになり、連携が進まなくなってしまう。

❺ 現実的な解決策

　求められることは、高機能急性期病院は高度で低侵襲の医療を安全に提供することである。だとすれば、標準化された比較的リスクの低い症例は近隣の病院にお任せするのがよい。ただし、各医療機関にその道を選択させることは容易ではなく、診療報酬で大きな格差を設けることが重要である。高度で最新の治療と一般に広く普及したもので明らかな違いをつけることだ。医

❾何かをしないという選択——捨てる意思決定を医療機関に迫るのは困難か

療提供側にとって"高度"であるという道を捨てることは容易ではない。高度な医療提供を志し、学生時代から日夜医学・医療に向き合ってきた者たちに高度志向を捨てることは一歩も二歩も後退することを意味するからだ。やりたい医療ができないならば、勤務医を辞めて開業すればよいという発想に落ち着いてしまうかもしれない。ましてや地域医療構想が考える、地域の医療機関との話し合いで決着がつくとは考えづらい。確かに話し合いで機能分化を進めることができれば理想的だが、医局人事、政治など様々な利害が絡み合い、そう簡単には進まないことだろう。かといって都道府県知事が大ナタを振るえるかというとそれも容易ではない。結局、診療報酬などで医療機関を少しずつ誘導していき、高度急性期のハードルを上げていくようになるものと私は考えている。

　捨てるという選択ができない医療機関の現実を踏まえた医療政策の展開が期待される。

10 診療報酬と原価計算

❶ コスト分析の経営管理ツール「原価計算」で効率的・合理的な経営かどうかを判断

　国民皆保険制度の下、患者への診療行為には診療報酬点数によってそれぞれ「報酬」が定められている。しかし、診療報酬制度は基本的に医療機関がかける原価によって決定されているものではない。また、同一傷病を治療するとしても、病院ごと、医師ごとに投入する資源の量は違ってくる。同じ傷病でも重症度の違いで資源投入量は異なるし、どれだけの資源を投入すれば患者の命が救えるかといった明確な基準や正解がない。例えば、患者の命が「あと数日持つかどうか」という時に、その場で何もしないということが選択できるかどうかといえば、患者の状況や家族の感情、認識などによってもすべて同様の対応はできない。近年、医療の高度化や高額な薬剤の使用が話題になっている。患者に対してどこまでの医療投資を行うかは国の社会保障を考えるのと同時に一医療機関としても考えていくべき課題である。

　昨今の医療費の状況を鑑みるに、一医療機関の経営安定が社会保障の安定に大きく寄与するということもいえる。医療法7条第5項には「営利を目的として、病院、診療所又は助産所を開設しようとする者に対しては、前項の規定にかかわらず、第1項（病院、診療所、又は助産所の開設）の許可を与えないことができる」と定められている。これは非営利の原則を示している。医療機関は営利企業と違い、営利の追求でなく「理念の達成」が主目的ではある。

　とはいえ、利益の追求を否定するものではない。理念（質の高い医療サービスの提供など）の達成のため、医療機関の経営基盤の安定や成長のための利益確保は非常に重要である。

　その際に病院経営が効率的かつ合理的に実施されているかどうかを判断する1つの方法がコスト分析になる。特に規模の大きな病院になるほど、コス

ト増大の理由がどこにあり、妥当なのかの判別が難しい。そうしたコスト分析における1つの経営管理ツールが「原価計算」である。

❷ 「原価計算基準」に基づく、原価計算の主たる5つの目的

ひと口に原価計算といっても手法や目的は様々である。第一に定義を考える際に「原価計算基準」を参考にしていきたい。

「原価計算基準」とは、1962（昭和38）年に当時の大蔵省企業会計審議会が中間報告として公表した会計基準であり、原価計算に関する実践規範となっている。

「原価計算基準」は冒頭で、原価計算の主たる目的を5つ挙げている。これらはそれぞれ以下のように呼ばれている。

①財務諸表作成目的
②価格計算目的
③原価管理目的
④予算管理目的
⑤基本計画設定目的

このうち、①の財務諸表作成目的は、損益計算書、貸借対照表、製造原価明細書を作るために必要な原価を集計することが目的となる。

②の価格計算目的は、価格を決めるための根拠としての原価であり、民間企業の市販価格や受注価格というよりも、官公庁の立場から見た価格のことであり、官公庁などの調達案件における価格形成の際、あるいは、公定価格や統制価格を決める際に、その根拠となる原価構成を求めることが目的である。

あとの3つは、いわゆる管理会計の範疇であり、経営管理のニーズに応えるものである。

保険診療の中では上述のとおり、官公庁の立場で価格設定が行われているため、一医療機関が「原価計算の結果を元に価格設定を行う」ことはできない。医療機関における「原価計算」の大きな目的は③〜⑤の項目となる。

特に原価計算の結果を元に「その医療行為を行うかどうかを決める」もし

くは「特定の診療科、特定の手技に対して投資を行うかどうかの判断材料とする」ことが医療機関において行えることとなってくる。

しかし、多くの産業と違う点は社会保障というインフラとしても機能しなければならないことが前提であり、患者を選別するということは難しく、そもそも医療機関が何のために存在しているかによって行える、行うべき医療行為は決まってくる。特に医療資源は社会の共有財産であることも考慮すると、経営管理ツールとして「原価計算」を元に行うべきことは「効率化、合理化可能な診療行為のあぶり出し」と「理念達成のための（診療行為等）投資領域の選択と集中」と考えられる。

ここからは実際、著者が所属する聖路加国際病院（以下、当院という）での「原価計算」の実施状況に関して具体例を挙げながら述べていきたい。

当院では大きく分けて3つの「原価計算」を行っている。
「間接費用の配賦まで行った全部原価計算的診療科別原価計算」
「診療科が管理できる範囲の直接原価計算的診療科別原価計算」
「出来高比較による疾患別原価計算」
の3つである。

特に3つの原価計算に名前はついていないが便宜上、各々を「全部原価計算的診療科別原価計算」、「直接原価計算的診療科別原価計算」、「疾患別原価計算」として述べていきたい。

（1）「全部原価計算的診療科別原価計算」

ひと口に全部原価計算的といっても収益、費用ともに「科別」での把握は非常に難しい。

診療科別の収益に関しては比較的診療科別に把握しやすい項目である。しかし、入院途中で転科した際の収益をどちらの診療科に配賦するか等の問題は残る。

直接的に支払われる医師の給与費や法定福利費、〇〇科の患者に使用された薬剤費や診療材料費などは直接的に配賦することが可能である。しかし、放射線科医師、麻酔科医師などの中央診療部門に所属する医師に係る人件費、看護師、放射線技師、薬剤師等の医療職の人件費や受付や医事課職員などの

人件費に関しては直接○○科に配賦することが困難である。また、各種委託費や減価償却費等も同様に直接配賦は困難といえる。

そのため、全部原価計算的に把握するためには、「一定の配賦ルール」を定めて、直接配賦が困難な費用を配賦していくことになる。

例えば、手術室のスタッフの人件費に関しては、診療科ごとの手術時間に応じて、外来受付部門の人件費・委託費に関しては診療科ごとの外来患者数に応じてなどルールを定めて配賦を行うが、「把握できている費用の状況」や「原価計算の使用目的」などにより配賦ルールは様々であるため、ここでは詳細に述べることは割愛したい。詳細は『実践病院原価計算　第2版』（医学書院）が詳しいので参考にしていただきたい。

そうして詳細に定められた「配賦ルール」により、各診療科の採算性や損益分岐が算出されることとなる。ただし、方法に関しては完全な正解はなく、どこまでを「原価」として考え、どこまで「配賦するか」はその医療機関における「決めの問題」となる。

とはいえ、絶対的な正解がない以上、配賦ルールに関するコンセンサスを得ることが最も大きな課題になると考える。当然のことながら配賦ルールによっては、見栄えが良くなる診療科とそうではない診療科が出てくる。

そのルールの下で医療機関が大きな意味での経営判断として、「どの診療科に対してどこまで資源投資を行うか」の決定に関しては最も参考になるデータといえるのではないだろうか。

（2）限界利益的診療科別原価計算

上述のとおり、「診療科別原価計算」は大きな経営方針を考える際に非常に有益であるが、個別の診療科の管理者には寄与できない部分の費用まで配賦されているためアクションプランが立てづらい。診療科ごとの個別アプローチの1つとして、「限界利益」の視点に立って診療科ごとに以下の収入とコストの項目を把握し行う「診療科別原価計算」を以下に述べる。

収入：診療科別収入

コスト：医師の人件費、各科で使用した薬剤費、診療材料費、手術で使用した薬剤や手術材料のデータ

目的は診療科別に横並びにして比較することではなく、経年のトレンドを見てもらうことで診療科の管理者に自身のマネジメント範囲内にある課題を認識してもらうこと、診療科所属医師に自分たちの提供している医療におけるデータを知ってもらい、改善策を提示し、経営的に適正な診療につなげることにあると考えている（図表2-10-1、図表2-10-2）。特に患者数、売上といった指標は見えやすく把握しやすいが、近年では、医療の高度化のために高額な医薬品の使用やカテーテルなどの償還可能な高額診療材料を使用した場合、売上としては上がっているように見えるが、このような場合には当然ながらコストもかかっている。そうしたバランスを「みえる化」することも、この診療科別原価計算の意義だと考えている。

　経営管理の視点からは、医師の増員や高額な診療機器の購入の際の参考になるだろう。

　限界としては、上述の「全部原価計算的診療科別原価計算」よりは、直接経費に絞って検討を行っているため医療機関全体での100％の把握は非常に難しく、医師の入退職による人員数の変化によりコスト構造が変わってくることも問題点として挙げられる。また、間接部門のコストを検討に入れてい

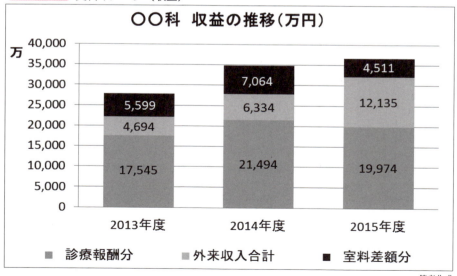

図表2-10-1　資料イメージ（収益）

筆者作成

❿診療報酬と原価計算

図表2-10-2　資料イメージ（費用）

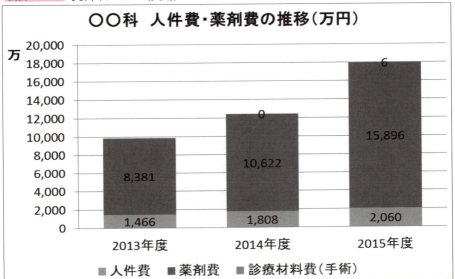

筆者作成

ないため、診療内で検査やリハビリ等が多くなる診療科はデータとしてはコストがあまりかかっていないように見え、見栄えがよくなる可能性もある。

　当院では現状、年に1回、院長による各診療科長面談、予算編成に係るミーティングがこの資料をもとに行われており、現状に関する議論や次年度予算に関する議論が行われている。

（3）疾患別原価計算

　DPCの普及により、行為別の「出来高比較」、「他院とのベンチマーク」が非常に容易になった。DPC分析ツールも普及し、ビジョナリィに比較が可能となっている。

　もちろん、あくまでも「出来高算定」と「DPC算定」との比較となるため、実際の原価ではない。とはいえ、前述の「実践病院原価計算」にも記載されているとおり、正確な原価の把握は非常に困難であること、把握に非常に労力を要することを考慮すると、正確ではないものの非常に容易にデータを取得でき、比較が可能であることは大きなメリットがあると考える。

図表2-10-3　DPC制度における診療報酬

```
DPC制度における診療報酬                 平成23年1月21日
                                       中医協総会 総－3－1（抜粋）

包括評価の基本的考え方①

（包括評価の基本原則）
適切な包括評価とするため、評価の対象は、バラつきが比較的少なく、臨床的にも
同質性（類似性・代替性）のある診療行為又は患者群とする。

前提①　平均的な医療資源投入量を包括的に評価した定額報酬（点数）を設定

● 診療報酬の包括評価は、平均的な医療資源投入量に見合う報酬を支払うもので
  あることから、包括評価の対象に該当する症例・包括項目（包括範囲）全体として
  見たときに適切な診療報酬が確保されるような設計とする。

● 逆に、個別症例に着目した場合、要した医療資源と比べて高額となる場合と低額
  となる場合が存在するが、個別的には許容する必要がある（出来高算定ではな
  い）。

● 一方、現実の医療の中では、一定の頻度で必ず例外的な症例が存在し、報酬の
  均質性を担保できない場合があることから、そのような事例については、アウトラ
  イヤー（外れ値）処理として除外等の対応を行う（後述）。
```

出所：平成23年「中医協総会資料」

　図表2-10-3にあるとおり、DPC制度における診療報酬は「平均的な医療資源投入量を包括的に評価した定額報酬」であり、「包括評価の対象に該当する症例・包括項目（包括範囲）全体として見たときに適切な診療報酬が確保される設計」となっている。

　個別症例に着目した場合、要した医療資源と比べて高額となる場合と低額となる場合が存在するが、個別的には許容する必要がある」制度である。

　基本的には「標準的な医療を行えば赤字にはならない」設定になっており、多くのケースはクリニカルパス等で標準化され、「赤字にはならない」診療行為（検査や処置等）が設定されているはずである。

　とはいえ、症例別に見ていくと、他院で行われているベンチマークを大きく上回る医療資源投入が行われているケースが散見される。

　実際のデータを基に診療科の医師と話していくと「念のための」不要な検査がルーティン化されているケースも抽出され、協議以降行われなくなった検査も出てきた。あくまでも「医療的なニーズ」が高いケースに関しては、「持ち出し」になっても行うべきであると考えるが、慣習的に行われている「医療的なニーズの低い」検査などはデータを開示すること、医師とそのデ

⓾診療報酬と原価計算

ータを用いてコミュニケーションを取ることで改善されることも多くあると考える。

また、病院の診療体制や方針による部分も大きいが、「その病院での標準的診療」がDPCで評価されている「標準的な医療」を上回っているケースも確認できる。極端な例であるが、下記に一例を挙げ、説明する。

図表2-10-4、図表2-10-5に示すグラフは「同一傷病」で入院した患者の収益、費用、利益を入院からの日別に表したものである。収益に関しては、「DPCによる入院収益」、費用に関しては「仮に出来高で算定した場合の算定額」のデータをデフォルメしている。

前述のとおり、診療報酬の出来高設定の金額を「原価」として話を進めたい。

この疾病は「DPC入院期間Ⅰ」が10日で設定されているが、本来、5日間の投薬治療が主の傷病のため、費用に関しては薬剤投与時ということになる。図表2-10-4にあるとおり5日で退院した場合は（上述の基準で収益、費用を設定した場合）入院期間を通じて直接経費のみで「赤字」となり、10日で退院した場合は同程度の「黒字」となる。

とはいえ、実質5日で退院できるケースを、「収益上一番好ましい入院期

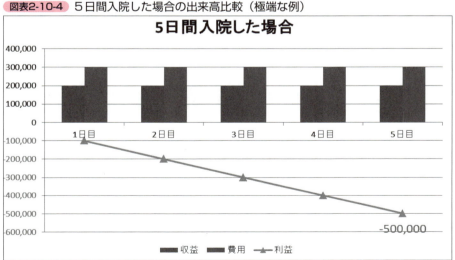

図表2-10-4　5日間入院した場合の出来高比較（極端な例）

筆者作成

図表2-10-5 10日間入院した場合の出来高比較

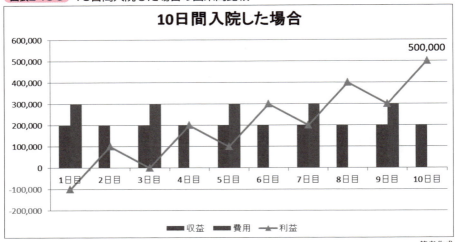

筆者作成

間である10日」まで引き延ばすことが有益かという判断を迫られることとなる。

　もし仮に「患者に無理して5日で退院してもらっていた」ケースなら検討の余地はあるのかもしれないが、上述の傷病を担当していた診療医の意見では、「年齢や状態にもよるが、10日入院させるほどの医療的なニーズがないことがほとんどである」とのことであった。経営層、診療責任者と協議を行い、同ケースは特にアクションを変えることなく同一パスで診療を継続するとの結論に至った。

❸ 最後に

　ひと口に「原価計算」といっても目的によって「やり方」が変わることは前述のとおりである。またどこまで「精緻に行うか」も「目的」によって変わってくる。もちろん、原価計算を行うことにより、標準化や一定の効率化は可能であると考える。また、経営判断によっては「利幅の大きい症例」を増やしていくという選択肢もあるかもしれない。

　とはいえ、診療報酬改定により、2年に1度収益の前提条件は変わってくる。

また、前述のとおり、救急医療を行う病院にとっては「赤字になる可能性のある症例」を診察しないという判断は難しいのではないだろうか。
　一医療機関として原価計算を行う意義は、医療機関が果たすべき理念達成に向けた経営バランスを認識し、それを達成するための正しい「選択と集中」を行うことと考える。

〈引用・参考文献〉
1）渡辺明良『実践病院原価計算　第2版』（医学書院、2014年）
2）平成23年厚生労働省「中医協総会資料」総3-1

第3章

7対1入院基本料等の絞り込み

1 2016年度診療報酬改定
——7対1入院基本料をどう考えるか

❶ 病院機能別の収益性

　2016（平成28）年度の診療報酬改定率は、本体は若干のプラス、薬価がマイナス、全体では前回2014（平成26）年度に続くマイナス改定となり、病院の財務状況はさらに悪化することが予想される。今回改定は7対1入院基本料を届け出る病院やICUを絞り込みたい、というメッセージが中心であり"適正化"が改定のポイントであったと私は感じている。また、DPC/PDPSにおける暫定調整係数が機能評価係数Ⅱに置き換えられ、医療機関別係数全体が下落した医療機関が多いはずだ。暫定調整係数のあり方そのものが適正化されたということなのかもしれない（ただし、手術料の増加で一部が補填された）。この適正化の荒波の中で、収支向上を実現する病院は少数派であり、増収を図ることさえ難しい現実が待ち構えている。一方で支出は増える一方であり、病院経営冬の時代が到来している。

　病院機能別に2014（平成26）年度の収支状況をみると、特定機能病院は損益差額が－8.5％と最も業績が悪いのに対して、療養病棟入院基本料1を届け出る医療機関は損益差額が＋2.3％となっている（図表3-1-1）。高度医療に対する評価が診療報酬において十分ではないという面とまだまだ改善の余地があるという両面があるのかもしれないが、急性期と比べると慢性期的な医療を提供する医療機関の業績がよいことを当該資料は意味するのであろう。たしかに療養型は高度急性期に比べて単価は低い水準にあり、100床当たり医業収益をみると療養病棟入院基本料1を届け出る病院の3倍の収益を特定機能病院は稼ぎ、DPC対象病院でも2倍を超える。急性期医療の単価が高い理由は、在院日数が短く、手術が多いからである。つまり、急性期病院は病床当たりの収益が多く、一見すると単価が高い分儲かるように感じてしまう。しかし、単価が高くてもそれ以上に投入する医療資源投入量が多く、支

❶2016年度診療報酬改定──7対1入院基本料をどう考えるか

図表3-1-1 病院機能別収支状況

	特定機能病院		DPC対象病院		療養病棟入院基本料1	
	平成25年度	平成26年度	平成25年度	平成26年度	平成25年度	平成26年度
給与費(対医業収益)	44.8%	45.5%	52.2%	53.2%	59.7%	60.0%
医薬品費(対医業収益)	22.2%	23.0%	15.0%	14.9%	8.2%	7.9%
材料費(対医業収益)	14.1%	14.4%	11.2%	11.4%	5.7%	5.7%
委託費(対医業収益)	6.8%	7.0%	6.5%	6.6%	5.8%	5.8%
減価償却費(対医業収益)	8.8%	9.0%	6.3%	6.6%	4.4%	4.5%
設備関係費(対医業収益)	3.9%	4.1%	3.6%	3.7%	4.6%	4.5%
その他費用(対医業収益)	5.7%	5.6%	6.8%	6.9%	9.2%	9.3%
損益差額(対医業収益)	−6.4%	−8.5%	−1.6%	−3.3%	2.4%	2.3%
純損益差額(対医業収益)	1.1%	−1.1%	1.2%	−3.9%	4.1%	3.6%
100床当たり医業収益(千円)	3,089,205	3,161,959	2,340,483	2,376,503	1,027,172	1,049,103
平均病床数	855		342		147	

出所：医療経済実態調査をもとに筆者作成

出が多いのが急性期医療の特徴でもある。特に医薬品および材料費について、対医業収益比で特定機能病院では37.4％、DPC対象病院では26.3％、療養病棟入院基本料1では13.6％と大きな差がつく。特に医薬品・材料費には消費税負担もあるため財務状況に与える影響は大きい。手術の増加に伴い診療材料の投入量が多くなり、結局、収支ベースではマイナスになってしまうわけだ。また、減価償却費が多いことも急性期病院の特徴である。高度医療を提供しようと考えれば高性能なCTやMRI、手術室などを整備することが必須になり、多くの病院では新築時にはここぞとばかりに整備を行う傾向がある。しかし、いったん実行した投資は後戻りできない。もちろん投資を実行する際には患者獲得が大前提であり、そのような計画を立てていたのだろう。しかし、高齢化の進展や競争環境の激化により患者獲得が困難になっている医療機関も少なくない。そのような状況でも多くの病院が急性期の看板にこだわる傾向があるが、自らがやりたいことばかりを優先しても地域の中で差別的な立ち位置を築くことはできない。戦略的病院経営の本質は差別化にある。他院と違った特徴がなければ、地域の中で選ばれることは難しい。急性期医療の需要には限りがあるわけであり、急性期にこだわることが唯一絶対の正解ではない。地域のニーズを踏まえた独自のポジショニングを追求し、将来ビジョンに基づき組織を牽引していくリーダーシップが求められている。医療政策の方向性と立地する地域の医療提供の実情を踏まえて、限りある医療資源を適切な領域に集中投下する病院が、厳しい環境下でも成長し、進化し続けていくことだろう。

❷ 7対1入院基本料は維持すべきか？

　今回改定を踏まえて急性期病院の財務状況はさらに悪化する可能性が高い。業績が低迷する最大の要因は、地域の医療ニーズと自院が提供する医療内容にミスマッチが生じているからだと私は考えている。やりたいことばかりでなく、地域医療を支えるためにやるべきことに焦点を当てることが望ましい。特に入院診療単価が高いことなどを理由に選択されがちな7対1入院基本料をどう考えるかは極めて重要であり、急性期病院の経営に大きな影響を及ぼす。

　2016年度診療報酬改定では重症度、医療・看護必要度の項目見直しが入り、基準値も25％に引き上げられた（200床未満では次回改定まで23％）。病院機能によるが、この25％は従来よりも厳しく、経過措置後には7対1からの降格を受け入れざるをえない医療機関も一定程度存在することだろう。その一方で10対1入院基本料については、看護必要度加算が評価され"無理して7対1にしがみつくよりも、10対1のほうが得だ"という誘導がなされたわけだ。たしかに医師が退職し、病棟閉鎖した結果として7対1入院基本料を届け出た病院も多数存在し、7対1がミスマッチである医療機関では潔くその看板を下ろすという選択肢もある。ただし、突然10対1に降格することは現場にとって大きな負担になる。10対1になったから平均在院日数が長くなるわけではないし、新入院患者数も減少しない（そうであってほしい）。だとすれば、"救急をストップしてほしい、重症患者の受け入れを制限してほしい。"と現場から声が上がっても不思議ではない。あるいは、10対1を届け出ても7対1程度の人員配置が要望されるかもしれない。救急をストップすることなども、10対1入院基本料の報酬で7対1並みの配置をすることも、現実的な選択肢でなく避けたいところだ。病院機能を適切に見極めた上で個々の医療機関で冷静に判断すべきことだが、一般的には7対1から突然降格することは急性期機能に大きな制限が加わる。病院経営層が7対1入院基本料を死守したいと考えるのは当然であり、基準が満たせない場合には一部の病棟を他の機能に転換することなどが現実的な選択肢となる。

③ 病棟群と地域包括ケア病棟という選択

　基準を満たせない病院が、10対1への軟着陸を図るために2016年度診療報酬改定では病棟群の新設および地域包括ケア病棟の要件緩和が行われた。仮に7対1入院基本料の要件である重症度、医療・看護必要度が満たせない場合を想定すると、病棟群よりも地域包括ケア病棟を届け出る病院が多いものと私は予想している。病棟群については、下りエスカレーターに乗ったダウンストリームの色彩が強く、いったん病棟群を届け出た場合に再度7対1に戻ってくることは容易ではない印象だ。制度設計上は不可能ではないようだが、病棟群の届け出は将来10対1入院基本料でやっていくことを前提にするものと捉えたほうがよさそうだ。一方で、地域包括ケア病棟については、重症度、医療・看護必要度についてA項目あるいはC項目1点以上を満たす患者が10％以上であり、なおかつ60日まで算定が可能という点では魅力度が高い。"地域包括ケア病棟"という言葉のニュアンスが急性期病院では敬遠されることも多いが、非常に使い勝手がよく急性期病棟の機能をさらに輝かせるために有効な選択肢といえるだろう。今回改定で、手術と麻酔が出来高で算定できることになったことから、再手術の際にも適切な報酬を受け取ることができる。地域包括ケア病棟は、より急性期の色が強まり、病床機能報告制度においても急性期として届け出る医療機関が大幅に増加することだろう。

④ 入院診療単価が高いことは儲かることを意味しない

　特定機能病院等の急性期病院と療養病棟入院基本料1を届け出る病院のデータから、病床当たりの収益が多いことが必ずしも好業績を意味するわけではないことについて言及した。当該データは医療経済実態調査をもとにしたものであり、個々の医療機関の状況より状況は異なるだろう。そこで、入院診療単価が高いことが収益性の向上につながるのかを検証するためには患者の個票を用いることが有効であると考え、武蔵野赤十字病院のデータで検証を行う。

　図表3-1-2は、入院期間別の入院診療単価と出来高差（DPC/PDPSでの請求額と出来高換算額の差）を示したものである。25％タイル値以内である

図表3-1-2 武蔵野赤十字病院　入院期間別　増収額と入院診療単価

	1日当たり増収額（円）	1症例当たり増収額（円）	入院診療単価（円）
入院期間Ⅰ以内に退院した患者	2,025	9,652	114,504
入院期間Ⅰ超えⅡ以内に退院した患者	4,248	38,371	94,358
入院期間Ⅱ超えⅢ以内に退院した患者	3,105	62,402	61,044

筆者作成

　入院期間Ⅰ以内に退院した患者ほど、入院診療単価は11万4,504円と非常に高水準にあるが、1症例当たりの増収額は最も少ない。在院日数を短縮することは入院診療単価の向上につながるが、入院初期は医療資源の投入量が多いため出来高差ではプラスになりづらい。一方で、入院期間Ⅲを超えた患者については入院診療単価が低くなるが、1症例当たりの出来高差は最大となる。在院日数が長期化することにより、医療資源の投入量が少なくなるからだ。現行の医療制度においては、徹底的な在院日数の短縮よりも、ある程度、ゆとりのある入院期間が高い収益性につながることを意味する。入院期間が長いことにより、1症例当たりの増収額が多くなるわけで、次に入院する患者がいないのであれば、在院日数を短縮しないほうがよいと捉えることもできる。結局、1日当たり増収額も考慮して病床の有効活用という点から一番バランスがよいのは、入院期間Ⅱ以内である。

　現行の診療報酬では在院日数を短縮することに対するインセンティブが徹底されているわけではなく、短すぎる在院日数は収支の悪化を招く恐れもある。しかし、急性期病院に求められているのは集中治療を実施し、高い診療密度を維持することだ。だからこそ、7対1のような手厚い人員配置が求められている。在院日数を短縮し、病床回転率が高まれば多数の看護師が必要になる（図表3-1-3）。自らの立ち位置を客観的に判断し、適切な人員配置で質の高い医療を提供することが求められている。

図表3-1-3　100床当たり看護師数と病床回転率

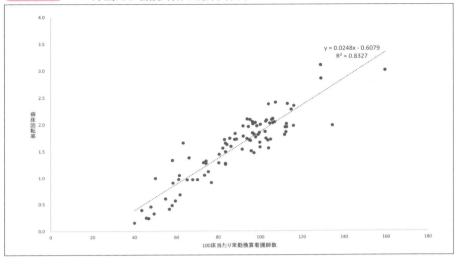

2　7対1入院基本料を維持するため看護必要度向上のための施策

　2016（平成28）年度診療報酬改定で厳格化された7対1入院基本料等を維持するために短期的に実施すべき施策について言及する。

❶ 在院日数の適正化と新入院患者の獲得

　短期的に実施すべき事項としてあげられるのが在院日数の短縮だ。重症度、医療・看護必要度が本当に重症度や医療あるいは看護必要度の実態を表しているとはいいきれない。だからこそ、改定ごとに項目が入れ替えられ、その都度、必要度の概念が変わり、現場が混乱させられるわけだ。とはいえ、基本的な考え方は急性期医療の必要度が低い患者を早く退院あるいは転院させることが求められている。つまり、在院日数を短縮し、より重症な患者のために急性期病床を使えるかどうかが鍵を握る。なお、在院日数の短縮には自ずと限界もあり、DPC/PDPSにおける入院期間Ⅱを目安にした在院日数の適正化を図ることが現実的といえるだろう。高度急性期を目指す病院であるならば、予定入院については入院期間Ⅱ以内で80％以上の退院を目指すことが望ましい。そのためのパスの見直しはすぐに取り掛かるべき事項だ。結果として、効率性係数が向上し医療機関別係数にもプラスの影響が出る。なお、入院期間Ⅱについては今回改定で短くなっていることに留意する必要がある。

　在院日数を短縮すれば、病床利用率が下落し、トータルの収益は減少する可能性もある。在院日数の短縮は入院診療単価の向上をもたらし、一般的に平均在院日数が1日短くなると4,000円程度単価が上がる。しかし、1日早く帰すということは入院延べ患者数が減少し、病院によって異なるが1患者1日当たり50,000円程度の収入を失うことを意味するわけだ。そこで、求められるのが新入院患者の獲得だ。特に地方都市では高齢化による人口減少という環境下で新入院患者を獲得することは容易ではないという現実もある。しかしながら、新入院が増えれば必然的に在院日数も短くなり、結果として

❷ 7対１入院基本料を維持するため看護必要度向上のための施策

看護必要度を満たす可能性が高くなる。

❷ 救急車への対応策

　新入院患者の獲得策として短期的に結果が出やすいのは救急患者を獲得することだ。今回改定で救急車搬送が新たにA項目として評価されたことからもさらに救急対応は重要となるわけだ。仮に救急車搬送患者を入院させ、心電図モニターを装着すれば２日間ではあるがA項目３点を満たすことになる。

　ただ、救急車搬送入院件数を増加させるために掛け声と気合だけで現場が動くかというとそうではないし、仮に短期的に効果が出たとしても長く続くためには戦略的に仕組みを構築することが必要だ。つまり、限られた医療資源を集中させ、"虻蜂取らず"にならないようにすることが求められる。

　救急車搬送入院件数は以下の式に示すように、（A）の救急車搬送件数と（B）の救急車からの入院率に分解することができる。さらに（A）の救急車搬送件数は、救急隊からの要請数（A１）と救急車応需率（A２）にわけることができる。救急隊からの要請数（A１）は、救急隊の判断によるものであり、より近い医療機関が優先されるのが一般的であるからコントロールすることは難しい。しかし、救急隊も人間であり、いつでも気持ちよく受け入れてくる医療機関に搬送したいと考えることだろう。"うちは３次救急だから"などとお高い態度で、救急隊がオーバートリアージをして２次救急を搬送してきた際に怒鳴りつけたりする医師も少なくない。救急隊がオーバートリアージをするのは万が一を考えてのことなのだから、ある意味当然であり、このような態度は慎むべきだ。医師は救命救急士にとって"先生"であり、先生らしく救急患者のトリアージを教えてほしい。救急隊は地域の救急医療を支える良きパートナーであることを再確認し、いつも気持ちよい受け入れを心掛けたい。

　救急車応需率（A２）は、ほぼ100％から50％以下と医療機関によるバラつきが大きい。救急車の断りは満床、手術・処置中や専門外が理由とされることが多いが、平日の昼間であればスタッフも多く何らかの対応はできるはずだ。救急隊からの要請を担当医師に確認せずほぼ自動で受け入れる仕組みが構築されているのが応需率100％の医療機関だ。都会ではタクシー代わり

に救急車を利用する患者が多く出動台数が半端ではないことや田舎ではその反対でよほど重症でないとご近所の目もあり簡単に救急車のサイレンを鳴らすことなく家族が病院に連れて行くという文化の違いも応需率には関係する。つまり、全般的には都会は応需率が低く、田舎は高いようだ。また、田舎の病院は最後の砦としての意識が強く、そのことが応需率を高いものにするのだろう。ただ、簡単に断らない仕組みをつくるために、救急病床を整備することなど自院でできる取り組みは速やかに行いたい。救急病床があれば、少なくとも満床を理由にした断りはしづらくなるわけだ。

　都会の住宅街にある病院では救急車搬送数に加え、ウォークイン患者が多く、それが理由で救急車応需率が下落してしまうことも少なくない。風邪をひいたなどの軽症なウォークイン患者が多ければ、救急車対応がおろそかにならざるをえない。このようなケースでは、時間外選定療養費の徴収も検討することが有効だろう。軽症なウォークインは地域の医療機関にお任せして、自院は救急車対応に注力するという戦略だ。限りある医療資源をどこに振り向けるか病院としての戦略が問われる。

救急車搬送入院件数 ＝ 救急車搬送件数（A）× 救急車からの入院率（B）
救急車搬送件数（A）＝ 救急隊からの要請数（A1）× 救急車応需率（A2）

　救急車搬送入院件数を増加させるもう1つの手段は、救急車からの入院率（B）を向上させることだ。救急車搬送件数（A）については救急隊からの要請件数だけでなく、やむをえない断りも一定程度存在し短期的には大幅に増やすことは容易ではない。しかし、救急車からの入院率については改善の余地があるかもしれない。図表3-2-1は、救急車からの入院率を病院別にみたものであり70％を近い病院から10％程度までバラつきがみられる。救急車からの入院率と患者の重症度には相関がみられず、左にある70％近い入院率の病院に重症者が多いというわけではない。入院率が高い病院は経過観察入院も含めて入院がさせやすい環境にあるのに対して、右にある入院率が低い病院は入院のハードルが高く設定されている。全国平均が40％程度であることから、その水準に満たない場合にはまずは平日の昼間に限定した対応を考えてみてはどうだろうか。

❷ 7対１入院基本料を維持するため看護必要度向上のための施策

図表3-2-1 救急車搬送からの入院率

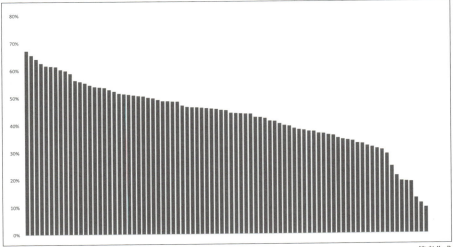

筆者作成

❸ 入院経路別　平均在院日数と入院診療単価

　新入院患者数を増加させるために救急車への対応に注力することは短期的な結果につながり、そのことが看護必要度の向上にもつながることだろう。ただし、中長期的には積極的に逆紹介を行い地域と連携し紹介患者を獲得し、次の予定入院を獲得することが求められる。高齢化に伴い救急患者は増加するものと予想されるが、紹介を中心とした予定入院が獲得できるかが急性期病院の成長の鍵を握る。

　なお、入院経路別にみると予定入院患者は緊急入院に比べて入院診療単価が高い（図表3-2-2）。これは同院だけでなく、世の中一般にみられる現象だ。その理由は、高齢者緊急入院は在院日数が長くなること（図表3-2-3）に加え、手術の実施率が低くなるからだ（図表3-2-4）。高齢者で誤嚥性肺炎が多くなれば手術実施率は低くなる。入院診療単価が高いことが必ずしも儲かることを意味しないが、これからの高度急性期病院は手術につながりやすい予定入院患者の獲得に注力することが望ましい。

図表3-2-2 那須赤十字病院　入院経路別　入院診療単価

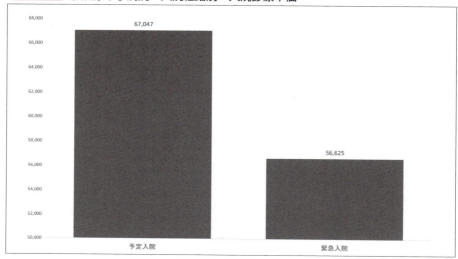

出所：平成27年度の状況より筆者作成

図表3-2-3 那須赤十字病院　年代別・予定緊急別　平均在院日数

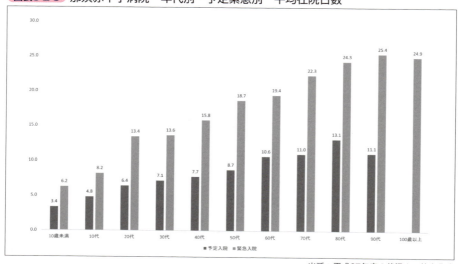

出所：平成27年度の状況より筆者作成

❷7対1入院基本料を維持するため看護必要度向上のための施策

図表3-2-4 那須赤十字病院入院経路別手術の実施状況

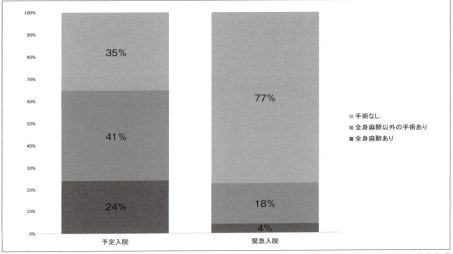

出所：平成27年度の状況より筆者作成

❹ 退院支援の強化

　獲得した救急患者を早期に退院あるいは転院させるために、そして地域と密接な連携を構築し次の紹介患者を獲得するために今回改定で新設された退院支援加算1の届け出を早期に実現したい。退院支援加算1については、人員配置の要件が厳しく、特に大規模病院で病棟数が多く対応に苦慮するかもしれない（図表3-2-5）。退院支援を担当する職員として看護師を優先的に配置することが早期の届け出の鍵を握るだろうし、エース級の優秀な看護師を配置することができれば、業務そのものが円滑化することだろう。将来の幹部候補生の登竜門の1つに退院支援を位置づけてみてはどうだろうか。

　また、介護支援連携指導料の算定回数が100床当たり年間15回以上とされ（一般病棟入院基本料の場合）、このハードルが満たせない医療機関も存在することだろう。3者共同指導の場合にプラス2,000点となる退院時共同指導料2の算定を優先すれば介護支援連携指導料は併算定できない。とはいえ、600床の病院でも年間90回ですむわけであり、入院中2回の算定が可能であることを考慮すれば、本気で取り組めば1～2か月程度で達成できるはずだ。

図表3-2-5 退院支援に関する評価の充実

退院支援加算1
  イ　一般病棟入院基本料等の場合　　600点
  ロ　療養病棟入院基本料等の場合　　1,200点
退院支援加算2
  イ　一般病棟入院基本料等の場合　　190点
  ロ　療養病棟入院基本料等の場合　　635点

	退院支援加算1	退院支援加算2 （改定前の退院調整加算と同要件）
退院困難な患者の早期抽出	**3日以内**に退院困難な患者を抽出	7日以内に退院困難な患者を抽出
入院早期の患者・家族との面談	**7日以内**に患者・家族と面談	できるだけ早期に患者・家族と面談
多職種によるカンファレンスの実施	**7日以内**にカンファレンスを実施	カンファレンスを実施
退院調整部門の設置	専従1名（看護師または社会福祉士）	専従1名（看護師または社会福祉士）
病棟への退院支援職員の配置	**退院支援業務等に専従する職員を病棟に配置（2病棟に1名以上）**	-
医療機関間の顔の見える連携の構築	**20か所以上の連携する医療機関等の職員と年3回以上の面会を実施**	-
介護保険サービスとの連携	**100床当たり年15回以上の介護支援連携指導料の算定（療養病棟等では10回）**	

筆者作成

　今回改定で7対1入院基本料について重症度、医療・看護必要度が厳格化されたことに対して何らかの対策が必要になる病院は多いだろう。本項では、在院日数の適正化と救急車への対応を中心にその対策にふれた。今後、DPC提出データに看護必要度が含まれるため、必要度の評価とEFファイルの算定データの整合性も問われるようになる。適切な評価を行う仕組みを構築することも忘れてはならない。

3 7対1からの4つの転換オプション

❶ 今さら昔の人員配置には戻れない

　2016（平成28）年度診療報酬改定で、「重症度、医療・看護必要度」（以下、看護必要度）は項目の見直しと要件厳格化が図られ、重症者の割合は25％以上に設定された。救急と手術に積極的に取り組み、在院日数の短縮に励んでいれば、決してクリアできない基準ではなく、これで7対1入院基本料を届け出る病床が大幅に減ることはないであろう。

　多くの病院にとってこの基準は余裕でクリアできるものではなく、25％ギリギリの水準となる病院も多い模様だ。となると、現実問題として、病床再編を検討し、10対1への降格を受け入れざるをえない病院も出てくるだろう。

　今回改定では、10対1の看護必要度加算の評価が引き上げられ、点数による誘導が見られるが、10対1になれば現場、特に看護部が「救急をストップしてほしい」など患者受け入れの制限を求めたり、あるいは従来の7対1並みの人員配置をしてほしいといった声が上がるかもしれない。いずれも病院にとってはマイナスであり、現実的とはいえない。ただし、現場からすれば、今までと同じ仕事を少ない人数でやれといわれても手厚い人員配置に慣れてしまった以上、難しいという現実もあるはずだ。"昔はもっと少ない看護師で病棟を回していた"わけだが、そもそも在院日数の短縮や、手続きの煩雑さの増大、そして医療の高度化などによって状況が大きく異なり、昔に戻ることは難しい。10対1になるということは、急性期からの後退を意味する可能性があり、大きなリスクがあると捉える必要がある。本項では、医療の質と経済性を損なわない7対1からの転換オプションを提案する。

❷ 転換オプション

　7対1からの転換オプションとして以下の4つがあり（さらに組み合わせ

もあるだろう)、地域の実情と自院の現状を考慮し適切な選択を行うことが期待される。

　まず1つ目が今回改定で新設された病棟群を活用し、10対1の病棟を併存させるという選択肢だ。ただ、下りエスカレーターでしかない病棟群を取り入れる病院は少数派になることだろう。なにしろ、相当使い勝手が悪い制度である。特に7対1と10対1の病棟間での転棟が原則として禁止されているため、患者の病態に合った病床コントロールが困難になる可能性がある。病棟群を活用するケースは極めて限られ、地域包括ケア病棟の理学療法士数が足りず、1日2単位のリハビリテーションができない場合に限定されるであろう。時間の経過とともに病院機能は変わる可能性があるわけで、敗者復活を認めない病棟群に躊躇する医療機関の気持ちを汲んだ制度設計が必要だ。

　2つ目が一部の病棟を地域包括ケア病棟に切り替える選択肢だ。地域包括ケア病棟は、看護必要度のA得点が1点以上、あるいはC得点が1点以上の患者が10％以上であればよく、非常に使い勝手がいい。"7対1の隠れみの"としての利用価値は非常に高い。中長期的には厳格化が図られるはずだが、目先のことを考えれば、当該病棟は魅力的である。

　2016年度診療報酬改定で、許可病床500床以上あるいはICU等を有する医療機関については、地域包括ケア病棟は1病棟までという制限が明らかにされた。高機能急性期病院であっても、地域包括ケア病棟をつくってよいことが明言されたわけであり、さらに手術・麻酔が出来高で算定可能となったことから、地域包括ケア病棟はより急性期に近づいたイメージだ。高齢者緊急入院など、在院日数が長期化する疾患では、当該病棟は経済的な魅力度も高く、前向きに検討する病院が増加するはずだ。なお、総合入院体制加算を届け出る場合には地域包括ケア病棟の設置に制限が加えられ、その一方でDPC Ⅱ群やICUを有するような高診療密度病院には制限がないことはおかしいため、見直しを提言したが、ある意味、その答えが返ってきたと捉えるべきなのであろう。

　3つ目が一般病棟は10対1とする代わりに、ハイケアユニット入院医療管理料などを届け出て、重症患者をHCU等の手厚い人員配置の治療室で受け入れることだ。一般病棟の人員は少なくなったとしても、重症な救急や手術患者を手厚い人員配置で対応することは合理的だろう。ハイケアユニット入

院医療管理料1は4対1の看護師配置で6,584点とされ、A得点3点以上、かつB得点4点以上の患者が80％以上となった。特定集中治療室管理料3・4であれば、2対1の看護師配置で9,361点、さらに今回改定でA得点4点以上、かつB得点3点以上の患者が70％以上となったため、HCUのほうが使い勝手がよく、こちらを選択するのが現実的であろう。もちろん手術などを要する重症患者がどのくらいいるのかによって、その必要性は変わってくる。

　最後が緩和ケア病棟を設置することだ。がんの末期患者は、必要度を満たす割合が低くなるが、なかなか自宅に帰ることが難しいという現実もある。これらの患者を最期まで自院で診るための病棟として、緩和ケア病棟を設置する動きが活発化することだろう。地域の整備状況にもよるが、病院の差別化につながることだろう。大規模工事が必要になる可能性もあるが、前向きに検討すべき選択肢ではないだろうか。看護師配置も7対1であり、魅力を感じる看護師も多く、円滑な移行が可能となるかもしれない。

　また、2016年度診療報酬改定で、進行がんの患者在宅で緩和ケアを行っている患者が、緩和ケア病棟に緊急入院する場合の評価として、「緊急入院初期加算」（200点）が新設され、在宅との密接な連携が評価されたことに加え、放射線治療が出来高で算定できるようになったことも注目される。緩和ケア病棟でも痛みを和らげるために、放射線治療を実施したいケースが多いが、包括されていると赤字覚悟でないと実施できない。2016年度診療報酬改定での緩和ケア病棟については、非常に合理的な政策判断といえる。従来の緩和ケア病棟の概念を覆すものであり、中核病院での設置が加速することだろう。

　いずれの転換オプションを採用するかによって、自院の地域の中での立ち位置に影響を及ぼす。連携を前提にした今日の医療制度においては、先行優位性が強く働くことが予想され、他の医療機関に先んじる行動力が評価される。シミュレーションなどの数値いじりばかりで行動できない医療機関は淘汰されていく。今、我々に求められているのは、現実的に前を向いて動ける力であり、それこそが競争優位の源泉である。

4 地域包括ケア病棟、要件見直しの意味とは

❶ 地域包括ケア病棟の設置および有効活用が効率性係数を向上させる

　2016（平成28）年度診療報酬改定では、地域包括ケアシステムの推進と医療機能の分化・強化、連携に関する視点が示され、この中で地域包括ケア病棟がより一層魅力度を高めることになった。

　すでにDPC病院には医療機関別係数の内示があったが、その中で、効率性係数が前年度比で大幅に上昇したのは、地域包括ケア病棟を設置した医療機関であった。DPC/PDPSにおける入院期間Ⅱを目安に、患者を地域包括ケア病棟に転棟させることによって、当該係数における評価は向上するわけだ。

　もちろん、地域包括ケア病棟をつくったが、利用率が思うように上がらないという医療機関も多い。しかし、有効活用したケースでは高い評価を受けている。これはある意味、DPC/PDPSにおけるドーピングのようなものだと思う。Ⅱ群の実績要件における診療密度や効率性係数などが、自らの力以外で劇的な改善が図れるので、一度始めたらやめられない病棟なのかもしれない。ただし、そのような利用法も制度として許されているわけであり、決して違反ではない。この病棟は前向きに検討する価値がある。本来の趣旨に合わない利用はいつの日か必ず取り締まられ、点数に濃淡がつくかもしれないが、しばらくは放置されることだろう。

　本項では、地域包括ケア病棟について今回改定における主な変更点と今後の方向性について言及する。

❷ 2016年度診療報酬改定における地域包括ケア病棟の主な変更点

　2016年度診療報酬改定では、地域包括ケア病棟において主に3つの変更があった。

　まず1つ目が、包括範囲から手術・麻酔が除かれ、出来高で算定を可能としたことだ。これまで、7対1入院基本料等の病棟から地域包括ケア病棟へ患者を転棟させる場合、再手術の際に手術料等を出来高算定できないことが気掛かりだったはずだ。今回の変更により、柔軟で弾力的な活用が期待される。今後、地域包括ケア病棟を"急性期"機能として位置付け、病床機能報告制度でも"急性期"として届け出る医療機関が激増することだろう。

　2つ目は、許可病床500床以上、あるいはICU等の集中治療室を有する病院については、地域包括ケア病棟の届け出は1病棟に限ると明示されたことだ。高度急性期病院においても地域包括ケア病棟の設置の道を拓くことが、患者像に合った医療提供体制につながると指摘したが、これが回答だったのかもしれない。ICU等を有する病院でも1病棟までは地域包括ケア病棟の設置が可能になったのは、高度急性期病院でも地域包括ケア病棟をつくってよいというメッセージととらえられる。

　なお、これらの機能の病院で現実的に2病棟つくることはありえないし、それならばむしろ病棟閉鎖を考えるべきだろう。ただし、総合入院体制加算については要件緩和が行われなかった。せめて総合入院体制加算3については、2014（平成26）年4月以降に届け出た医療機関であっても地域包括ケア病棟を許可すべきだ。あるいは、総合入院体制加算のハードルを今のような曖昧で緩やかなものでなく、より厳しくしてはどうだろうか。

　3つ目が、「重症度、医療・看護必要度」の基準を満たす患者について、A得点1点以上またはC得点1点以上が当該病棟入院患者の10％以上であることが求められた。C得点は現実的に多くはないが、A得点1点がそのままであったため、心電図モニターで十分なわけだ。非常に緩やかな要件と考えるべきだろう。

❸ Ⅱ群の実績要件クリアのために地域包括ケア病棟は有効な選択肢

　2016年度診療報酬改定ではⅡ群病院が99から約140まで増加したが、Ⅱ群になるためにも、地域包括ケア病棟の設置は有効な選択肢である。今回Ⅱ群の実績要件で最もハードルが高かった診療密度（１日当たり包括範囲出来高換算点数）について、在院日数が長くなるが、何らかの事情で退院できない救急患者などを地域包括ケア病棟に移せば、診療密度は向上するはずだ。

　また、DPC算定病床当たりの外保連手術指数についても、地域包括ケア病棟はDPC算定病床ではないため、分母を減らすことが可能だ。姑息な手段とも考えられるが、今後、高齢化が進むことにより、田舎の病院では救急患者が増える。救急患者は入院後期に診療密度が下落するが、退院するのは容易ではない。もちろん、地域と連携して転院させることが望ましいが、現実は難しいことも多い。

　地域完結型医療が目指す姿であり、そのために中核病院はあらゆる手立てを尽くす必要がある。ただ、それでも難しければ、施設完結型で地域包括ケア病棟の設置を検討することだ。田舎に立地する救急の最後の砦としての役割を果たす中核病院には、現実的な選択肢であろう。

　地域包括ケア病棟は、急性期から一歩下がった病棟と見なすのではなく、"急性期病床をさらに輝かせるための選択肢"として前向きにとらえていいだろう。ただし、特定機能病院に地域包括ケア病棟の設置が許容されていないのは、本来の高度急性期病院がやるべき医療ではないという意味なのだろう。自院の立ち位置を客観的に判断し、合理的な選択をすることが望まれる。

❹ 取り締まりが強化されない理由

　地域包括ケア病棟を、実際には７対１等の急性期病床の隠れ蓑としての使い方しかしていない病院も多い。2016年度診療報酬改定でそのような病院が増加した。しかし、"取り締まり"がすぐに強化されるとは思えない。私は以下の３つの理由から、地域包括ケア病棟に対する高い評価はしばらく続くと考えている。

❹地域包括ケア病棟、要件見直しの意味とは

　まず1つ目が、7対1入院基本料の届け出病床を減らすために、この病棟は最も効果的だからだ。手術・麻酔が出来高で算定でき、重症度、医療・看護必要度も要件が緩いとなれば、7対1を維持するために一部の病棟を転換するために、前向きに検討されるはずだ。1日2単位以上のリハビリテーションなどのいくつかの制約をクリアできれば、実際には病棟群よりも優先されるだろう。

　2つ目が、前述のように、地域包括ケア病棟に転棟させることで、入院期間Ⅱ以内の退院患者割合が高まるためだ。結果として効率性係数を向上させた医療機関も存在する。このような取り組みは、診断群分類ごとの全国の平均在院日数である入院期間Ⅱの日数の短縮を促し、医療費の削減につながる。

　3つ目が、リハビリテーションの包括化への布石となるためだ。これからのリハビリテーションは、包括化とアウトカム評価が中心となるはずだ。理学療法士等を大量に採用し、過剰なリハビリテーションを提供する医療機関も散見されるが、地域包括ケア病棟が適切なリハビリテーションを通じて、質の高い医療を提供していることを示せるだろう。

　短期的には、地域包括ケア病棟を設置することが急性期病床の機能を高めることにつながり、経済性も向上することだろう。ただ、それだけを目的に多くの病院が制度の趣旨と異なった運用を進めようとすれば、中長期的には不幸な未来をたどるはずだ。

　7対1の隠れ蓑としての使い方も一定程度やむをえないのかもしれない。しかし、私たち医療機関があるべき姿を打ち出すことが大切だ。地域包括ケア病棟では、データ提出加算が義務付けられている。常に監視されていることを忘れないようにしたい。

5 入院Ⅲダウンで進む地域包括ケア病棟の転換

❶ 弾力的な運用が可能な地域包括ケア病棟

　2016（平成28）年度診療報酬改定では、「重症度、医療・看護必要度」（以下、看護必要度）の項目について、大幅な見直しがなされた。私はまっとうに急性期医療を提供する病院には、適切な評価がなされるはずだと楽観的な感触を持っているが、各医療機関の現場では、必ずしもそのような解釈はなされていない。

　病床機能転換に伴うリハビリテーションスタッフの増員なども含め、戦々恐々としている病院は多いはずだ。

　一般的に平均在院日数を1日短縮すると、入院診療単価は4,000円程度上昇するものの、入院期間が1日短くなれば、当然1日分の入院費が減るので、患者1人1日当たり4～7万円程度の収入が失われることを意味する（図表3-5-1）。

　医療政策の方向性に沿って、在院日数の短縮に励んだ医療機関は多いが、病院収入は増加せず、むしろ繁忙感と赤字だけが残ったケースも多いだろう。

　私は、急性期病床では在院日数短縮による集中治療を目指すべきと信じているが、在院日数を調整し、病床利用率を維持することにより、高い収益性を生んでいる病院があるのも、一部否定できない事実である。もちろん、看護必要度やDPC/PDPSにおける効率性係数など、不要な入院を排除する仕組みも存在しており、在院日数の大幅な調整は困難になりつつある。

　さらに、医療政策において、在院日数短縮をはじめとする効率的な医療資源の利用を徹底することへのインセンティブは、これから本格化していくことだろう。そうなると、ある程度余裕を持った入院期間が認められ、弾力的な運用ができる地域包括ケア病棟を設置する動きがより本格化するだろう。

図表3-5-1 ７対１入院基本料を算定する病院の平均在院日数と入院診療単価

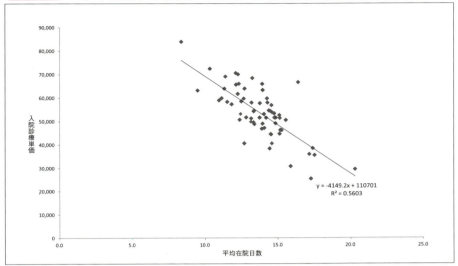

2 2016年度診療報酬改定でのDPC/PDPSの点数設定の影響

　看護必要度に加え、2016年度診療報酬改定ではDPC/PDPSの通常の点数設定が変更された。入院期間Ⅲを30日の整数倍[*1]として請求事務の簡素化を図る一方で、入院期間Ⅲについて入院期間Ⅱよりも15％低かった点数設定を基本とするものの、一部実際の医療資源投入量に合わせるなどの減算が行われた[*2]。

　図表3-5-2は、入院期間Ⅲにおける出来高差を病院別に見たものだ。左側の病院は資源投入が少なく、差益を得た状態である。一方で右側の病院は、入院期間Ⅲでも診療密度が高い医療を提供している。左側に位置する病院は、

[*1] 入院期間Ⅲの最後の日を、例えば27日なら30日、32日なら60日にするという案
[*2] 入院日Ⅲが延長することに伴い、『現行の入院期間Ⅲの点数設定』と『平均在院日数を超えた期間の一日あたり医療資源投入量の平均値』を比較し『現行の入院期間Ⅲの点数設定』のほうが高い場合には、『平均在院日数を超えた期間の一日あたり医療資源投入量の平均値』を採用するとされている（平成27年度第５回診療報酬調査専門組織・DPC評価分科会資料より）

図表3-5-2 入院期間Ⅲにおける1日当たり出来高差

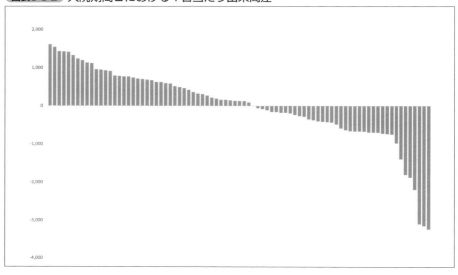

右側に位置する病院に比べて入院期間Ⅱを超える患者の割合が多いが、空床よりも、患者がいたほうがよいという病床運用を行っているのだろう。新たな点数設定方式は、左側の病院に対するペナルティーと見られるが、入院期間Ⅲの点数が下落すれば、すべての病院に影響が出てくる。

　今まで、7対1入院基本料を届け出る病院では、入院期間Ⅲでの請求額が平均すると3万円程度であり、地域包括ケア病棟といい勝負だったはずだ。もちろん人員配置や看護必要度、機能評価係数Ⅱなどを勘案すると、地域包括ケア病棟を優先すべきだと私は考えるが、現場ではさまざまな判断がなされているようだ。

　患者が入院する病棟は、点数の多寡だけで決められる問題ではないものの、医療機関としては、ある程度は参考にせざるをえない状況がある。入院期間Ⅲの点数が下落することにより、地域包括ケア病棟への転換はより一層進むはずだ。

　地域包括ケア病棟が増えること自体は望ましいことだが、7対1等、急性期病床の"隠れ蓑"としての使い方をどこまで許容するかなど、検討すべき課題は多いのも事実だ。

❸ 7対1入院基本料の"隠れ蓑"は、しばらくは許容される

　2016年度診療報酬改定では、地域包括ケア病棟に対して大きなメスは入らず、さらなる促進に向け手術・麻酔が出来高で算定できることになった。まずは7対1入院基本料を届け出る病院を減らし、地域包括ケア病棟に誘導するのだろう。7対1の機能がミスマッチな病院が、そこに留まり続けることは、国民医療費の効率的利用という観点からも、看護師の有効活用という視点からも、阻止されるべきだ。看護師のキャリアパスを考えても、過剰な人員配置に慣れてしまうことは望ましくないはずだ。だとすれば、地域包括ケア病棟の普及という選択が、経済的な誘導を交えて行われるだろう。

　図表3-5-3は、地域包括ケア病棟における入棟患者の状況である。n数が458であることに注目してほしい。これは患者数であり、病院数ではないのではないだろうか。極めて限られたサンプルを基に、議論が行われていることになる。データの制約などがあるため、このサンプル数で議論されるのは致し方ないのだろうが、75％以上は自院の急性期病棟からの転棟というのが

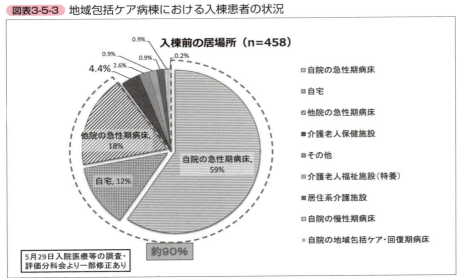

図表3-5-3　地域包括ケア病棟における入棟患者の状況

出所：中央社会保険医療協議会総会（2015年6月10日開催）資料

現場の感覚ではないか。7対1等の基準を維持するために、地域包括ケア病棟を"隠れ蓑"的に使っている現状は、医療機関側からすれば、一定程度はやむをえないといいたいはずだ。そのような動きは、急性期病床を減らすことにもつながっていく。

　図表3-5-3は国が意図する方向性を示しているのだろう。在宅からより積極的な受け入れが期待されているということだ。そのような仕組みをどこよりも早く構築し、低コストで質が高い医療を提供する医療機関が、中長期的には勝ち組になるはずだ。今こそ、性善説に基づく、地域包括ケア病棟の有効活用が期待される。

医療の質をも考慮した診療報酬の支払い
—— 7対1病院にDPC/PDPSの義務付けを

❶ 7対1病院にDPC/PDPSの義務付けを

　2016（平成28）年度診療報酬改定では、7対1入院基本料を届け出る病床の絞り込みが焦点になった。重症度、医療・看護必要度の項目を見直し、さらに基準値も25％に引き上げられた。全身麻酔手術をまったく実施せず、救急車も来ないような病院が7対1入院基本料を届け出ていることには違和感があり、医療費抑制が強く求められる状況の中で、そのような7対1対象病棟を減らしていくという方向性は理解できる。そもそも医師が退職し、病棟を閉鎖していった結果として7対1にたどり着いた病院も多数存在するのだから。

　2014（平成26）年度診療報酬改定で重症度、医療・看護必要度の項目を変更したり、短期滞在手術等基本料3等により厳格化を図ろうとしたわけだが結局、7対1は期待どおりに減ることはなかった。私は2016年度改定でも似たような結果が待ち受けていると予想している。つまり、7対1入院基本料を届け出る病床が大幅に減ることはないということだ。もちろん、基準が維持できない病院は地域包括ケア病棟を設置するなどの病棟の再編成を行い、一部は減少することだろう。しかし、新たに7対1となる病院も登場することが予想され、皆が何らかの手立てで7対1を守ろうとするはずだ。もちろん急性期らしく質が高く、効率的な医療を提供する病院が7対1に留まることは正しい姿である。病床数適正化のために、私はDPC/PDPSによる診療報酬の支払いを受けることを義務付けることを提案したい。いま、DPC/PDPSによる支払いを受けない病院は当該制度に経済的なメリットがないと考えているはずだ。本当にメリットがないかは疑問もあるが、多くの急性期病院が参加するDPCという環境下で対等に戦えないのかもしれない。そのような病院に7対1が必要だろうか。また、同じ急性期医療を提供しながら二重の価格体系になっていることは解消されるべきであろう。同じサービス

には同じ価格がつくはずであり、短期的には価格差が生じたとしても中長期的にはそのような歪みは解消されることが望ましい。ただし、急性期医療は患者の命がかかっているのだから価格が高かろうと二重価格という矛盾が生じようと質が高ければよいという結論に至るかもしれない。そこで、本項ではDPC評価分科会で公表された2014年度のデータを用いてDPC/PDPSでの包括払いの環境下にある病院と出来高払いの病院についてそのアウトカムを比較する。なお、2014年度診療報酬改定でデータ提出加算が7対1の病院に求められたことによりこのような比較が可能となったわけであり、7対1の病院に対してDPC/PDPSを義務化するという布石が打たれているという見方もできるかもしれない。

❷ DPC病院のアウトカム

　ここでは死因第2位の心疾患についてDPC病院と出来高病院（DPC準備病院を含む）のアウトカムを比較していく。図表3-6-1は、急性心筋梗塞のその他の手術あり患者に関する診療実績である。急性心筋梗塞患者にはPrimary PCIが施行されるケースがあるが、当該患者がこれらのDPCコードに含まれている。ここから死亡率は、DPC病院が5.3％、出来高病院が6.0％とDPC病院の院内死亡率が低いことがわかる。また、在院日数については

図表3-6-1　急性心筋梗塞DPC病院と出来高病院の診療状況

診断群分類	件数		救急車搬送割合		平均在院日数		死亡率	
	DPC病院	出来高病院	DPC病院	出来高病院	DPC病院	出来高病院	DPC病院	出来高病院
050030xx97000x	29,162	1,600	61.4%	54.0%	13.45	14.72	0%	1%
050030xx97001x	1,101	22	65.8%	63.6%	21.85	23.27	5%	9%
050030xx97010x	2,743	170	72.2%	60.6%	20.90	25.04	12%	20%
050030xx97011x	791	17	76.7%	58.8%	32.89	28.24	29%	65%
050030xx97020x	464	29	65.3%	65.5%	23.10	25.28	21%	17%
050030xx97021x	157	5	66.9%	100.0%	39.46	32.80	41%	60%
050030xx97030x	6,812	382	62.5%	56.0%	17.76	15.77	0%	1%
050030xx97031x	344	6	63.1%	16.7%	28.46	35.00	2%	0%
050030xx9750xx	2,285	99	69.3%	58.6%	18.07	15.88	4%	8%
050030xx97510x	2,114	91	79.2%	69.2%	21.80	25.45	30%	33%
050030xx97511x	789	18	80.4%	33.3%	34.66	37.39	34%	44%
050030xx97520x	672	36	73.5%	69.4%	22.53	15.17	62%	69%
050030xx97521x	412	3	80.8%	33.3%	37.47	32.00	66%	33%
050030xx97530x	985	43	71.7%	53.5%	24.42	29.77	2%	5%
050030xx97531x	176	3	78.4%	66.7%	39.92	24.67	10%	33%
急性心筋梗塞その他の手術あり全体	49,007	2,524	64.6%	55.8%	-	-	5.3%	6.0%

出所：平成27年度第7回診療報酬調査専門組織・DPC評価分科会をもとに筆者作成

症例数が多い診断群分類050030xx97000xについて、DPC病院が13.5日、出来高病院が14.7日とDPC病院が効率的な医療を提供していることがわかる。

図表3-6-2は、心不全その他の手術あり患者の診療実績であり、死亡率は、DPC病院が12.1％、出来高病院が24.6％であり、やはりDPC病院は院内死亡率が低い。また、在院日数について最も症例数が多かった診断群分類050130xx99000xの状況をみると、DPC病院が25.9日、出来高病院が28.4日という状況だ。やはりDPC対象病院は死亡率、在院日数において優れた結果であった。命がかかる救命の場面ではお金のことは最優先ではない。しかしながら、アウトカムに明らかな差がある以上、すべての急性期病院にDPC/PDPSによる支払いを義務付けてはどうだろうか。出来高病院も標準化が進み、より優れた診療実績が期待できるかもしれない。

❸ 重症度が違うのか？

DPCのような大規模データを用いることは我が国の医療の実態を明らかにできるというメリットがある一方で、"患者が違う"という指摘を必ず受けるものだ。つまり、DPC病院に入院している患者と出来高病院の患者は重症度などのリスクが異なるという指摘だ。同質的な患者を比較しなければアウトカム評価はできるはずがないのは確かであり、重症度が違うという声も聞こえてきそうだ。しかし、急性期の代表的な病院が参加するDPC病院と中小規模病院が多い出来高病院を比べて、DPC病院に重症症例数が少ないという感覚は現実的ではない。このデータでは様式1に入力されている急

図表3-6-2 心不全DPC病院と出来高病院の診療状況

診断群分類	件数		救急車搬送割合		平均在院日数		死亡率	
	DPC病院	出来高病院	DPC病院	出来高病院	DPC病院	出来高病院	DPC病院	出来高病院
050130xx97000x	13,755	990	30.7%	23.1%	25.9	28.4	6.0%	14.5%
050130xx97001x	270	6	39.6%	33.3%	42.2	21.7	31.1%	66.7%
050130xx9701xx	2,846	147	60.1%	48.3%	30.6	32.3	10.8%	21.8%
050130xx9702xx	7,416	476	44.2%	35.7%	43.8	46.8	21.0%	44.3%
050130xx9750xx	125	5	42.4%	20.0%	30.2	17.6	10.4%	0.0%
050130xx9751xx	137	9	72.3%	66.7%	27.0	22.6	28.5%	55.6%
050130xx9752xx	654	24	58.0%	33.3%	43.2	27.0	33.2%	45.8%
心不全その他の手術あり全体	25,203	1,657	39.1%	29.4%	—	—	12.1%	24.6%

出所：平成27年度第7回診療報酬調査専門組織・DPC評価分科会をもとに筆者作成

性心筋梗塞のKillip分類や心不全のNYHAを患者別に把握することができないものの、重症度をあらわす救急車搬送入院の割合は把握することが可能である。救急車搬送入院の割合について、急性心筋梗塞ではDPC病院64.6％、出来高病院55.8％、心不全ではDPC病院39.1％、出来高病院29.4％という結果であった。救急車搬送で入院する患者は重症度が高く、死亡率が高いのが一般的であり、DPC病院は重症患者を受け入れているにもかかわらず、院内死亡率が低く、在院日数も短い。

ただし、死亡率には患者の年齢構成も大きな影響を及ぼすことはいうまでもない。図表3-6-3は急性心筋梗塞と心不全について年齢別の患者数をみたものであり、急性心筋梗塞についてはほぼ差がない。一方で心不全については出来高病院で80歳以上の患者が多くそのことがアウトカムに影響している可能性が高い。高齢者ほど死亡率が高くなることはやむをえないが、救急車搬送において圧倒的な差がある現実を踏まえるとDPC病院は重症患者に対して優れた診療実績を有するのではないだろうか。もちろん出来高病院でも優れたアウトカムの病院は存在するはずであり、本項は出来高病院を卑下したものではない。しかし、効率的で効果的な診療を提供できるのであれば、

図表3-6-3　急性心筋梗塞・心不全退院患者の年齢分布

	心筋梗塞_DPC病院	心筋梗塞_出来高病院	心不全_DPC病院	心不全_出来高病院
80歳以上	21%	22%	53%	68%
61～79歳	53%	52%	39%	28%
41～60歳	23%	25%	7%	4%
40歳以下	2%	2%	1%	1%

出所：平成27年度第7回診療報酬調査専門組織・DPC評価分科会をもとに筆者作成

❻医療の質をも考慮した診療報酬の支払い──7対1病院にDPC/PDPSの義務付けを

DPC/PDPSという環境下でも医療機関別係数、特に機能評価係数Ⅱで高い評価を受けられるはずだ。出来高に留まることなく、ぜひDPC病院になってほしいものだ。医療政策の視点からも7対1を減らすという発想ばかりでなく、質の高い医療機関を適切に評価する仕組みを構築することが急務である。

7　7対1の基準、看護必要度から発想の転換を

❶ 本当に重症度を表しているのか

　2016（平成28）年度診療報酬改定では、7対1の絞り込みに強く焦点が当てられ、多くの急性期を志向する病院はその議論の動向から目が離せない。

　最も重要な論点は「重症度、医療・看護必要度」（以下、看護必要度）であり、項目が大幅に見直され、基準値が15％から25％に引き上げられた。基準が厳格化されたとしても、重症者に対して適切な急性期医療を提供する病院を評価するのであれば、その方針には納得せざるをえない。しかし、"重症度、医療・看護必要度"とは名ばかりであり、重症度や看護必要度の実態を反映していないのが現実だ。

　例えば、A項目に「無菌治療室での治療」が追加された。血液内科の評価が低かった現実からすれば妥当であり、大きな反論もないだろう。ただ、診療報酬改定ごとに看護必要度の項目を入れ替えるのは、「今までの項目が妥当でなかった」と宣言しているのに等しい。現場は、看護必要度の基準や項目の変更に大きく左右されるが、改定ごとに"重症者"の定義がまた変わってしまう可能性が高いわけだ。

　制度が実態に合うように柔軟に変更する視点は欠かせないと思うが、場当たり的ではなく、本質的な対応を望みたい。

❷ 改定で7対1は減るのか？

　私は看護必要度の基準値が25％に引き上げられたが、7対1が激減することはないと予想する（図表3-7-1）。基準値がそれほど厳しいわけではなく、いかようにもクリアできる余地が残るからだ。その代表がA項目に追加される救急車搬送だ。救急患者を入院させるための現場の負荷は大きいが、そのことが必ずしも適切に評価されていなかった。

❼ 7対1の基準、看護必要度から発想の転換を

図表3-7-1 医療機能に応じた入院医療の評価について

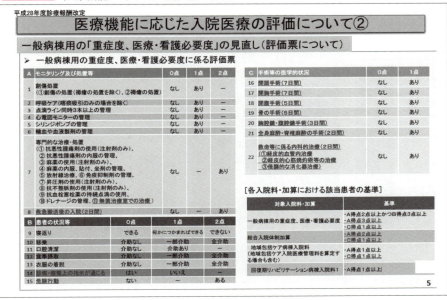

　図表3-7-2は、武蔵野赤十字病院の看護必要度を満たす患者の割合である。同院は、救急車からの入院率が約25〜30％と非常に低い（全国平均は40％程度）。予定入院が多いなど、救急患者を入院させにくい事情があるのだが、同院に救急車で運ばれて入院する患者は重症者が多い。にもかかわらず、必要度を満たさないのは、救急車からの入院が過小評価されていたためだ。ただし、救急車搬送入院が2日間評価されたが、基準値ギリギリの病院は、ウォークインで来院可能な患者にも「救急車に乗ってきてください」と言い出すかもしれない。

　また、新たにC項目が追加されたが、手術なら何でも全身麻酔をする病院が出てこないだろうか。もちろん、どこでも不足している麻酔科の負荷をさらに上げることには限界があるので、危惧するほどの状況にはならないと思いたいが、一部の病院はそういった方法で乗り切ろうとするだろう。このため、医療政策的には、手術コードで全身麻酔を大手術だけに限定するなどの対応が必要だろう。

　このようなことから、患者の重症度を適切に評価する項目の設定が、いか

図表3-7-2 救急車搬送入院後に「重症度、医療・看護必要度」を満たす患者の割合
（武蔵野赤十字病院）

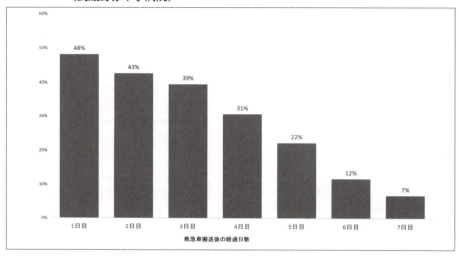

に困難かが見えてくる。

❸ 急性期病院に求められていること

　看護必要度がどのように変わろうとも、私は急性期病院に求められることはシンプルだと思っている。それは、救急と手術にバランスよく取り組み、患者を早く退院させることだ。救急については、ウォークインよりも、救急車搬送のほうがより重症度が高いし、手術も全身麻酔を伴うものが、外保連手術指数でも高い評価を受ける。つまり、救急車対応と全身麻酔手術患者を、どれだけ多く受け入れられるかが勝負になる。ただ、救急と手術の患者割合は病院によって異なる。

　救急が多ければDPC Ⅲ群になり、全身麻酔手術の患者が多ければⅡ群に近づく傾向がある。救急患者は手術の実施率が低く、在院日数が長期化する傾向があるのに対し、紹介ありの予定入院が多くを占める全身麻酔手術の患者であれば、在院日数がコントロールされ、診療密度も高くなりやすい。いずれの患者が多いかは、病院の内部・外部の環境によって異なるため、どちらを選ぶのが良いかは、その病院の特性によるだろう。大切なことは、より

多くの新入院患者を、救急あるいは紹介で獲得し、その患者を早く退院させることだ。

❹ 病棟単位や病棟群での評価は可能か

　病棟単位あるいは病棟群単位で評価すべきとの議論もあるが、2016年度診療報酬改定で採用された10対1へ段階的に移行する経過措置以外では、このような評価は困難だと私は考える。仮に病棟単位とすればDPCⅡ群のような高機能急性期病院では、病棟の2、3割を10対1に移さねばならないかもしれない。ただし、病棟の患者構成をシャッフルすることによって、10対1への転落は一定程度免れられるかもしれないが、このような対応は、医療の質を下落させる可能性もあり、必ずしも得策ではない。

　もちろん、7対1のような手厚い人員配置の高機能急性期病院であれば、どんな患者であっても診るべきだという考え方は理想的だが、現実はそうはいかない。高度で専門化・複雑化した今日の医療は一筋縄ではいかない。一方、これまで7対1でなかった病院も、病棟単位あるいは病棟群単位での評価になれば、新規参入してくるだろうし、それを阻止するのは難しい。結果として、今以上に7対1病床は増加してしまい、さらなる医療費の増加を招くことになる。

　そもそも"重症度、医療・看護必要度"が本来の重症度や必要度を示せていないのに、それを基準に病棟別あるいは病棟群別の評価を行うことは、医療界全体にリスクが大きすぎる。病床機能報告制度との整合性を図るためにも、いずれかのタイミングで病棟別の入院基本料が実現するはずだが、それらの評価は時期尚早であるといわざるをえない。

❺ 7対1基準、病床回転率を評価軸にしては

　入院基本料について、看護必要度が高い患者が入院しているので、手厚い人員配置が必要だという発想から、「病床回転率が高く、在院日数も短いので、多数の新入院患者を受け入れている。この体制を維持するため7対1が必要」という発想に切り替えてはどうか。

多くの新入院患者の受け入れは負担となるが、急性期病院に課された使命だともいえる。そのことをより評価してみてはどうだろうか。現状の看護必要度にこだわる限り、診療報酬改定のたびに必要度の定義を変え続けなければならない。

　図表3-7-3は、100床当たり看護師数と病床回転率を見たもので、病床回転率が高い病院ほど人員配置が手厚い。看護必要度を満たすために、心電図モニターを無理やり付けたり、寝返りをさせないといった本末転倒の事態が生じているが、在院日数を短縮し、新入院患者をより多く受ける病院を評価するほうがフェアだし、本来の目的にかなってはいないか。

　そもそも、多くの新入院患者が獲得できない病院に手厚い看護師配置が必要なのか疑問がある。医療政策の視点からも、病床回転率を評価軸にしたほうが7対1病床の削減につながる可能性も高いはずだ。

病床回転率 =（新入院患者数 + 新退院患者数）× 1／2 ÷ 12／稼働病床数

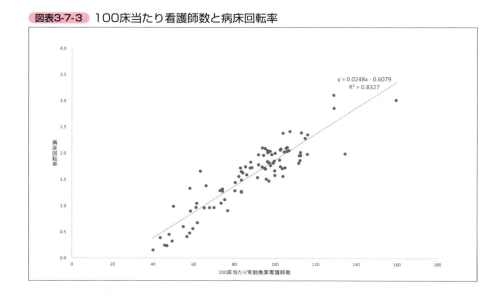

図表3-7-3 100床当たり看護師数と病床回転率

7対1よりも厳しいICUの重症度、医療・看護必要度

❶ 入院診療単価が高いことは儲かることを意味しない

　入院診療単価が高いことは、必ずしも儲かることを意味しないわけだが、特に単価が高いのがICU（Intensive Care Unit）等の集中治療室であり、このような治療室は一見派手な感じもするが、医療資源投入量が多く持ち出しが多くなるため収益性は必ずしも高くない。もちろん、一刻を争う救命の場面においては収益性の多寡よりも優先すべきは患者の命であることはいうまでもない。しかし、病院において、ICUは単価が高いから設置しようという議論がなされることも多いのが現実である。結果として特定集中治療室管理料を届け出る医療機関数は増加傾向にあり、これに歯止めをかけるために2016（平成28）年度診療報酬改定において重症度、医療・看護必要度の基準が厳格化された。この基準は、かなり厳しいものであり、重症系ユニットの編成および利用方法を適正化することが求められている。

❷ ICU等の重症系ユニットについて診療報酬の動向

　2014（平成26）年度診療報酬改定において、特定集中治療室管理料は要件厳格化と上位加算の新設が行われた。重症度、医療・看護必要度について2014年度診療報酬改定前がA項目3点あるいはB項目3点以上の患者が80％以上であった要件が、A項目3点およびB項目3点以上となった。ICUなのだからB項目3点は余裕でクリアできるはずであり、A or BからA and Bへの変更でICUの数は減るはずだったが、2014年度診療報酬改定後にはかえって増加してしまった（図表3-8-1）。また、2014年度診療報酬改定では5年以上の専任の医師が2名以上、1床当たり20㎡以上、臨床工学技士の常時配置などを要件にICU上位加算が新設され1日当たりで従来よりも約4,000点の評価がされた（特定集中治療室管理料1・2）。また、上位のICUについて

図表3-8-1 特定集中治療室管理料の届け出状況

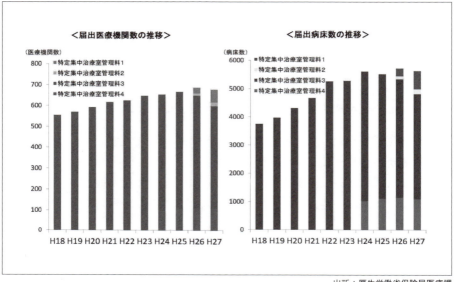

出所:厚生労働省保険局医療課

は重症度、医療・看護必要度が90％以上に設定され一見すると厳しい要件となった。しかし、ふたを開けてみると、面積要件さえクリアできれば何とでもなる基準であった。A項目3点は、心電図モニター、輸液ポンプ、シリンジポンプの3点セットを装着すれば満たすことができるからだ。ICU上位加算の設置は質が高く効率的な医療を提供する医療機関を選別しようという趣旨だと私は理解していたが、それは期待外れに終わってしまった。一方で、2014年度診療報酬改定ではハイケアユニット入院医療管理料が細分化され、当該上位加算に該当するハイケアユニット入院医療管理料1は点数の引き上げが行われ、5対1の看護師配置であるハイケアユニット入院医療管理料2が新設された。

　2016年度診療報酬改定では特定集中治療室管理料についてA項目の重みづけが行われたうえで、A項目4点に基準が厳格された、一方で必要度については10％の引き下げが行われた（図表3-8-2）。頻出する組み合わせである心電図モニター、輸液ポンプ、シリンジポンプは各1点のままで、それ以外の項目が2点とされた。A項目の3点セットのみの患者はICUでなく、ハイ

❽ 7対1よりも厳しいICUの重症度、医療・看護必要度

図表3-8-2 特定集中治療室管理料　重症度、医療・看護必要度の評価票の見直し

A　モニタリングおよび処置等	0点	1点	2点
1　心電図モニター	なし	あり	
2　輸液ポンプの管理	なし	あり	
3　シリンジポンプの管理	なし	あり	
4　動脈圧測定（動脈ライン）	なし		あり
5　中心静脈圧測定（中心静脈ライン）	なし		あり
6　人工呼吸器の装着	なし		あり
7　輸血や血液製剤の管理	なし		あり
8　肺動脈圧測定（スワンガンツカテーテル）	なし		あり
9　特殊な治療法等	なし		あり

【重症者の定義】

A得点が3点以上かつB得点が3点以上の患者 → A得点が4点以上かつB得点が3点以上の患者

・心電図モニター、輸液ポンプ、シリンジポンプは1点のまま据え置き、他は2点
・A項目3点以上→4点以上

B　患者の状況等	0点	1点	2点
10　寝返り	できる	何かにつかまればできる	できない
11　移乗	できる	見守り・一部介助が必要	できない
12　口腔清潔	できる	できない	
13　食事摂取	介助なし	一部介助	全介助
14　衣服の着脱	介助なし	一部介助	全介助
15　危険行動	ない		ある
16　診療・療養上の指示が通じる	はい	いいえ	

改定前	改定後
【特定集中治療室管理料1及び2】特定集中治療室用の「重症度、医療・看護必要度」の基準を満たす患者を9割以上入院させていること。	【特定集中治療室管理料1及び2】特定集中治療室用の「重症度、医療看護必要度」の基準を満たす患者を8割以上入院させていること。
【特定集中治療室管理料3及び4】特定集中治療室用の「重症度、医療・看護必要度」の基準を満たす患者を8割以上入院させていること。	【特定集中治療室管理料3及び4】特定集中治療室用の「重症度、医療・看護必要度」の基準を満たす患者を7割以上入院させていること。

ケアユニットや一般病棟で十分という意味だろう。確かにICUなのに動脈圧の測定をも行わない患者が入室するのはいかがなものかという解釈もできるだろう。しかし、このようなモニター等装着主義による基準は過剰適応（over indication）につながりやすく、医療の質という観点から疑問も大いにある。効率的で質の高い医療を提供する病院が評価から外れてしまう恐れがあり、性善説に立ってICUの運営をしてきた医療機関で、ICUの施設基準を取り下げる動きが相当数でてくることが予想される。特に救命救急入院料2あるいは4を届け出る看護師配置が常時2対1であるいわゆるER-ICUとして運用する病院にとって極めて厳しい。病床数や運用の仕方によるが、救急はいつどんな患者が搬送されてくるかわからない。その中で、70％以上の必要度を満たすことは容易ではなく、ICUのあり方そのものを見直す必要がでてくるだろう。

❸ ICU利用状況の多様性

ICUの利用については多様性があり、そのことが利用率に影響する。図表

図表3-8-3 急性心筋梗塞　入院初日の入室病床

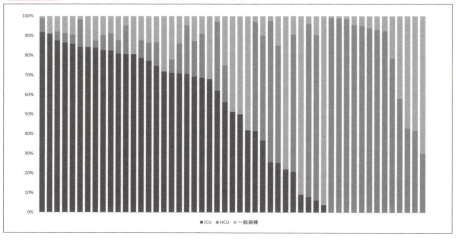

　3-8-3は、急性心筋梗塞患者のICU入室率であり、病院によって利用状況は異なっている。Killip分類でクラス１・２の患者だけに限定するなど入院時の重症度によって層別化しても利用状況は異ならないため入室基準にバラつきがあることを意味するのであろう。同じ循環器系疾患であっても心不全患者ではさらに多様性がみられる（図表3-8-4）。重症な救急患者についてはICUで集中治療をしようという考え方は決して間違いではないが、CCU（Coronary Care Unit）として運用し循環器系疾患を中心に入室させる病院では、基準を満たせないなど診療科構成も大きく影響するだろう。今回改定では２点と評価されたAラインがICU維持の鍵を握る。同じ病態の心筋梗塞患者であってもAラインを全症例留置する方針の医療機関とそうではないケースがある。医療において何が無駄かを定義することは容易ではないが、Aラインという基準さえ満たせばよいという新たなルールには多いなる疑問がある。私は患者の病態をより反映する基準へと抜本的な変更を行うことが望ましいと考えるが、現状の必要度に関する考え方が踏襲される場合には、2018（平成30）年度診療報酬改定ではAラインがやり玉にあげられるはずだ。
　一方で、予定入院の術後の患者についてICU入室をどうするかがどのように使うかも１つのポイントになる。図表3-8-5は、外科・消化器外科の予定入院全身麻酔後の患者のICU等の入室率である。いずれもICUを有する病院

図表3-8-4　心不全　入院初日の入室病床

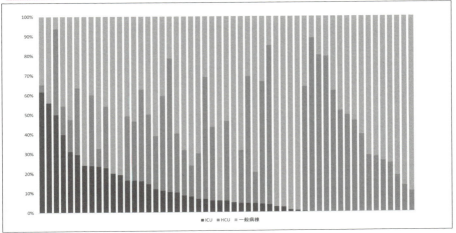

であるが、外科術後患者について空床がある限りはできるだけICUへの入室を優先する病院と可能な限り一般病棟で管理するという両方の考え方がある。

　前者の考え方は、重症度、医療・看護必要度の基準を満たすのだからできるだけICUに入室させようというものであり高単価である治療室を優先して使いたいという発想が根底にあるのだろう。一方で後者の考え方はICUレベルの治療が必要な患者について集中治療を行うために入室させようというものであり、人工呼吸、肺動脈圧測定、大動脈バルーンパンピング、緊急透析を実施する患者など本当の意味での重症者を優先するという考え方である。このような運用は本来のあるべき姿といえるが、それでは病床が埋まらないという医療機関も少なくないはずだ。唯一絶対の正解は存在しないが、一般病棟で管理できる患者をあえてICUに入れれば一般病棟の看護のレベルが下がってしまうだろうし、一般病棟の重症度、医療・看護必要度にも影響するだろう。ただ、今回改定ではAラインが鍵を握ることから、手術室でAラインを抜かずにICUまで装着してくればA項目4点は十分に可能なわけだ。術後ICU（Surgical ICU）としての運用を行うことによってICUが維持できる可能性が高まるわけだが、ICUだけでなく一般病棟も含めた全体最適の病床構成を考える必要がある。

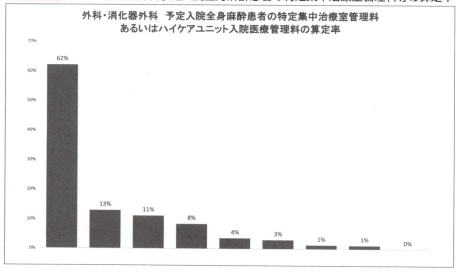

図表3-8-5 外科・消化器外科予定入院全身麻酔患者の特定集中治療室管理料等の算定率

④ ICU等の重症系ユニットの対策についての視点

　ICUの基準厳格化に伴い何らかの対策を講じる必要がでてくる。その際の視点として２つの考え方を提示する。

　まず１つが使い方を変えることだ。入室基準を厳格化し、より重症者に絞ることや在室日数を短縮することが必要度を満たすことにつながるはずだ。結果として必要病床数は減少する可能性があり、その看護師を配置転換し退院支援等に活用するという道もあるだろう。また、入室の必要性については十分に議論した上で実施してほしいが、今まで一般病棟で管理していた術後患者をICU等に入れることも一定程度視野に入れることも検討に値するかもしれない。

　もう１つが施設基準を変更することだ。救命救急入院料２あるいは４を届け出る治療室を救命救急入院料１あるいは３に変更すれば、重症度、医療・看護必要度の基準からは今のところ解放される。また、救命救急入院料２あるいは４を特定集中治療室管理料に変更すれば術後の予定入院や院内急変の患者が算定の対象となる。救命救急センターであっても、救命救急入院料で

はなく特定集中治療室管理料を届け出ることは可能であり、そのほうが使い勝手がよく、経済性が向上するケースもある。その他、特定集中治療室管理料からハイケアユニット入院医療管理料や今回改定で若干の要件緩和になった脳卒中ケアユニット入院医療管理料あるいは一般病棟入院基本料への変更という選択もあるだろう。ハイケアユニット入院医療管理料はA項目3点以上を満たせばよく、脳卒中ケアユニット入院医療管理料では脳卒中患者を8割以上入室させれば重症度は問われない。また、一般病棟入院基本料であっても傾斜配置で手厚く看護師を手当てすることも可能だ。これらを組み合わせた選択など多様な選択を自院に最もフィットするようにアレンジすることが重要である。

　いずれにしろ今回改定でICU等については非常に厳しい要件となったため、試行錯誤しながら前に向かって動き出す必要がある。地域の医療を守るためにどの選択肢が最も適するか、各医療機関が英知を尽くす必要がある。その際には、単価ばかりに目を向けることは現実的ではなく、本来の必要性に目を向けた適切な意思決定が求められる。戦略的に病院経営を行うことは、高単価の病床を増やすことを意味しないことを忘れないことが望ましい。

第4章

高度急性期機能に関する論点

1 総合入院体制加算で小手先の手法拡大を危惧

❶ 総合入院体制加算とは

　総合入院体制加算は、総合的かつ専門的な急性期医療を24時間提供する体制等を有する病院を評価するものであり、2016（平成28）年度診療報酬改定で3区分とされた。一番下のランクである総合入院体制加算3でも500床程度の病院では約1億円の収入となり、経済的な影響は大きい。2015（平成27）年5月時点で、加算1は4病院、加算2は311病院が届け出ている。

　2014（平成26）年度診療報酬改定で新設された総合入院体制加算1は、総合入院体制加算2の要件に加え、救命救急センターの承認を受け、人工心肺を用いた手術や化学療法など6つの要件をすべて満たし、さらに医療法上の精神病床を有していることが求められるなど、ハードルはかなり高い。本項では、総合入院体制加算1・2に共通する逆紹介の要件について検証し、医療政策および病院経営の視点からあるべき姿を考えていく。

❷ 逆紹介基準を満たすための小手先のテクニックが散見

　退院患者の4割以上を逆紹介するという基準[*1]は、地域との密接な連携なしにクリアすることはできない。言い換えれば、積極的に逆紹介を進められることが、地域中核病院の証といえる。逆紹介の際、その患者の画像や検査データなどのほか、退院後の治療計画を添付することが退院時診療情報添付加算の要件になる。図表4-1-1は診療情報提供料Ⅰを算定した患者に対する退院時診療情報添付加算の算定率である。グラフ右側の病院は逆紹介を行

[*1] 総合入院体制加算逆紹介に関する基準：地域の他の保険医療機関との連携のもとに診療情報提供料Ⅰの注7の加算を算定する退院患者数および転帰が治癒であり、通院の必要のない患者数が直近1か月の総退院患者数（ただし、外来化学療法または外来放射線療法に係る専門外来並びにHIV等に係る専門外来の患者を除く）のうち、4割以上であること

図表4-1-1　診療情報提供料Ⅰ算定患者に対する退院時情報添付加算の算定率

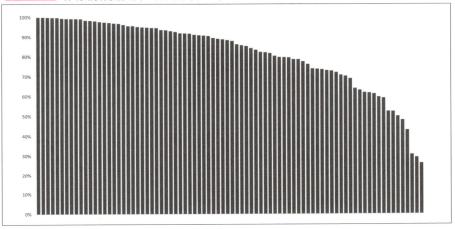

ったものの、画像や検査データ等が添付されていない、あるいは添付したけれど適切に算定されていないことが考えられるので、対策を講じる必要がある。

　また、退院時診療情報添付加算は、退院の翌月まで外来でも算定可能だ。入院患者の70〜80％は外来でフォローアップするので、退院の翌月までに外来で算定する仕組みづくりが欠かせない。このように適切な逆紹介を進めることが総合入院体制加算を届け出るための正攻法であり、連携先が限られる郊外であっても十分に対応可能だと私は考えている。

　ただ、何とか4割以上の逆紹介率を確保し、総合入院体制加算を維持するために、基準を"拡大解釈"するといった小手先のテクニックが使われていることも事実だ。

　ここでは代表的な3つの手法を紹介しながら、総合入院体制加算の目的にかなった基準のあり方を考える。

　まず1つ目が"総退院患者数"の捉え方だ。保険診療に関わる患者に限定せずに、自費の患者も含めたものを"総退院患者"に含むという解釈も散見される。総合入院体制加算は保険診療に関するものであるから、前者を採用するのが自然だろうが、後者の方が一般的には40％の基準に近づく傾向があ

る。病院側としては、後者を採用したい衝動に駆られるが、やはり正攻法で適切な逆紹介を目指したいものだ。

2つ目は、総退院患者数から「外来化学療法または外来放射線療法に係る専門外来並びにHIV等に係る専門外来の患者」が除かれていることに着目し、「専門外来」の意味を拡大解釈することで、患者を逆紹介することなく、退院後も継続的な外来通院があるにもかかわらず、総合入院体制加算を届け出ようとするものだ。

この除外規定は、化学療法や放射線治療の患者には退院後も外来通院が必要だという趣旨で設けられている。ただ、"拡大解釈派"は逆紹介が困難な疾患あるいは診療科などに専門外来の名称を付けることで対応しているようだ。つまり、除外対象になる"専門外来等"という文言をどのように理解するかが論点となる。ただ、高度で専門的な病院が届け出るべき総合入院体制加算を、こじつけで届け出るのはいかがなものだろうか。

3つ目が「治癒」の乱発だ。図表4-1-2は、2013（平成25）年度の治癒率が高い一般病院のリストとなっている（300床以上）。これらの病院の多くは総合入院体制加算を届け出ており、治癒の拡大解釈が行われている可能性もある（当該データは様式1を集計したものであり、総合入院体制加算の届け出にあたっては別の基準で対応している場合もある）。

治癒とは、当該または他の保険医療機関で外来受診の必要がない患者のことであり、退院後に同様の疾患で当該保険医療機関を外来受診した場合には治癒には含まれない。前述のように、ほとんどの患者は外来でフォローアップするので、普通に解釈すれば退院後には外来受診をするはずで、治癒率は小児周産期を除き限りなくゼロに近づくであろう。つまり、外来で適切に逆紹介をすればいい。

しかし、ここでも拡大解釈は行われる。退院後に"同様の疾患"の場合は治癒ではないので、外来では別の病名を付ける。例えば、入院時の疾患は急性の喘息であり、入院中に急性の状態は脱したので、外来では慢性の喘息としたり、入院中の白内障手術により水晶体は再建し（治癒し）、外来では白内障術後の病名を付すケースもあるという。図表4-1-3は白内障患者に対する治癒率であり、病院によって判断にバラつきがあることが分かる。

このほかにも、内視鏡的大腸ポリープ切除術（ポリペク）を実施した患者

❶総合入院体制加算で小手先の手法拡大を危惧

図表4-1-2 2013年度治癒率が高い病院（DPC算定病床300床以上）

医療機関名	治癒率	医療機関名	治癒率
KKR札幌医療センター	38.1%	青森市民病院	15.7%
医療法人鉄蕉会 亀田総合病院	37.2%	長浜赤十字病院	15.5%
山形市立病院済生館	37.0%	健和会 大手町病院	15.3%
社会医療法人 製鉄記念室蘭病院	35.9%	社会福祉法人恩賜財団済生会山形済生病院	15.1%
独立行政法人 国立病院機構 千葉医療センター	34.1%	社会福祉法人恩賜財団大阪府済生会吹田病院	15.0%
市立札幌病院	31.4%	松江市立病院	14.9%
名寄市立総合病院	29.6%	独立行政法人国立病院機構 呉医療センター	14.8%
公立富岡総合病院	28.7%	独立行政法人国立病院機構 浜田医療センター	14.8%
社会福祉法人 函館厚生院 函館五稜郭病院	28.6%	公益財団法人 湯浅報恩会寿泉堂綜合病院	14.3%
盛岡赤十字病院	27.5%	長野赤十字病院	14.2%
社会医療法人愛仁会高槻病院	26.9%	富士宮市立病院	14.2%
独立行政法人地域医療機能推進機構 星ヶ丘医療センター	26.5%	独立行政法人国立病院機構三重中央医療センター	14.1%
社会医療法人 母恋日鋼記念病院	26.2%	地方独立行政法人 那覇市立病院	14.0%
王子総合病院	25.5%	仙台市立病院	13.9%
社会福祉法人厚生会木沢記念病院	24.0%	恩賜財団済生会 横浜市南部病院	13.9%
淀川キリスト教病院	23.3%	JA静岡厚生連 遠州病院	13.9%
沖縄赤十字病院	23.0%	大阪府立急性期・総合医療センター	13.9%
八尾市立病院	22.7%	大分市医師会立アルメイダ病院	13.8%
公益財団法人 日本生命済生会付属 日生病院	22.3%	八戸市立市民病院	13.7%
府中病院	22.2%	伊勢崎市民病院	13.6%
市立室蘭総合病院	21.9%	独立行政法人地域医療機能推進機構 中京病院	13.6%
東大阪市立総合病院	21.6%	松山赤十字総合医療センター	13.3%
国家公務員共済組合連合会 名城病院	21.4%	名古屋記念病院	13.3%
東京都立広尾病院	21.2%	福井赤十字病院	13.2%
河北総合病院	20.8%	横浜市立市民病院	13.1%
独立行政法人地域医療機能推進機構 大阪病院	20.7%	沖縄県立中部病院	13.0%
医療法人社団 愛友会上尾中央総合病院	19.8%	高山赤十字病院	13.0%
独立行政法人国立病院機構 大阪医療センター	19.7%	石川県立中央病院	12.7%
国家公務員共済組合連合会 立川病院	19.6%	トヨタ記念病院	12.4%
船橋市立医療センター	19.4%	豊橋市民病院	12.4%
立川相互病院	19.2%	医療法人社団 明芳会板橋中央総合病院	12.3%
高岡市民病院	19.1%	北九州市立医療センター	12.3%
手稲渓仁会病院	18.7%	北見赤十字病院	12.2%
社会医療法人 ジャパンメディカルアライアンス 海老名総合病院	18.7%	JA北海道厚生連 旭川厚生病院	12.1%
社会福祉法人恩賜財団済生会京都府病院	18.2%	由利組合総合病院	12.1%
函館中央病院	18.1%	市立島田市民病院	12.0%
独立行政法人 国立成育医療研究センター	18.0%	独立行政法人 労働者健康福祉機構 九州労災病院	11.8%
独立行政法人国立病院機構 栃木医療センター	17.6%	秋田赤十字病院	11.8%
八戸赤十字病院	17.4%	岡山済生会総合病院	11.4%
京都市立病院	17.2%	名古屋市立東部医療センター	11.3%
公立能登総合病院	17.2%	市立堺病院	11.1%
三重県厚生農業協同組合連合会 鈴鹿中央総合病院	17.1%	仙台赤十字病院	10.9%
苫小牧市立病院	17.0%	小牧市民病院	10.9%
社会医療法人 かりゆし会 ハートライフ病院	16.9%	姫路赤十字病院	10.7%
市立釧路総合病院	16.7%	鳥取市立病院	10.6%
独立行政法人国立病院機構高崎総合医療センター	16.6%	大津赤十字病院	10.6%
製鉄記念広畑病院	16.4%	石巻赤十字病院	10.5%
松下記念病院	16.2%	高松赤十字病院	10.5%
山口県済生会下関総合病院	16.2%	JA北海道厚生連 網走厚生病院	10.5%
神戸掖済会病院	16.2%	京都第一赤十字病院	10.3%

に対する外来での結果説明についても、「結果説明だけでは再診には当たらない」などとし、再診料を算定せず、外来患者数としてもカウントしないという医療機関も存在する（図表4-1-4）。

　多くの医療機関が治癒の解釈にこだわるのは、総合入院体制加算との関わりが深いはずだ。治癒の解釈の精緻化は、医療政策的に極めて重要なことだが、総合入院体制加算の要件から治癒を外さなければ実態は反映されないであろう。今後は小児周産期を除くすべての保険診療に関わる退院患者（外来化学療法・放射線治療・HIVに係る専門外来を除く）という定義に変更してはどうだろうか。

図表4-1-3 白内障患者に占める治癒患者の割合

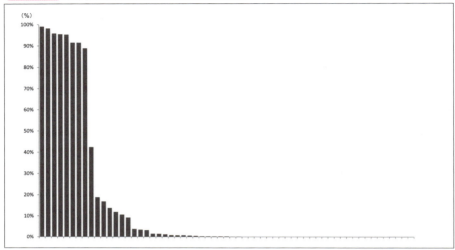

図表4-1-4 小腸大腸の良性疾患ポリペク患者に対する治癒率

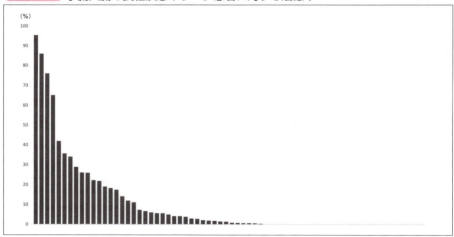

2 総合入院体制加算1をどう考えるか

前項では、2014（平成26）年度診療報酬改定で新設された総合入院体制加算1・2に共通する逆紹介の要件について、医療政策および病院経営の視点から考察した。本項では、総合入院体制加算1における施設基準の課題を示しつつ、今後のあり方を考えていく。

総合入院体制加算1を届け出るためには、総合入院体制加算2の要件に加え、従来望ましいとされてきた人工心肺を用いた手術年間40件等の6つの要件がすべて必須とされたほか、救命救急センターであること、さらに医療法上の精神病床を有していることが求められている。

救急の最後の砦である高度急性期病院を選別しようという趣旨であり、医療政策の方向性は素晴らしい。しかし、現行要件は変更すべき点が多いのも事実である。

❶ 化学療法"レジメン単位"のカウント方法は曖昧

6つの要件について、最もハードルが高いのが化学療法年間4,000件であった。2014年度診療報酬改定の議論の中で提示された化学療法年間4,000件を満たす病院は、改定前の総合入院体制加算を届け出る病院の4割程度という資料が提示された（図表4-2-1）。

しかし、件数のカウント方法について疑義解釈でレジメン単位[*1]とされたため、見込みが大幅に狂った。そもそもレジメン単位で年間4,000件の化学療法を実施する医療機関は、特定機能病院あるいはがん専門病院を除いて国内に存在しないと私は考えている。にもかかわらず総合入院体制加算1を届け出る病院が存在することには驚きを隠せない（なお、2016〔平成28〕年

[*1] 2014年3月31日の通知「疑義解釈資料の送付について（その1）」において、総合入院体制加算の化学療法のカウント方法について、「入院又は外来で行われた化学療法1レジメン（治療内容をいう）を1件としてカウントする」とされた

度改定で化学療法件数は1,000件に修正された)。

　問題は"レジメン単位"が曖昧だということだ。レジメンを変更した場合には1カウントとなることや、レジメンの分割・細分化によって、いかようにでも解釈ができるからだ。総合入院体制加算1を届け出ている病院について、DPC評価分科会から公表された化学療法件数が必ずしも突出して多くないことも気になる。当該データは入院中に実施したものに限られ、外来化が進んでいるという解釈もできるかもしれないが、実態はそうではないだろう。病院によって何か解釈が異なるのではないだろうか。

　入院医療等の調査・評価分科会で提示されている、化学療法件数について4,000件以上の病院が一定程度存在するというデータがあるが、その病院はレジメン単位ではなく、化学療法の延べ患者数等である可能性が高く、より客観的で分かりやすい要件に見直すことが求められている。

　また、off-pump CABG（心拍動下冠動脈バイパス術）が主流となった今日、年間40件以上の人工心肺を用いた手術という基準の妥当性についても疑問がある。別の指標を設けたほうが妥当ではないだろうか。

図表4-2-1　総合入院体制加算を算定している医療機関の実績について

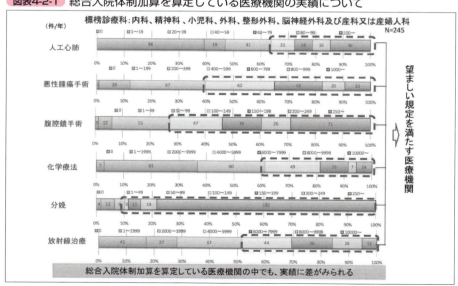

出所：厚生労働省保険局医療課

さらに、総合入院体制加算1に関する論点ではないが、分娩件数がゼロでありながら、産婦人科を標榜しているだけで総合入院体制加算を届け出る病院が、本当にこの加算の目的に沿っているのだろうか。

❷ 急性期的な精神病床、精神科リエゾンチームの届け出を

　医療法上の精神病床を有していることも、総合入院体制加算1の要件である。5疾病5事業に貢献する病院を評価するという視点は適切であるが、精神病床をただ有していればよいということではない。高度な急性期病院の評価が総合入院体制加算の趣旨であることを考えれば、慢性期的な精神病床を有していることは評価の対象外とすべきである。

　一方で、一般病棟であっても精神科リエゾンチーム加算を届け出て、精神系疾患の急性期患者を受け入れている病院も存在する。しかし、全国でも49施設（2013〔平成25〕年7月1日時点）と届け出が少ない。精神科リエゾンチーム加算の届け出が増加することで、地域の救急医療が活性化する可能性が高い。何らかの客観的な基準を設けて、一定数の精神系疾患の患者を受け入れる病院を評価対象に加えるべきである（なお、2016〔平成28〕年度診療報酬改定で精神科リエゾンチーム加算が総合入院体制加算2および3で評価された）。

　精神病床を有している病院は、昔からの伝統的な病院であることが多い。たしかに不採算な精神病床を継続してきたことは評価に値するが、精神病床は三次医療圏での承認となるため、新規参入は容易ではない。姑息な手段で数床の精神病床をつくろう、あるいは維持しようという病院よりも、本当に精神系疾患に向き合う病院を評価すべきだろう。

3 総合入院体制加算と地域包括ケア病棟両立も必要

① 7対1入院基本料の絞り込みと地域包括ケア病棟の推進

　2016（平成28）年度診療報酬改定において、7対1入院基本料の要件厳格化が図られ、その打開策として地域包括ケア病棟を設置する病院が増加した。今後、この勢いはさらに進むことだろう。地域包括ケア病棟は、重症度、医療・看護必要度（以下、看護必要度）A項目1点あるいはC項目1点以上の患者が10％以上など要件は緩く、7対1入院基本料の隠れ蓑としての使い勝手はよい。

　もちろんデータ提出加算の届け出が必須とされているため、各医療機関の使い方は監視されていると考えるべきであり、制度趣旨に沿った利用方法を追求すべきである。

　ただ、急性期病院にとって7対1の維持は死活問題だ。10対1に移行すれば、看護部から「救急をストップしてほしい」「重症患者の受け入れを制限してほしい」という声が上がるだろう。あるいは、7対1並みの人員配置を、10対1の報酬にもかかわらず継続する要望が出るはずだ。

　いずれの選択肢も病院にとっては大きなマイナスであり、現実的とはいえない。やはり、「7対1病棟を維持するために平均在院日数を短くしたい」「看護必要度を維持したい」と考えた場合の選択肢として、現行制度の中で地域包括ケア病棟を設置することが有力な選択肢であることは間違いない。

　ただし、総合入院体制加算1および2を届け出る医療機関は、地域包括ケア病棟の設置ができないし、総合入院体制加算3についても、2014（平成26）年4月以降に届け出た場合には、地域包括ケア病棟を開設できない。

　本項では、この規定の妥当性と今後のあるべき方向性について言及する。

❷ なぜ総合入院体制加算だけがだめなのか？

　総合入院体制加算は、総合的かつ専門的な急性期医療を24時間提供する体制等を有する病院を評価したものである。このような高額な加算を届け出た病院が、地域包括ケア病棟を設置すべきではないという趣旨は理解できる。医療機関の機能分化を図るという点からは当然であり、特に都会ではそのとおりだろう。

　しかし、高齢化が進み、連携先に限りがある地方では、たとえ総合入院体制加算を届け出るような中核病院でも、地域包括ケア病棟を設置する必要性が高い場合も多い。総合入院体制加算を届け出ていても、一部の病棟を地域包括ケア病棟に展開する道を拓くことが、患者像に合った医療提供体制につながると私は考えている。

　この問題は、総合入院体制加算だけでなく、特定集中治療室管理料、DPC Ⅱ群の病院にも関わることだ。

　まず、救命救急センターを有する病院は、総合入院体制加算を届け出なければ、地域包括ケア病棟の届け出は可能だ。ただ、救命救急センターを有する病院のほとんどは、総合病院であり、本来ならば総合入院体制加算を届け出る病院とほぼ同じ機能を果たしている。

　総退院患者の40％以上を逆紹介できるかという要件が分かれ目となるが、この要件は地域包括ケア病棟を持つべきかどうかとは、あまり関係がない。現状で、救命救急センターだけに地域包括ケア病棟が許容されているのであれば、総合入院体制加算を届け出る病院に対しても、同様に開放すべきではないか。

　2つ目は、特定集中治療室管理料を届け出る病院であっても、総合入院体制加算を届け出ない限りは、地域包括ケア病棟を1病棟までは設置できる。

　2014年度診療報酬改定では、特定集中治療室管理料の上位加算（特定集中治療室管理料1・2）が評価されたが、それらの病院でも地域包括ケア病棟の設置が可能だ。ただ、病院間の連携を推進するのであれば、ICU加算を届け出る病院については、地域包括ケア病棟の設置を禁じるという考え方も成り立つ。

　3つ目は、DPC Ⅱ群でも、総合入院体制加算を届け出ない限りは、地域

包括ケア病棟を設置できるということだ。DPCⅡ群は大学病院本院に準ずる高診療密度を有する病院であり、基礎係数においても高い評価を受けている。このような高機能急性期病院において、地域包括ケア病棟が設けられるケースは稀であるが、制度設計上は可能となっている。

なお、2016年度診療報酬改定では許可病床500床以上の病院及びICU等を有する病院については地域包括ケア病棟を1病棟まで設置できることが明示された。これらの病院で2病棟設置することは異例であるため、実質的には設置を許容したものと捉えるべきだろう。

総合入院体制加算、救命救急入院料、特定集中治療室管理料、DPCⅡ群は重症な患者を受け入れる機能を有する病院という点では似通っている。この中で細かく地域包括ケア病棟の設置条件を決める必要が果たしてあるのだろうか。むしろ地域の実情に配慮したほうがいいのではないか。すべて地域包括ケア病棟の設置を認めるか、それが難しいようであればすべて認めないというほうが、公正なのではないか。今後はこれらの矛盾が解消されることを期待したい。

❸ 回復期リハビリテーション病棟をどうしていくか？

最後にもう1つの論点がある。総合入院体制加算を届け出る病院であっても、回復期リハビリテーション病棟入院料は届け出が可能だという点だ。地域包括ケア病棟と回復期リハビリテーション病棟は、点数設定や対象患者は異なるが、相当似た機能を有することは間違いない。2016年度診療報酬改定では議論の遡上に上がらなかったが、今後、回復期リハビリテーション病棟が地域包括ケア病棟に集約されていくだろう。

今後の診療報酬改定においては、2つの選択肢がある。

1つは、総合入院体制加算を届け出ていようとも、地域包括ケア病棟の届け出が可能な範囲を広げることだ。これは短期的には、医療費の増大につながる可能性があるが、地域医療の実態に沿った適切な選択であり、総合入院体制加算の要件厳格化をセットにすれば、中長期的な医療費増大は避けられるだろう。

もう1つは、総合入院体制加算以外にも、救命救急センター、特定集中治

❸総合入院体制加算と地域包括ケア病棟両立も必要

療室管理料、DPCⅡ群など、高機能な施設基準の届け出を行う病院に対して、地域包括ケア病棟の設置および回復期リハビリテーション病棟の設置を禁ずることだ。

　医療政策の方向性として、いずれの選択肢もありえるが、短期的に地方における医療提供の現状を踏まえると、前者が望ましいと私は考えている。

4 Ⅱ群要件を満たすための機能の高度化とは

　本項では、DPC/PDPSにおけるⅡ群病院の特徴を挙げながら、医療政策の中で求められている高機能の意義を考える。

　2012（平成24）年度診療報酬改定ではDPC/PDPSに基礎係数が新設され、DPC対象病院が３つの群に分類された。Ⅰ群が大学病院本院であり、Ⅱ群が高診療密度を有する大学病院本院並みの診療機能を有した病院、残りをⅢ群として、群ごとに基礎係数が設定された。

　Ⅱ群になるためには、図表4-4-1の実績要件をすべて満たす必要がある。実績要件は手術件数を除きⅠ群の最低値（明らかな外れ値を除く）に設定されている。つまり、Ⅱ群は診療機能の面で大学病院本院並みと評価されたわけであり、この評価は経済的な面よりもプライドという点で病院経営層を大いに刺激し、Ⅱ群を目指すために各医療機関はさまざまな取り組みを行うよ

図表4-4-1　DPC Ⅱ群病院の要件

平成28年度診療報酬改定

医療機関群の見直し

Ⅱ群病院の選定要件

> Ⅱ群病院（高機能な病院群）の選定に係る実績要件について、内科系技術の評価を追加する。

- 下記の【実績要件1】～【実績要件4】のそれぞれについて、Ⅰ群（大学病院本院）の最低値（但し、外れ値を除く）より高い医療機関をⅡ群とする。

【実績要件1】：診療密度		1日当たり包括範囲出来高平均点数（全病院患者構成で補正：外的要因補正）	
【実績要件2】：医師研修の実施		許可病床1床あたりの臨床研修医師数 （基幹型臨床研修病院における免許取得後2年目まで）	
【実績要件3】：高度な医療技術の実施 （6項目のうち5項目以上を満たす）	外保連試案	(3a)：手術実施症例1件あたりの外保連手術指数	
		(3b)：DPC算定病床当たりの同指数	
		(3c)：手術実施症例件数	
	特定内科診療	(3A)：症例割合	
		(3B)：DPC算定病床当たりの症例件数	
		(3C)：対象症例件数	
【実績要件4】：重症患者に対する診療の実施		複雑性指数（重症DPC補正後）	

出所：厚生労働省資料をもとに筆者作成

うになった。Ⅱ群の実績要件のうちハードルが高かったのが、「診療密度」「手術1件当たり外保連手術指数」「医師研修の実施」である。各実績要件の特徴を説明しながら、各要件をクリアするために求められる施策、さらに各要件の今後のあり方について私見を交え言及する。

❶ 診療密度

　診療密度は1日当たり包括範囲出来高平均点数であり、医療資源投入量の多寡によって評価される。ここにはDPC/PDPSが1日当たりの包括払いであるとしても、重症患者に対しては何らかの診療行為が行われるだろうという前提がある。評価の最大のポイントは"1日当たり"であり、同じ医療資源の投入量であっても、在院日数を短くすることにより密度を高めることができる。

　図表4-4-2が診療密度のイメージであり、左側の5日入院のケースでは1日当たり2,500点以上という診療密度の基準値を満たすが、入院7日目では基準値を大きく下回る。急性期病院では予定入院は月曜日が最も多く、金曜

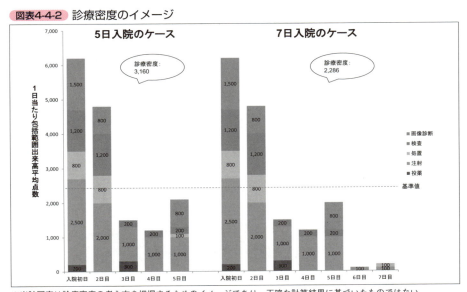

図表4-4-2　診療密度のイメージ

※当該図表は診療密度の考え方を把握するためのイメージであり、正確な計算結果に基づいたものではない

日には退院患者がピークを迎える。その結果として、週末は病床利用率が著しく下落する。ところが、病床利用率を維持するために本来は金曜日に退院できる患者を日曜日まで入院させる病院も存在する。病床利用率の向上策としては週末の病床を埋めることが最も効果的だからだ。しかし、そうなると診療密度は下落してしまう。実際は、病床利用率を優先するという発想を捨てることこそが、急性期機能を強化することにつながる。診療密度を高めるためには、在院日数を短縮し、集中治療を行うことが求められる。

ただし、技術的に対応すべき施策も存在する。診療密度は包括範囲の診療行為が評価されている。DPC/PDPSで包括されるのは、検査・投薬・処置・画像診断などであり、これらを入院中にどれだけ実施しても、追加で報酬が得られることはない。このため、エコーなどを実施してもオーダリングに入力しないケースも多いようだが、入力はしっかり行うべきだろう。診療録に記載があったとしても、オーダリングに入っていないものは実施していないのと同じ評価になってしまうからだ。"どうせお金が取れないのだから"という発想は極めて危険であり、DPC/PDPSのあるべき制度設計のためにも、各医療機関が実施した診療行為を適切に算定することが求められる。

❷ 手術1件当たりの外保連手術指数

手術1件当たりの外保連手術指数は、手術の難易度・時間・協力医師数によって評価される。心臓血管外科、脳神経外科のような長時間にわたる手術をする診療科は当該指数が高く、内科系は低い評価であることが多い。外科系の診療科に対する評価であり、外科患者の割合が多い病院が有利になる。Ⅱ群病院はⅢ群と比べると100床当たり全身麻酔件数が有意に多い傾向があり、指数を向上させるには手術室へのマンパワーの投入が鍵を握っている。ただし、ここでの評価は"1件当たり"であるため、侵襲性が高い手術を実施する一方で、手術の外来化を進めることも当該指数に影響する。ここ数年で外来手術を積極的に推進した医療機関は数多く存在する。

図表4-4-3は、武蔵野赤十字病院における内視鏡的大腸ポリープ切除術（ポリペク）の実施状況を示したものである。同院では消化器内科と外科でポリペクを実施している。外科ではこれまでほとんどの症例を外来で対応し

❹ Ⅱ群要件を満たすための機能の高度化とは

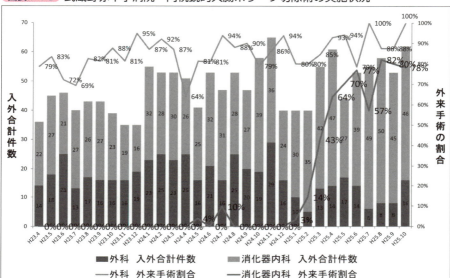

図表4-4-3　武蔵野赤十字病院　内視鏡的大腸ポリープ切除術の実施状況

てきたが、消化器内科は慎重な対応ですべて入院させてきた。しかし、「入院病床はより重症な救急患者等のために使おう」という考えの下で外来化を積極的に進めた。Ⅱ群になることを目的に実施した施策ではないが、結果として同院は2012（平成24）年度、2014（平成26）年度の医療機関群の評価においてⅡ群となった。このような手術の外来化を進めた医療機関は多く、そのことが2014年度診療報酬改定で短期滞在手術等基本料3の評価につながった。短期症例については、室料差額が徴収しやすいという理由で、外来化できる症例をあえてすべて入院させる医療機関も散見される。医療政策的には、外来手術に対するインセンティブをさらに設ける必要があるだろう。

❸ 医師研修の実施

　医師研修の実施は、初期研修医数（1年目・2年目）を病床数（DPC算定病床ではなく、すべての病床）で除したもので示される。ここでは、病床に対する初期研修医の多寡が問われている。この評価は、大学病院本院並みというからには、きちんと研修を実施する医療機関であるべきだという趣旨

に基づいている。2012年度の初回の評価ではこの実績要件のハードルは高くなかったが、2014年度は初期研修医の地方枠が増加されたことに伴い、状況が一変した。研修医は病院の栄枯盛衰を嗅ぎ分ける嗅覚を持っている。救急医療の充実や魅力的なプログラムの設計に留まらず、挑戦する組織文化を醸成することが、若い医師を引きつけることになるだろう。

　研修医募集には枠があり、国家試験不合格者が出れば、どの病院でもⅡ群から落ちる可能性がある。優秀な研修医を集めるといった病院努力を反映したものを中心に医療機関別係数を評価することが望ましい。

　なお、当該要件だけを満たさない病院も多くある中で、特定機能病院に対しては当該要件を免除していることは不平等である。私はこの評価は見直すべきだと考えている。初期研修医が多ければ、診療密度が高くなるため、医師研修の要件と診療密度は似通った性格を持つ。医師研修の要件を除外する選択もある。

5 地域医療構想策定ガイドラインとⅡ群の関係

　前項では、DPCⅡ群の要件から病院の高機能の意義について示した。本項では「地域医療構想策定ガイドライン」（以下、ガイドライン）における高度急性期・急性期の区分とDPCの医療機関群および診療科の関係に触れながら、医療政策を通じて目指すべき高度急性期とは何かを考えたい。

❶ 地域医療構想策定ガイドラインとⅡ群で求められている診療密度の違い

　ガイドラインでは、高度急性期を「急性期の患者に対し、状態の早期安定化に向けて、診療密度が特に高い医療を提供する機能」と定義している。また、高度急性期と急性期の違いは"診療密度"の差であり、出来高換算点数で3,000点が分岐点となる。つまり、医療資源投入量の多寡が問われている。

　例えば、肺炎の入院患者でも、超重症でICUレベルの治療を要する患者と中等症の患者では、医療資源の投入量は異なってくる。ガイドラインでは、同じ疾患であっても、医療資源投入量の違いを反映させようとしている。

　Ⅱ群病院の実績要件の１つである診療密度でも、同様の評価を行っている。医療資源投入量と重複する点もあるが、医療機関群とガイドラインが求めている方向性は変わらない。

　Ⅱ群病院の実績要件である診療密度は、１日当たり包括範囲出来高平均点数であるため、DPC/PDPSにおいて包括される検査、投薬、画像診断、処置等が評価の対象となる。それに対し、ガイドラインでは入院基本料相当やリハビリテーション料等を除いた出来高換算点数を対象としているため、手術のようにDPC/PDPSでは出来高算定が可能なものも評価に加えられることになる。両者は一見すると異なる評価基準のように感じるかもしれないが、基本的な考え方は同じである。当該基準を満たすために、集中的な治療を行って在院日数を短縮していること、そして外科系のアクティビティーが高い

ことが求められる。

　ガイドラインで高度急性期とされている出来高換算点数3,000点以上は、図表4-5-1に示すように入院から３日程度に過ぎず、いわゆるICUレベルの治療が要件とされている。入院から時間が経てば、患者も状態が落ち着いていき、それに伴って出来高換算点数も下がっていく。また、大手術を実施する診療科では、手術手技料や材料など、もろもろの医療資源投入が行われるため、出来高換算点数が高くなる。

❷ 医療機関群とガイドラインの整合性

　医療機関群とガイドラインにおける病床の機能別分類割合を試算したものがである。これを見ると、Ⅰ・Ⅱ群病院では高度急性期および急性期の割合が多いことが分かる。Ⅰ・Ⅱ群病院は難易度の高い手術が多く、診療密度も高いことから当然の結果といえる。いずれはⅠ・Ⅱ群でないと高度急性期病床を持てなくなるという制度設計も可能であり、その方向性は医療費の抑制という観点から有効だと私は考えている。

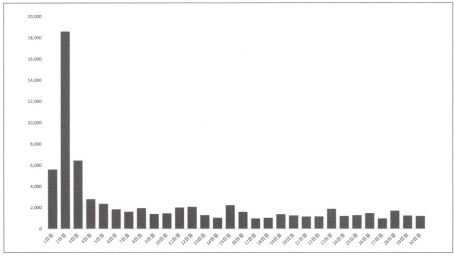

図表4-5-1　日別出来高換算点数

図表4-5-2 出来高換算点数別　入院延べ患者数の割合

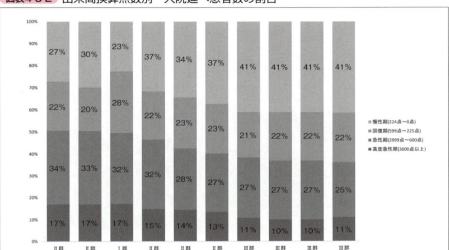

なお、高度急性期だからといって、必ずしも経済的な利益が大きくなるとは限らない。また、すべての医療機関が目指すべき目標ではない。ただし、手厚い人員配置が求められることは必須と考えられるため、高度急性期を名乗れなければ"できない医療"が生じる可能性もある。

高度急性期は経済性やプライドを満たすために目指すものではない。地域の医療提供の実情を見据えて客観的かつ冷静に判断することが望ましい。

❸ 高度急性期割合と診療科特性

Ⅱ群の実績要件あるいはガイドラインでは、診療科の特性が強く影響する。図表4-5-3では診療密度が高いⅡ群病院の診療科別の出来高換算点数を試算している。ガイドラインにおいて高度急性期の割合が多くなるのは、心臓血管外科、血液内科などである。一方、整形外科は症例数が多い診療科の中では不利になる。整形外科では、手術日は医療資源投入量が多いものの、術後は入院基本料とリハビリテーション以外の出来高点数は慢性期レベルまで下がってしまう。これは、全身管理を伴わない症例が多いことも関係しているのであろう。整形外科では7対1以上の手厚い人員配置は不要ということな

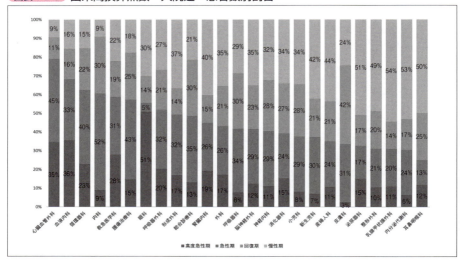

図表4-5-3 出来高換算点数　入院延べ患者数別割合

のかもしれないが、低侵襲で治療成績のいい病院ほど、出来高換算点数は少なくなってしまう。国も医療費抑制というミッション、さらに外科医師のモチベーションと逆行するような制度設計は控えてほしいものだ。

❹ 高度という名前と実態の違和感

　"高度"というネーミングは、世間を魅了する。医療者であれば誰しも高度で質の高い医療を提供したいと願う。しかし、医療政策でいう"高度"の概念は、必ずしも医療提供者が考えているような意味ではない。高度であると認められようと、虚血性心疾患の患者に対して本来ならばPCIで治療可能であるはずなのに、稼働額を増やすため、あるいは医師のエゴイズムなどによって、心臓バイパス手術を選択するかもしれない。もちろん、「多枝病変の重症患者ならば、心臓バイパス手術を選択するはず」といったことも理解できなくはない。しかし、このような選択が本当の意味での"高度"といえるだろうか。心臓バイパス手術を実施しても、合併症ばかりで治療成績が悪ければ、診療密度は高くなる。医療資源投入量だけで"高度"を決めるのには限界がある。患者および医療者が理想とするのは低侵襲で質の高い医療の

はずだ。そのようなことを医療政策においても評価すべき時に来ている。
　次なる課題は、医療の質の評価であり、それがすべてといっても過言ではない。ただし、レセプトデータでは医療の質の評価はできないため、最低限、DPCデータを提供してもらう必要がある。高度という名称ばかりにとらわれることなく、質が高いとはどういうことなのかを常に問いたいものだ。

6 高齢化進む地域の Ⅱ群病院 "降格" に現実味

　本項では、医療機関群ごとの診療機能を、診療報酬調査専門組織・DPC評価分科会で公表されたデータを用いて明らかにしつつ、高齢化の進展により、転換点を迎えつつある高機能急性期病院のこれからについて考えたい。

❶ 医療機関群別の診療機能

　図表4-6-1および図表4-6-2は、医療機関群ごとの診療実績であり、ここから医療機関群により患者構成に大きな違いがあることが一目瞭然である。

　Ⅰ群は「他院からの紹介あり」の患者が多く、救急車搬送入院は極めて少ない。つまり、救急車への対応よりも、手術や化学療法等の予定入院に注力しているのだろう。予定の手術待ちが多く、救急で病床を埋めようという発想すら持っていないのが、Ⅰ群の特徴といえるかもしれない。もちろんⅠ群病院でも、救急車搬送入院が多い病院は存在するが、退院患者数からすれば、その割合は決して高い水準にはない。ある意味、Ⅰ群は特別な存在である。

　Ⅱ群病院は、Ⅰ群並みの高診療密度とされているが、その機能を見てみる。Ⅱ群はⅠ群よりも100床当たりの全身麻酔件数が多く、手術に関するアクティビティーが高い。外科系に強みを持つ病院が多く、手術室を効率的に利用した結果、Ⅱ群の評価につながった病院も多いはずだ。化学療法がⅠ群並みに多いことからも、がん患者が多い。中には化学療法の外来化が遅れている

図表4-6-1 医療機関群別退院患者の状況

	退院患者に占める他院より紹介ありの割合	退院患者に占める救急車搬送ありの割合	退院患者に占める全身麻酔ありの割合	退院患者に占める化学療法ありの割合	1病床当たりの退院患者数（月）
Ⅰ群	69%	8%	26%	12%	1.53
Ⅱ群	63%	15%	23%	10%	1.87
Ⅲ群	49%	16%	19%	7%	1.58

出所：平成27年度第7回診療報酬調査専門組織・DPC評価分科会の資料をもとに筆者作成

❻高齢化進む地域のⅡ群病院"降格"に現実味

図表4-6-2　医療機関群別　DPC算定病床100床当たりの診療実績

（グラフ：Ⅰ群・Ⅱ群・Ⅲ群）
- 100床当たり他院より紹介ありの件数：1272／1420／918
- 100床当たり救急車搬送入院件数：149／345／304
- 100床当たり全身麻酔件数：483／517／355
- 100床当たり化学療法件数：221／223／138

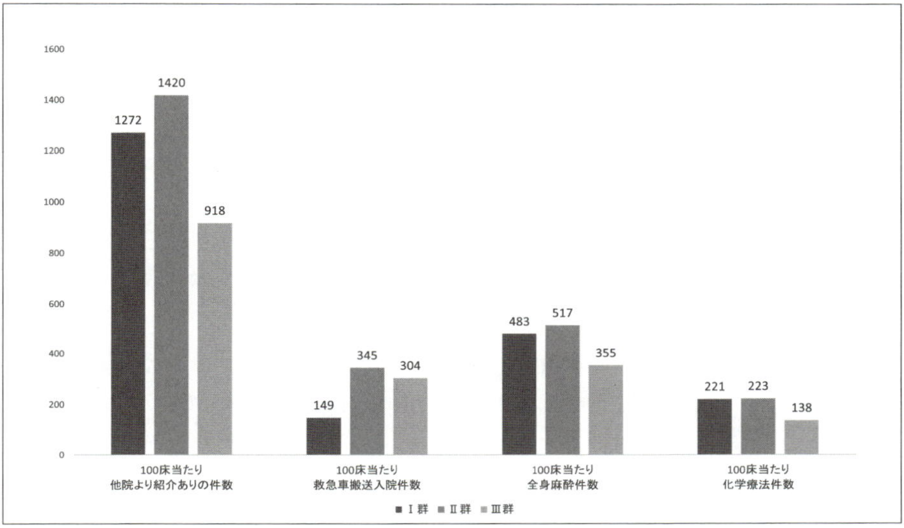

出所：平成27年度第7回診療報酬調査専門組織・ＤＰＣ評価分科会の資料をもとに筆者作成

施設も存在するが、レジメンなどの標準化が進んだ現在、その影響は軽微である。

　また、紹介ありの入院患者の割合はⅢ群よりも多いほか、100床当たりの紹介ありの入院患者はⅠ群を超えている。さらに100床当たりの救急車搬送入院件数が非常に多く、予定手術だけでなく、救急車への対応にも注力し、バランスに優れた診療内容といえる。

　なお、他院からの紹介について、1床当たりの割合を見ると、Ⅰ群69％に対しⅡ群は63％とやや下回るが、100床当たりの診療実績では、Ⅱ群（1,420件）がⅠ群（1,272件）を上回っているのは、Ⅱ群は回転率が高く、同じ病床数であっても、より多くの新入院患者を受け入れているためだ。また、救急搬送でも紹介されて入院するケースがあるが、Ⅱ群はその件数が多いことも関係するのだろう。

　そしてⅡ群は1病床当たりの退院患者数が多く、病床回転率が非常に高い。限られた病床を効率的に使い、在院日数を短縮し、新入院患者を獲得することは、すべての急性期病院に課せられた使命である。このことに全力で取り組んだ結果が、Ⅱ群として評価されたわけだ。もちろん、すべての医療機関

がⅡ群を目指す必要はないし、目指すべきでもないが、高回転の病床運営は必須である。これができなければ、いずれ急性期の看板を下げざるをえない時が来ることを、肝に銘じなければならない。

❷ 外部環境を変えることは困難

　病床回転率が高くても、Ⅲ群のままという医療機関は存在する（今回の分析ではⅢ群という括りがあまりにも大きいが、さまざまな機能を有するⅢ群病院がある）。その理由として、以下の3つが挙げられる。

　まず1つ目は、緊急入院の比率が高く、紹介ありを中心とした予定入院が少ない病院だ。緊急入院は入院初期こそ医療資源の投入量が多いが、在院日数が長引くため、入院後期に診療密度が下落する。医療の必要度は高くなくても、何らかの事情で退院できない患者は多い。また、救急では小さな手術を実施することもあり、手術1件当たりの外保連手術指数にも影響する。ただし、これらの病院は、救急医療係数で高い評価を受けるはずだ。

　2つ目は、その地方で"唯一絶対的な存在"で、周辺に連携できる医療機関が少ないような病院だ。その地域に急性期病院が他になければ、あらゆる患者を受けることが求められ、後方病院の整備も十分とはいえない状況では、Ⅱ群になることは難しい。ただし、地域医療係数では評価されている。

　3つ目が、循環器等の一定領域に強みを持つ病院だ。このような病院は、診療密度や複雑性が低くなるケースもあるが、特定領域に医療資源を集中投下できるため、経済的な意味でうま味があるはずだ。

　病床回転率が高いⅢ群病院が、Ⅱ群を目指すための対策は皆無ではないはずだ。積極的に逆紹介を行い、中長期的に予定入院患者の獲得を目指すことや、連携できる医療機関が少ないとはいえ、ゼロではないはずだから、地域の医療機関を育てる役割も担いたい。あるいは診療密度が低い疾患については、外来化という選択も一部採用できるかもしれない。つまり、戦略や取り組み次第で状況を打破できる可能性が高いといえる。

　ただ、医療機能を大きく左右するのは外部環境であり、これを変えることは容易ではない。理想を掲げつつも、現実を見据えて進まなければ、地域の医療が崩壊しかねないほか、自院の経済状況も悪化する恐れがある。

❸ 高機能急性期病院に求められること

　高機能急性期病院の最大の特徴は、治療の見込みがある患者に対し、治癒を目指し全力を尽くすことだ。これはすべての急性期病院の理想であり、常に全力で医療を提供したいと考えるのが、医療者の立場といえる。しかし、現実はそうはいかないことも多い。

　高齢化が進むことにより、積極的な治療がはばかられるという場面が少なからず起こるはずだ。予後不良な確率が高い患者に対し、濃厚な治療を行うのか、また積極的な治療の結果、何らかの事情で退院できなくなってしまえば、在院日数は長期化し、診療密度は下落する。高齢者が多くなれば、診療密度が高い医療提供は困難になり、手術1件当たりの外保連手術指数も頭打ちになるかもしれない。つまりⅡ群から落ちることも十分にありえるということだ。ただ、それが悪いというわけでもない。

　高齢化が進んだ地域のⅡ群病院では、"降格"が現実味を帯びているわけであり、日本全国がその渦中にあると考えるのが妥当だ。結局、高機能急性期病院として生き残れるかどうかは、医療圏の年齢構成に大きく影響を受ける。Ⅱ群病院が一部の大都市などに地理的に密集する傾向があるのは、立地という外部環境が影響しているのだろう。

　医療機関は自らの理想とする方向を追い求める傾向が強いが、それはあるべき姿だと思う。また、理想という旗印がなければ、多様な価値観を持つ職種をリードできないという側面もあるのだろう。ただ、高度急性期を担ってきた病院も、地域の外部環境を踏まえ、これから何をすべきなのかを考える転換点に差し掛かっているのではないだろうか。

　とはいえ、そこで下した選択により、病院が経済的に成立できなくなっては元も子もない。医療機関が経営的な努力をすることは当然だが、医療政策においても、地域に足りない機能を担う医療機関に対して、今以上の経済的支援を行うことが強く求められている。

7 内科医からみたⅡ群病院の選定要件「特定内科診療」

❶ はじめに

　2016（平成28）年度診療報酬改定では、DPC/DPSの医療機関群の見直しが行われ、Ⅱ群病院（高度な病院群）の選定に係る実績要件に、内科系技術の評価が追加された。Ⅱ群病院に必要な「実績要件3：高度な医療技術の実施」には外保連試案の3項目があったが、さらに内科系学会社会保険連合（内保連）がまとめた「特定内科診療」の診療実績の3項目が追加されたのである（図表4-7-1）。外科系技術の評価に偏っていた実績要件3に内科系技術の評価が加わり、バランスを取ったように感じられるかもしれない。

　本稿では、「特定内科診療」の診療実績が追加された経緯と問題点について、内科医の立場から私見を述べてみたい。

❷ 内保連の目的と「特定内科診療」の追加の意義

　内保連は126の内科系学会が加盟しており、提示される学術的根拠に基づ

図表4-7-1 2016年度診療報酬改定におけるⅡ群病院の選定に係る実績要件

【実績要件1】 診療密度	1日当たり包括範囲出来高平均点数 （全病院患者構成で補正：外的要因補正）	
【実績要件2】 医師研修の実施	許可病床1床あたりの臨床研修医師数 （基幹型臨床研修病院における免許取得後2年目まで）	
【実績要件3】 高度な医療技術の実施 （6項目のうち5項目以上を満たす）	外保連試案	(3a)：手術実施症例1件あたりの外保連指数
		(3b)：DPC算定病床当たりの同指数
		(3c)：手術実施症例件数
	特定内科診療	(3A)：症例割合
		(3B)：DPC算定病床当たりの症例件数
		(3C)：対象症例件数
【実績要件4】 重症患者に対する診療の実施	複雑性指数（重症DPC補正後）	

筆者作成

き、社会保険医療の在り方を提言し、その診療報酬の適正化を促進することを目的としている。

具体的な活動の柱の1つは、診療報酬改定の際に、保険診療に取り込まれるべき新たな医療技術と修正されるべき保険収載済みの技術について、加盟学会の意見を取りまとめ、中医協、厚生労働省に提案することである。第2の活動の柱は、現行の診療報酬体系の中で評価されていないか、あるいは評価が不十分な内科系技術を診療報酬で評価されるように厚生労働省に働きかけることである。

2016(平成28)年度の診療報酬改定の「特定内科診療」の診療実績の追加により、初めて第2の柱が体系的に実現されたことになる。

❸ 外科系技術は、外保連試案により評価されている

外科系学会社会保険連合(外保連)は、外科系診療における適正な診療報酬はどのようにあるべきかを学術的に検討することを主な目的とし、現在では100の外科系学会が加盟している。

外科系技術については、外保連が特掲診療科の「J処置」、「K手術」。「L麻酔」について長年検討を続け、外保連試案として改訂を繰り返してきた。外科系技術、すなわち主に手術料については、人件費、材料費などのコストの他に、技術度、協力者数、所要時間の3つの要素を中心に数値化して測定することにより、客観的なデータを積み上げてきた。その結果、外保連試案は中医協で評価され、いろいろな診療報酬の中に落とし込まれている。

❹ 内科系技術の定量化は困難で、
診療報酬体系で正当に評価されていない

外科系技術は手術に関するデータを数値化することで客観的に評価しやすいのに対して、内科系技術はきわめて多彩で評価が困難である。例えば入院患者では手術と異なり、時間調査が困難を極める。その理由として、1人の医師が複数の患者の多彩な指示、処方、処置を同時進行で行うこと、1人の患者を複数の医師が診療すること、1人の患者が複数の病態を持っているこ

と等があげられる。また、内科系診療の技術度や難易度の指標は、経験年数や認定資格だけでは定量化できない。

外保連試案のような客観的指標が無いために、内科系技術は現在の診療報酬体系で正当に評価されていないという問題を抱えてきた。特に、臨床推理、説明と同意、入院処方の3点が問題である。内科系診療では、問診、身体診察から始まり、疾患や重症度の臨床推理を行うことが欠かせないが、診療報酬上の評価は無い。また患者や家族への説明と同意の取得は医師とコメディカルの同席が求められ負担がかかる業務であるが、丁寧な説明をしても収益にはつながらない。処方については、外来の投薬にしか処方料、処方箋料は存在せず、入院の処方料は評価されていない。

❺ 内保連グリーンブックから Ⅱ群病院の実績要件3への落とし込み

内科系技術を診療報酬体系で評価されるように、内保連は取り組んできた。内科系疾患・病態のうち、入院基本料には包括が困難で、誰が見ても治療に労力を必要とする重篤な急性疾患・病態とを抽出して、「特定内科診療」として現行の診療報酬に位置づけることを内保連は目指した。そして2013（平成25）年に「内保連グリーンブックver.1　内科系技術についての診療報酬評価に関する提案」（以下、内保連グリーンブック）として公開された。特定内科診療対象疾患の定義を図表4-7-2に示す。学会の提案を内保連がとりまとめて28疾患が選択されたのである。

さらに、内保連グリーンブックの後半部分では、特定内科診療対象疾患をⅡ群病院の内科系実績要件3に用いることが提案された。具体的な項目は、月間症例数、月間100床当たりの症例数、症例割合の3つであった。

2016（平成28）年度の診療報酬改定では、内保連グリーンブックに基づき「特定内科診療」（2014〔平成26〕年度版）の25疾患（図表4-7-3）と、修正された3つの項目3A、3B、3C（図表4-7-1）がⅡ群病院の実績要件3に落とし込まれるようになったのである。

「特定内科診療」が採用されたことは、内保連の活動目的の、現行の診療報酬体系の中で評価されていない内科系技術の評価の確立という第2の柱を

❼内科医からみたⅡ群病院の選定要件「特定内科診療」

図表4-7-2 特定内科診療対象疾患の定義（「内保連グリーンブックver.1」を一部改変）

No.	疾患名	絞り込みに必要な場合は該当する処置・重症度	提案学会名
1	重症脳卒中	NIHSS15点以上→後にJCS30以上に変更	日本神経学会、日本脳卒中学会
2	化膿性髄膜炎（肺炎球菌性髄膜炎）	重症	日本感染症学会、日本臨床微生物学会、日本神経学会、日本神経感染症学会
3	重症筋無力症クリーゼ	人工呼吸J045	日本神経学会
4	てんかん重積状態、精神運動発作重積症	静脈注射による処置を要する	日本小児神経学会、日本てんかん学会
5	気管支喘息重積状態	人工呼吸J045	日本呼吸ケア・リハビリテーション学会、日本アレルギー学会
6	間質性肺炎（急性増悪）	人工呼吸J045	日本呼吸器学会、日本病院会
7	慢性閉塞性肺疾患（急性増悪）	人工呼吸J045	日本呼吸器学会、日本呼吸ケア・リハビリテーション学会、
8	急性呼吸窮迫症候群（ARDS）	人工呼吸J045	日本呼吸ケア・リハビリテーション学会、日本呼吸器学会
9	急性心筋梗塞	補助呼吸J045 and/or 補助循環 K600 or K602 or K603	日本循環器学会、日本医学放射線学会、日本高血圧学会、日本心エコー図学会、日本心臓病学会、日本心臓リハビリテーション学会、日本超音波医学会、日本動脈硬化学会、日本脈管学会、日本老年医学会
10	急性心不全	補助呼吸J045 and/or 補助循環 K600 or K602 or K603	
11	解離性大動脈瘤（Stanford B DeBakey Ⅲ型）	Stanford B DeBakey Ⅲ型 手術なし 補助呼吸J045	
12	肺塞栓症	補助呼吸J045 and/or 補助循環 K600 or K602 or K603	
13	劇症肝炎	血漿交換療法 J039	日本消化器病学会
14	重症急性膵炎	血漿交換療法 J039 and/or 動注療法G002を含む集学的治療	日本膵臓学会、日本消化器病学会、日本病院会
15	中枢神経ループス	中心静脈注射 G005	日本リウマチ学会
16	糖尿病性ケトアシドーシス	頻回な血糖測定、適切なインスリン投与、厳重な全身管理	日本小児内分泌学会、日本糖尿病学会
17	甲状腺クリーゼ	手術なし	日本内分泌学会
18	副腎クリーゼ	（適切なハイドロコルチゾン投与、厳重な全身管理）	日本内分泌学会、日本小児内分泌学会
19	難治性ネフローゼ症候群	腎生検 G412	日本腎臓学会、日本透析医学会
20	先天性ネフローゼ症候群	特記事項無し	日本小児腎臓病学会
21	急性進行性糸球体腎炎	腎生検 G412	日本腎臓学会、日本透析医学会
22	急性白血病、急性リンパ白血病、急性骨髄性白血病	化学療法施行	日本血液学会、日本造血細胞移植学会、日本小児血液・がん学会
23	悪性リンパ腫	ホジキン病あるいは非ホジキンリンパ腫で放射線療法あるいは化学療法施行	日本血液学会
24	再生不良性貧血	特記事項無し	日本小児血液・がん学会
25	脳脊髄の感染を伴う炎症 急性脳炎、急性脳症	静脈注射による処置を要する 全入院期間が2週間以上または死亡転帰	日本神経学会、日本小児神経学会
26	頸椎頸髄損傷	リハビリテーション施行症例	日本リハビリテーション医学会
27	薬物中毒	吸着式血液浄化法 J041 or 血漿交換療法 J039	日本アフェレシス学会
28	敗血症性ショック	吸着式血液浄化法J041 or 持続緩徐式血液濾過 J042	日本アフェレシス学会、日本急性血液浄化学会

図表4-7-3 2016年度診療報酬改定における特定内科診療25疾患

No.	疾患名	対象DPCコードと条件	ポイント
1	重症脳卒中（JCS30以上）	010040x199x$$x（入院時JCS30以上） 010060x199x$$x（入院時JCS30以上）	出血と梗塞 JCS30以上
2	髄膜炎・脳炎	010080xx99x$$x（入院時JCS100以上、もしくは処置2ありのうち人工呼吸あり） 150050（該当DPC6桁全て）（入院時JCS10以上、もしくは人工呼吸あり）	処置2（人工呼吸）
3	重症筋無力症クリーゼ	010130xx99x$xx（処置2あり/なし）（ICD G700のみ）	診断名(ICD10)で判断
4	てんかん重積状	010230xx99x$$x（処置2・副傷病名あり/なし）（ICD G41$の	診断名(ICD10)で判断
5	気管支喘息重積発作	040100xxxxxx$$x（処置2あり/なし）（J045 人工呼吸）（ICD J46$、J45$のみ）	処置2（人工呼吸）
6	間質性肺炎	040110xxxxxx1xx（処置2ありなし）（ICD絞りなし） 040110xxxxxx2xx（処置2あり）（ICD絞りなし）のうちJ045人工呼吸あり	処置2（人工呼吸）あり
7	COPD急性増悪	040120xx99$1xx（処置2あり）	処置2（人工呼吸）
8	急性呼吸窮（促）迫症候群、ARDS	040250xx99x$$x（処置2あり）（J045 人工呼吸あれば可 PGI2のみは除く）	処置2（人工呼吸）あり
9	急性心筋梗塞	050030xx975$$x（処置15あり）（ICD I21$のみ）	Kコードあり
10	急性心不全	050130xx99$$$x（処置2あり SPECT・シンチ・中心静脈注射のみ除く） 050130xx975$xx（処置15あり）	人工呼吸 or 緊急透析 Kコードあり
11	解離性大動脈瘤	050161xx99$$x（処置2あり 中心静脈注射のみ除く）	処置2（人工呼吸・緊急透析）
12	肺塞栓症	050190xx975xxx（処置15あり） 050190xx99x$xx（処置2あり 中心静脈注射のみ除外）（ICD I822を除く）	処置2（人工呼吸・緊急透析） Kコードあり
13	劇症肝炎	060270xx$$x$xx（手術あり/なし、処置2あり 中心静脈注射のみ除外）（ICD絞りなし）	処置2（人工呼吸、PMX等）
14	重症急性膵炎	060350xx$$$1x$（手術あり/なし、処置2あり 中心静脈注射のみ除外）（ICD K85のみ）	処置2（人工呼吸、CHDF等）
16	糖尿病性ケトアシドーシス	100040（DPC6桁全て）	診断名あればすべて
17	甲状腺クリーゼ	100140xx99x$$x（処置2あり/なし）（ICD E055のみ）	診断名、手術なし
18	副腎クリーゼ	100202xxxxxxxx（処置2あり）（ICD E272のみ）	診断名あればすべて
19	難治性ネフローゼ症候群	110260xx99x$xx（処置2あり/なし）（腎生検 D412必須）	診断名と腎生検
21	急性進行性糸球体腎炎	110270xx99x$xx（処置2あり/なし）（腎生検 D412必須）	診断名と腎生検
22	急性白血病	130010xx99x$$x（化学療法あり） 130010xx97x$$x（化学療法あり）（ICDC910, C920, C950の	化学療法、実症例数
23	悪性リンパ腫	130020xx$$x3xx 130030xx99x$$x（化学療法あり） 130030xx97x$$x（化学療法あり） （ICD絞りなし）	化学療法、実症例数
24	再生不良性貧血	130080（DPC6桁全て）（ICD絞りなし）	実症例数
26	頸椎頸髄損傷	160870（DPC6桁全て）（ICD絞りなし）（リハビリ実施必須）	リハビリ
27	薬物中毒	161070（DPC6桁全て）（処置2あり 中心静脈注射のみ除外）（ICD絞りなし）	処置2（人工呼吸、PMX等）あり
28	敗血症性ショック	180010x$xxx3xx（処置2 3あり）（ICD絞りなし）	処置2 3（PMX、CHDF等）あり

6 特定内科診療対象疾患の選定方法と疾患・重症度のばらつき

　横浜市立みなと赤十字病院は、救急、がん、周産期、精神科、地域連携等の医療を幅広く提供している634床の急性期病院で、2016（平成28）年度からDPCⅡ群病院となった。そこに勤務している内科医の立場からすると、「特定内科診療」のリスト（図表4-7-3）は、対象疾患の種類と条件が非常にばらついており、違和感がある。

　外保連試案では、対象疾患を網羅し分類したうえで算定評価するというアプローチが用いられた。一方、特定内科診療対象疾患は、関連学会が診療報酬の評価が低く、医師の負荷が証明できる疾患を提案するというまったく異なるアプローチで集められた。初めは62疾患が候補となったが、選定アルゴリズムでふるいにかけて28疾患に絞られた（図表4-7-2）。外保連試案とは異なるアプローチを用いたために、あえて「内保連試案」という用語ではなく、「内保連グリーンブック」という名称で公開されたのである。

　その後の定義表改訂版では、No.15 中枢神経ループス、No.20 先天性ネフローゼ症候群、No.25 脳脊髄の感染を伴う炎症・急性脳炎・急性脳症が統合、削除され欠番となり、2016年度診療報酬改定の25疾患となった。

　この選定方法と経緯がわかると、特定内科診療対象疾患のばらつきの原因が理解できる。例えば、頸椎頸髄損傷については日本リハビリテーション医学会がリハビリテーションの評価が低い、薬物中毒については日本アフェレシス学会が血液浄化法の評価が低いという理由で提案したものである。敗血症性ショックについては、感染症関係の学会ではなく、日本アフェレシス学会と日本急性血液浄化学会が血液浄化法の評価が低いという理由で提案したものである。膠原病・リウマチ性疾患は、日本リウマチ学会の提案による中枢神経ループスが削除されたために含まれていない。

　さらに各々の疾患の条件・重症度については、非常にばらつきを感じる。呼吸器、循環器疾患は、人工呼吸を必要とするICU、CCUレベルの重症度であるが、急性白血病と悪性リンパ腫の条件は化学療法のみ、再生不良性貧血

は条件無しの実症例数となっている。このため、特定内科診療対象疾患に該当する全国の約1万3,000症例を見ると、悪性リンパ腫と急性白血病で40％近くを占め、条件がゆるい血液疾患は症例数を稼ぎやすいことになる（図表4-7-4）。

各関連学会が、診療報酬で評価して欲しい疾患と条件を提案、要望する方法によって内保連グリーンブックを作成したために、対象疾患の種類と重症度のばらつきが生じたと思われる。

7 Ⅱ群病院の選定要件は適切か？

Ⅱ群病院の実績要件3は、外保連試案（8.3版）の3a：手術実施症例あたりの外保連手術指数、3b：DPC算定病床当たりの外保連手術指数、3c：手術実施症例件数と、特定内科診療（2014年度版）の3A：症例割合、3B：DPC算定病床当たりの症例件数、3C：対象症例件数の合計6項目からなる（図表4-7-1）。3Aは3CをDPC算定病床の全患者総計で除したものである。3Bは3CをDPC算定病床数で除したものである。

図表4-7-4 特定内科診療対象疾患の該当患者の状況

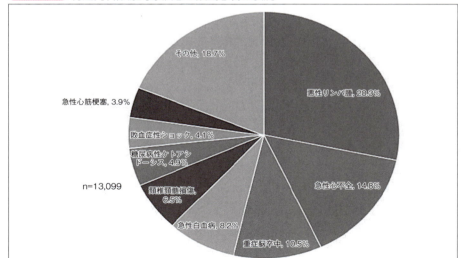

提供：井上貴裕氏

特定内科診療対象疾患に該当する症例の内訳では、悪性リンパ腫、急性心不全、重症脳卒中、急性白血病で約60％を占める（図表4-7-4）。このことから、血液、循環器、脳神経の診療体制を整備している病院が要件を満たしやすくなり、有利になることがわかる。

３Ｃについては、病床数に応じて３Ｂと連動して高くなる件数となり、大病院ほど有利になると思われる。３Ｂと３Ｃに同じ重みをもたせることが適切か等、今後３Ａ、３Ｂ、３Ｃの吟味が必要だろう。また外保連試案のハードルと「特定内科診療」のハードルの高さの比較も必要だろう。

❽ 診療報酬の落とし込み場所として適切か？

「特定内科診療」がⅡ群病院の選定要件となったが、診療報酬の落とし込み場所として適切であったのかという問題がある。

2012（平成24）年度診療報酬改定では、Ⅱ群病院の要件に外保連試案のみが含まれた。そのため、内科系診療に強い有名病院であっても、外保連指数の高い手術件数が少ないためにⅡ群病院になれなかったというような不公平感があった。2016（平成28）年度診療報酬改定により、Ⅱ群とⅢ群のボーダーライン上にあって内科系診療に強い病院が適正に評価され、恩恵を受けたことになる。

ただし、Ⅲ群病院に勤務する内科系医師にとっては、いわゆるdoctor feeとして診療報酬体系で評価されることにはならず、従来と変わらない。「特定内科診療」をⅡ群の要件に落とし込んだことは、内保連がdoctor fee獲得の切り札を使ってしまったともいえる。

また、2016年度のⅡ群病院の要件では、実績要件３の６項目のうち５項目を満たせばⅡ群の要件を満たしたが、今後要件が厳しくなると、Ⅱ群病院の足切りラインに使われることになる。本来の診療報酬のプラス評価ではなく、外科系診療に強い病院のマイナス評価に使われることになりかねない。

❾ 今後の動向と課題

実績要件３と「特定内科診療」について、いくつかの予想される問題点と

課題を列挙しておく。

　特定内科診療対象疾患のほとんどは頻度が少なく、簡単に症例を集めたり、治療内容を変えたりできるものではない。ただし、てんかんの重積発作患者については搬送時に発作が止まっていれば重積でないとコードされていたが、今後はてんかん重積発作のコーディングが増える可能性がある。

　また悪性リンパ腫について外来でなく入院での化学療法にシフトしたり、人工呼吸や血液浄化などが不要な患者に、過剰な医療を行ったりする病院が出てこないことを願いたい。

　外保連試案は定期的に改訂を繰り返すことで診療報酬に落とし込まれてきた。「特定内科診療」の改訂を行うことは、その選択方法から膨大な労力がかかる。しかし、対象疾患の間の比較を行う等、今後のDPCデータに応じて見直す必要があるだろう。

　Ⅱ群病院に必要な実績要件3についても、「特定内科診療」の3項目を追加したことで、どれくらいⅡ群とⅢ群病院の入れ替えがあって、内科系技術が診療報酬で評価され、日本の医療の質が向上したのかを評価することが重要である。

　次回の診療報酬改定で、実質要件3と「特定内科診療」がどのように扱われるのか、注目しておく必要がある。

8 画像診断管理加算の大きな意義と制度の矛盾

❶ 画像診断管理加算の持つ意義は今後さらに拡大していく

　十分な経験を有する常勤画像診断医による画像診断管理を評価するのが、画像診断管理加算1、2である（図表4-8-1）。急性期病院にとって画像診断の体制整備は極めて重要であり、人員の手厚い配置が必要だが、迅速な読影のためにも画像診断管理加算2の届け出が望ましい。しかし、CTやMRIの撮影枚数が多くなければ、十分な読影体制を維持することは難しく、翌診療日までに8割以上の読影実施という要件を満たすことは容易ではない。また、不足する読影医の現状からすると、救急医療や手術に取り組む急性期病院が画像診断管理加算2を届け出るハードルは高い。

　我が国では、CT、MRIの配置がOECD諸国に比べて過剰であるとされてきた。実際、MRIは日本が人口100万人当たり47台で、OECD平均（13.3台）の約3.5倍、CTは日本が人口100万人当たり101台で、OECD平均（23.2台）

図表4-8-1　画像診断管理加算の施設基準

（1）画像診断管理加算1
　イ　放射線科を標榜している保険医療機関であること
　ロ　当該保険医療機関内に画像診断を専ら担当する常勤の医師が配置されていること
　ハ　画像診断管理を行うにつき十分な体制が整備されていること

（2）画像診断管理加算2
　イ　放射線科を標榜している病院であること
　ロ　当該保険医療機関内に画像診断を専ら担当する常勤の医師が配置されていること
　ハ　当該保険医療機関において実施される全ての核医学診断及びコンピューター断層撮影診断について、ロに規定する医師の指示の下に画像情報等の管理を行っていること
　ニ　当該保険医療機関における核医学診断及びコンピューター断層撮影のうち、少なくとも8割以上のものの読影結果が、ロに規定する医師により遅くとも撮影日の翌診療日までに主治医に報告されていること

の4.4倍となっている（2011〔平成23〕年）。これには、医療機能の未分化や、医療計画で医療機器の配置規制がないことが関係しているが、急性期医療の提供と医師確保のために、病院が高性能なCTやMRIを競って導入する状況も変わっていない。高額診断機器の購入は自由競争だが、画像診断管理加算2の評価を高め、報酬に差を付けていくことは、医療機器の配置規制と同じ効果を持つ。医療費抑制の環境下で、画像診断管理加算2の持つ意義は大きく、今後さらに拡大していくことだろう。

❷ 診療報酬改定の経緯

　2012（平成24）年度診療報酬改定において、高性能CT、MRIの評価が引き上げられたが、高い点数の算定には、画像診断管理加算2の届け出が要件とされた。64列以上のマルチスライス型CTを有していても、画像診断管理加算2を届け出ていない場合、機能とは関係なく「16列以上64列未満」の点数とされ、MRIでも、3テスラ以上の機器を使っていても「1.5テスラ以上3テスラ未満」の点数となる。そもそも画像診断管理加算2（180点）は、1（70点）と比べて110点高く、500床規模の病院であれば、年間4,000万円程度収入に差がつくはずだ。

　このため、画像診断管理加算2の要件である「翌診療日までに8割以上の読影」を満たそうと、読影を外注することで基準を逃れる施設が登場した。このことが問題視され、2014（平成26）年度診療報酬改定において「当該保険医療機関以外の施設に読影又は診断を委託していないこと」が要件に加えられた。

　2016（平成28）年度診療報酬改定では、画像診断管理加算の夜間等の負担軽減が考慮され、当該医療機関の常勤医師が夜間休日にICTを活用して自宅等で読影した場合も、院内での読影に準じて扱うこととされた。さらに、CT、MRIについて施設共同利用の点数が新たに設定され、施設共同利用率が10％以上の基準を満たす医療機関において撮影する場合に高く評価されることになった（図表4-8-2）。だが、そもそも施設共同利用率10％以上の要件は、救急等に注力する高機能急性期病院にとってハードルが高いだけでなく、算定には、画像診断管理加算2の届け出が必要だ。

❽ 画像診断管理加算の大きな意義と制度の矛盾

図表4-8-2 放射線撮影等の適正な評価

改定前		改訂後	
【コンピューター断層撮影】		【コンピューター断層撮影】	
CT撮影		CT撮影	
イ　64列以上のマルチスライス型の機器による場合	1,000点	イ　64列以上のマルチスライス型の機器による場合	
（新設）		（1）共同利用施設において行われる場合	1,020点（新）
（新設）		（2）その他の場合	1,000点（新）
ロ　16列以上64列未満のマルチスライス型の機器による場合	900点	ロ　16列以上64列未満のマルチスライス型の機器による場合	900点
ハ　4列以上16列未満のマルチスライス型の機器による場合	770点	ハ　4列以上16列未満のマルチスライス型の機器による場合	750点
ニ　イ、ロ、ハ以外の場合	580点	ニ　イ、ロ、ハ以外の場合	560点
【磁気共鳴コンピューター断層撮影】		【磁気共鳴コンピューター断層撮影】	
1．3テスラ以上の機器による場合	1,600点	1．3テスラ以上の機器による場合	
（新設）		イ　共同利用施設において行われる場合	1,620点（新）
（新設）		ロ　その他の場合	1,600点（新）
2．1.5テスラ以上3テスラ未満の機器による場合	1,330点	2．1.5テスラ以上3テスラ未満の機器による場合	1,330点
3．1、2以外の場合	920点	3．1、2以外の場合	900点

出所：厚生労働省2016年度診療報酬改定「個別改定項目について」をもとに筆者作成

　なお、2016年度診療報酬改定のQ＆Aによると、施設共同利用に該当する患者は、単なる撮影機器等の設備の提供に限られ、読影を実施した患者が除外されるとのことだ（図表4-8-3）。

　しかしながら、画像診断管理加算2を届け出るには、図表4-8-1の（2）ハのように「"全ての"画像情報等の管理を行う」ことが前提になる。画像診断管理には、被曝管理、リスクマネジメント、プロトコール管理、画像診断報告書作成が含まれているので（日本放射線科専門医会）、画像診断管理加算2を届け出る施設では、すべての読影を行っていることになる。仮に"単なる機器等の設備の提供"のみを行い、読影を行わなかったとしたら、画像診断管理加算2の"全ての管理"という要件を満たさなくなる恐れがあり、Q＆Aは矛盾していることになる。また、読影を行わないものが増えれば、翌診療日までに8割以上の読影をするという基準を満たせなくなるかもしれない。

　医療機能の分化と連携を推進するために、施設共同利用を診療報酬において評価することは適切な視点であり、さらなる評価を期待したいところだ

図表4-8-3 施設共同利用率の計算式

施設共同利用率＝（②－③）／（①－③）×100＝○％
①保有する全ての当該撮影に係る機器を使用した全患者数
②当該撮影の共同利用を目的として他の保険医療機関から検査を依頼された紹介患者数
③特別の関係にある保険医療機関間での紹介の場合及び画像の撮影を実施する保険医療機関へ転医目的で紹介された場合に該当する患者数

2016年度診療報酬改定『Q&A』（その1）2016年3月5日（日本医師会）

> Q．診断撮影機器での撮影を目的として別の保険医療機関に依頼する場合には、診療情報提供書を添えて、別の保険医療機関での診療のために紹介を行った場合や画像診断の判読も含めた依頼の場合は含まれるか？
> A．患者を紹介した場合は含まれない。別の保険医療機関で撮影のみを行い、当該医療機関で診断を行うような場合（単なる撮影機器等の設備の提供）である。

（施設共同利用10％の基準はハードルが高すぎるため、5％以上などと2段階で評価してはどうだろうか）。

とはいえ、今回改定のQ＆Aのように矛盾する制度に厳格に対応しようとすると、届け出はできなくなる。細かすぎる診療報酬制度にはどうしても矛盾が生じる。Q＆Aなどを含めがんじがらめに医療機関を縛るのではなく、大らかで医療政策の方向性を明示する報酬設定を期待したいものだ。

休日・時間外・深夜の手術・処置等の加算の意義と課題

① 2014年度診療報酬改定における評価

　2014（平成26）年度の診療報酬改定において勤務医の負担軽減のために、休日・時間外・深夜に手術・処置等を行った際の評価が行われた。図表4-9-1に示すような金額設定になっており、夜間に緊急手術等を実施した場合には相当な報酬を受け取ることが可能である。特に心臓血管外科や脳神経外科等で緊急手術を実施した場合には大幅な増収が期待できる。

　ただし、当該加算を届け出るためには厳しい施設基準が設けられている。まず1つ目は、予定手術前の当直（緊急呼び出し当番を含む）を免除していることである。ただし、年12日までは可能とされている。

図表4-9-1 2014年度改定における休日加算・時間外加算・深夜加算の見直し

【改定前】手術・150点以上の処置	
休日加算	80/100
時間外加算	40/100
深夜加算	80/100

【改定後】手術・1,000点以上の処置	
休日加算1	160/100
時間外加算1	80/100
深夜加算1	160/100

（※）従来の加算については加算「2」とする。

　さらに、交代勤務制、チーム制、時間外・休日・深夜の手術・1,000点以上の処置に対して手当てを支給することのいずれかを満たす必要がある。届け出をしている医療機関の多くは手当てを支給することによって当該要件を満たしている。手当の額は、1,000円程度から数万円まで医療機関によって様々な設定がされており、術者と第一助手に対する手当てが義務であるにかかわらず、麻酔科医や関係したスタッフすべてに支給する医療機関も存在する。チームで行う医療であるのだから、報酬はみんなで分かち合おうという考えに基づくものである。

　当該加算は勤務医の負担軽減を図ることを目的に評価されたものであり、

2014年度診療報酬改定では注目される論点の１つである。ただし、届け出るためには、勤怠管理が適切に行われていることが何よりも先決であり、中核病院はこの方向性に沿った対応を行うことが求められている。

なお、2016（平成28）年度診療報酬改定では、全診療科で届け出をする場合で、当直医師を毎日６人以上配置する保険医療機関が、すべての診療科について届け出を行う場合にあっては24日以内と要件が緩和された。

❷ 「年間12回」の解釈

　当該加算には重要な論点が１つあった。それは、前述した予定手術前の当直等を年間12回までは実施してよいという要件が医師個人単位なのか、診療科単位なのか、あるいは届け出た診療科全体かということであった。地方厚生局の見解は当初は担当者次第であり、医療機関によって様々な解釈が行われてきた。しかし、厚生労働省から疑義解釈が出され、届け出た診療科全体であることが明らかになった（なお、すでに届け出を行っている医療機関については2014年末までは診療科単位であることが許された）。診療科単位であれば一部の診療科について対応可能な医療機関は相当数あるだろうが、届け出た診療科全体、つまり病院全体となると極めて高いハードルが設定されている。100床当たり40〜50名の医師を配置する医療機関であっても当該加算の届け出ができていないケースがある。要件を厳格に解釈した場合、当該加算を届け出できる医療機関は限定されてしまう。重点的に医師を配置する病院を評価する当該加算であり、その趣旨は非常に高く評価できるものの、医療機関にとって実行可能性が極めて低いのが現実である。

❸ 届け出のための施策

　そうはいっても、いま多くの医療機関は極めて厳しい財務状況にあり、当該加算は経済的に無視することができないものである。では、届け出を行うためにどうしたらよいのであろうか。本質的な解決策は医師数を増加させ、１人当たりの負担を軽減することしかない。ここでは、すでに届け出を行っている医療機関に共通する特性を２つあげる。

まず1つ目の特徴が各科当直体制をとっていないことである。高機能な急性期病院では、各診療科が夜勤帯も勤務していることが多い。しかし、外科系で1名のような当直体制の場合には比較的基準をクリアしやすくなる。もちろんオンコール当番との兼ね合いもあり、救急科の体制および対応状況などの影響も受ける。やはり緊急手術・処置が多い病院では届け出は容易ではない。

　2つ目の特徴が心臓血管外科などの比較的緊急手術が少ないが緊急手術を行った際の経済的影響が大きい診療科だけを届け出ることである。仮に心臓血管外科だけを届け出たとすれば、年間12回の基準を満たすかどうかは診療科内の責任において実施してもらうことが可能である。2つの診療科の届け出を行うと、一方の責任でもう1つの診療科が届け出を下げないといけなくなる危険性もある。

4 手術施設集約化の意義

　当該加算は勤務医の負担軽減だけでなく、手術施設の集約化につながるものであり、効率的な医療提供体制の構築にとって重要な意義を有している。諸外国では手術症例が多いほうがアウトカムがよいという研究結果が多く提示されており、我が国でも心筋梗塞に関して施設ごとのPCI（経皮的冠動脈血管形成術、冠動脈インターベンション）症例数と院内死亡率には負の相関があるなどのエビデンスが提示されている。症例数が多いということは手術時間が短いなど効率化の促進につながる可能性も高く今後の医療政策における重要課題である。

　しかし、各病院の立場からは手術が少ないと医業収入の減少、入院診療単価の下落につながるという声があがる。同じ外科であっても週に0.5～1回しか手術をしない施設と1日に何列も実施する施設ではアウトカムも経済性も大きく異なるであろう。症例の集積ができないのであれば、その領域は地域の医療機関に任せることも視野に入れなければ病院もやっていけない時代に入ってきている。目先の件数ばかりを追うのではなく、地域全体を見据えた戦略の構築が求められている。

第 5 章

DPC/PDPSにおける論点

1 機能評価係数Ⅱを分析、簡潔な係数が不可欠

　2016（平成28）年度の機能評価係数Ⅱが公表された。本項では、公表された機能評価係数Ⅱの数値を用いて、医療機関群ごとに機能評価係数Ⅱに差を付けた要因を整理し、今後の機能評価係数Ⅱのあり方について言及する。

❶ 機能評価係数Ⅱの各係数の相関を分析、カバー率はⅢ群で特に強い相関

　カバー率係数は、病床数と強い相関があり、大病院に有利な係数といえる。総合的な診療体制に加え、年間12症例以上の診断群分類が評価対象となっており、大病院ほど12症例を超える割合が多くなる。

　図表5-1-1は、機能評価係数Ⅱの各項目と8項目合計の相関係数である。0.4以上の係数に着目するのがよいと考え、色を付けた。2015（平成27）年度と2016年度では、重症度係数が新設されたことを除いて、傾向が大きく変わってはいないようだ。

　機能評価係数Ⅱは、今回改定で標準化などの処理が施されたが、重み付けは行われていない。このため、差が付きやすい項目ほど、相関係数が高くなる。例えば、Ⅰ群では複雑性係数と後発医薬品係数の相関係数が強いが、これらの項目で医療機関ごとの差が付きやすかったことを意味する。複雑性係数がゼロで短期症例等が多いⅠ群病院と、そうではないⅠ群病院があり、後発医薬品も利害関係があるためなのか、推進しにくい病院もあったのだろう。

　先ほどのカバー率については、特にⅢ群で強い相関が見られた。Ⅲ群の大病院にとって有利な評価になった一面があることを意味する。中小規模病院が多く存在するⅢ群で、大病院であることが差を付けた要因だったわけだ。ただし、大病院はⅡ群であることが多く、Ⅱ群の中ではカバー率に差が付きにくかったことが、Ⅱ群のカバー率係数との相関係数に影響している。また、

❶機能評価係数Ⅱを分析、簡潔な係数が不可欠

図表5-1-1 機能評価係数Ⅱ　各係数と機能評価係数Ⅱ合計の相関係数

【2015年度】

機能評価係数Ⅱ	Ⅰ群	Ⅱ群	Ⅲ群
保険診療係数	0.09	−0.12	0.08
効率性係数	0.25	0.25	0.34
複雑性係数	0.62	0.41	0.31
カバー率係数	0.22	0.20	0.40
救急医療係数	0.39	0.43	0.64
地域医療係数	0.22	0.45	0.52
体制評価係数	0.17	0.36	0.48
定量評価係数（小児）	0.19	0.36	0.44
定量評価係数（小児以外）	0.19	0.47	0.47
後発医薬品係数	0.50	0.53	0.45
重症度係数	−	−	−

【2016年度】

機能評価係数Ⅱ	Ⅰ群	Ⅱ群	Ⅲ群
保険診療係数	0.02	0.16	0.11
効率性係数	0.21	0.17	0.41
複雑性係数	0.60	0.30	0.07
カバー率係数	0.09	0.41	0.66
救急医療係数	0.32	0.33	0.55
地域医療係数	0.27	0.48	0.60
体制評価係数	0.18	0.36	0.65
定量評価係数（小児）	0.25	0.44	0.49
定量評価係数（小児以外）	0.25	0.46	0.50
後発医薬品係数	0.44	0.27	0.27
重症度係数	0.56	0.41	0.45

　大病院という視点では、地域医療係数も影響する。図表5-1-2、図表5-1-3を見ると、Ⅲ群では地域医療係数の相関係数が高く、当該係数が高かった病院は、機能評価係数Ⅱ合計でも有利な評価を受けていた。さらに、地域医療係数とカバー率が0.495と正の相関を示している。

　地域医療係数は"田舎"の立地でないと高い評価を受けづらいという側面がある。定量評価係数は、地域における患者シェアが評価対象となっており、田舎の大病院には有利に働くはずだ。地域の最後の砦として、急性期医療を支えていることへの評価だからだ。一方、Ⅰ群については、地域医療係数とカバー率係数が−0.401と負の相関を示している（図表5-1-4）。これには、病床数の多い大学病院本院は都会に集中しており、地方大学は病床数が比較的少ないことが関係している。つまり、カバー率係数が高い東京などの都市部の大学病院本院は、地域の患者シェアでは厳しい評価になり、地方大学ではその逆だということだ。

図表5-1-2 2016年度機能評価係数Ⅱ 各係数間の相関係数 Ⅲ群

Correlations

		保険診療係数	効率性係数	複雑性係数	カバー率係数	救急医療係数	地域医療係数	後発医薬品係数	重症度係数	機能評価係数合計
保険診療係数	Pearson Correlation	1	.074**	-.056*	.083**	.085**	.083**	.040	.007	.110**
	Sig. (2-tailed)		.005	.034	.002	.001	.002	.129	.777	.000
	N	1446	1446	1446	1446	1446	1446	1446	1446	1446
効率性係数	Pearson Correlation	.074**	1	-.397**	.338**	.114**	.195**	-.041	.115**	.413**
	Sig. (2-tailed)	.005		.000	.000	.000	.000	.117	.000	.000
	N	1446	1446	1446	1446	1446	1446	1446	1446	1446
複雑性係数	Pearson Correlation	-.056*	-.397**	1	-.198**	.114**	-.215**	.070**	-.073**	.069**
	Sig. (2-tailed)	.034	.000		.000	.000	.000	.008	.005	.009
	N	1446	1446	1446	1446	1446	1446	1446	1446	1446
カバー率係数	Pearson Correlation	.083**	.338**	-.198**	1	.120**	.495**	.101**	.236**	.664**
	Sig. (2-tailed)	.002	.000	.000		.000	.000	.000	.000	.000
	N	1446	1446	1446	1446	1446	1446	1446	1446	1446
救急医療係数	Pearson Correlation	.085**	.114**	.114**	.120**	1	.116**	.069**	-.004	.545**
	Sig. (2-tailed)	.001	.000	.000	.000		.000	.009	.888	.000
	N	1446	1446	1446	1446	1446	1446	1446	1446	1446
地域医療係数	Pearson Correlation	.083**	.195**	-.215**	.495**	.116**	1	.035	.106**	.600**
	Sig. (2-tailed)	.002	.000	.000	.000	.000		.181	.000	.000
	N	1446	1446	1446	1446	1446	1446	1446	1446	1446
後発医薬品係数	Pearson Correlation	.040	-.041	.070**	.101**	.069**	.035	1	-.210**	.269**
	Sig. (2-tailed)	.129	.117	.008	.000	.009	.181		.000	.000
	N	1446	1446	1446	1446	1446	1446	1446	1446	1446
重症度係数	Pearson Correlation	.007	.115**	-.073**	.236**	-.004	.106**	-.210**	1	.446**
	Sig. (2-tailed)	.777	.000	.005	.000	.888	.000	.000		.000
	N	1446	1446	1446	1446	1446	1446	1446	1446	1446
機能評価係数合計	Pearson Correlation	.110**	.413**	.069**	.664**	.545**	.600**	.269**	.446**	1
	Sig. (2-tailed)	.000	.000	.009	.000	.000	.000	.000	.000	
	N	1446	1446	1446	1446	1446	1446	1446	1446	1446

**. Correlation is significant at the 0.01 level (2-tailed).
*. Correlation is significant at the 0.05 level (2-tailed).

図表5-1-3 2016年度機能評価係数Ⅱ 各係数間の相関係数 Ⅱ群

Correlations

		保険診療係数	効率性係数	複雑性係数	カバー率係数	救急医療係数	地域医療係数	後発医薬品係数	重症度係数	機能評価係数合計
保険診療係数	Pearson Correlation	1	-.071	.034	.226**	-.080	.193*	.160	-.012	.164
	Sig. (2-tailed)		.402	.687	.007	.348	.022	.058	.883	.053
	N	140	140	140	140	140	140	140	140	140
効率性係数	Pearson Correlation	-.071	1	-.212*	-.029	.097	.111	.146	-.195*	.170*
	Sig. (2-tailed)	.402		.012	.732	.254	.192	.086	.021	.045
	N	140	140	140	140	140	140	140	140	140
複雑性係数	Pearson Correlation	.034	-.212*	1	-.084	-.075	-.049	.121	-.001	.299**
	Sig. (2-tailed)	.687	.012		.323	.376	.569	.154	.990	.000
	N	140	140	140	140	140	140	140	140	140
カバー率係数	Pearson Correlation	.226**	-.029	-.084	1	.101	.235**	.078	.107	.413**
	Sig. (2-tailed)	.007	.732	.323		.237	.005	.359	.209	.000
	N	140	140	140	140	140	140	140	140	140
救急医療係数	Pearson Correlation	-.080	.097	-.075	.101	1	.066	.029	-.192*	.331**
	Sig. (2-tailed)	.348	.254	.376	.237		.436	.734	.023	.000
	N	140	140	140	140	140	140	140	140	140
地域医療係数	Pearson Correlation	.193*	.111	-.049	.235**	.066	1	.124	-.194*	.485**
	Sig. (2-tailed)	.022	.192	.569	.005	.436		.143	.022	.000
	N	140	140	140	140	140	140	140	140	140
後発医薬品係数	Pearson Correlation	.160	.146	.121	.078	.029	.124	1	-.320**	.274**
	Sig. (2-tailed)	.058	.086	.154	.359	.734	.143		.000	.001
	N	140	140	140	140	140	140	140	140	140
重症度係数	Pearson Correlation	-.012	-.195*	-.001	.107	-.192*	-.194*	-.320**	1	.407**
	Sig. (2-tailed)	.883	.021	.990	.209	.023	.022	.000		.000
	N	140	140	140	140	140	140	140	140	140
機能評価係数合計	Pearson Correlation	.164	.170*	.299**	.413**	.331**	.485**	.274**	.407**	1
	Sig. (2-tailed)	.053	.045	.000	.000	.000	.000	.001	.000	
	N	140	140	140	140	140	140	140	140	140

**. Correlation is significant at the 0.01 level (2-tailed).
*. Correlation is significant at the 0.05 level (2-tailed).

❶機能評価係数Ⅱを分析、簡潔な係数が不可欠

図表5-1-4　2016年度機能評価係数Ⅱ　各係数間の相関係数　Ⅰ群

Correlations

		保険診療係数	効率性係数	複雑性係数	カバー率係数	救急医療係数	地域医療係数	後発医薬品係数	重症度係数	機能評価係数合計
保険診療係数	Pearson Correlation	1	-.043	.178	.056	-.095	.061	-.081	-.075	.018
	Sig. (2-tailed)		.702	.111	.621	.400	.587	.474	.507	.871
	N	81	81	81	81	81	81	81	81	81
効率性係数	Pearson Correlation	-.043	1	-.045	-.041	.094	.016	.185	-.092	.213
	Sig. (2-tailed)	.702		.693	.714	.402	.888	.098	.412	.056
	N	81	81	81	81	81	81	81	81	81
複雑性係数	Pearson Correlation	.178	-.045	1	.320**	.014	-.073	.261*	.081	.595**
	Sig. (2-tailed)	.111	.693		.004	.902	.516	.019	.471	.000
	N	81	81	81	81	81	81	81	81	81
カバー率係数	Pearson Correlation	.056	-.041	.320**	1	.077	-.401**	-.006	-.169	.089
	Sig. (2-tailed)	.621	.714	.004		.494	.000	.959	.132	.427
	N	81	81	81	81	81	81	81	81	81
救急医療係数	Pearson Correlation	-.095	.094	.014	.077	1	-.020	.228*	-.052	.318**
	Sig. (2-tailed)	.400	.402	.902	.494		.860	.040	.642	.004
	N	81	81	81	81	81	81	81	81	81
地域医療係数	Pearson Correlation	.061	.016	-.073	-.401**	-.020	1	-.217	.189	.275*
	Sig. (2-tailed)	.587	.888	.516	.000	.860		.051	.091	.013
	N	81	81	81	81	81	81	81	81	81
後発医薬品係数	Pearson Correlation	-.081	.185	.261*	-.006	.228*	-.217	1	-.182	.440**
	Sig. (2-tailed)	.474	.098	.019	.959	.040	.051		.103	.000
	N	81	81	81	81	81	81	81	81	81
重症度係数	Pearson Correlation	-.075	-.092	.081	-.169	-.052	.189	-.182	1	.562**
	Sig. (2-tailed)	.507	.412	.471	.132	.642	.091	.103		.000
	N	81	81	81	81	81	81	81	81	81
機能評価係数合計	Pearson Correlation	.018	.213	.595**	.089	.318**	.275*	.440**	.562**	1
	Sig. (2-tailed)	.871	.056	.000	.427	.004	.013	.000	.000	
	N	81	81	81	81	81	81	81	81	81

**. Correlation is significant at the 0.01 level (2-tailed).
*. Correlation is significant at the 0.05 level (2-tailed).

❷ 重症度係数が高いほど機能評価係数Ⅱが高くなる

　医療機関群によって異なるが、今回改定では、病床規模が一定程度影響を及ぼしたことは事実のようだ。

　ただ、気になる点がある。それは新設された重症度係数だ。図表5-1-1でも全群で0.4の相関係数を超えているのは重症度係数だけである。重症度係数は医療機関群ごとの評価だが、その影響度は注目される。ここでは、単変量による分析だけではなく、より実態に迫るため多変量解析を行い、機能評価係数Ⅱの影響度合いを評価してみた。

　分析では、従属変数を機能評価係数Ⅱ合計とし、独立変数を8つの機能評価係数Ⅱとして、強制投入法による重回帰分析を行った。結果を要約すると図表5-1-5であり、Ⅰ群とⅡ群では重症度係数の影響度が特に高いが（ベータ値が高いほど影響が強い）、Ⅲ群では重症度係数は最も大きな値であったものの、地域医療係数などと比べても大きな差は見られなかった。

　多変量解析の結果、重症度係数の影響度は特にⅠ・Ⅱ群で高いことが分かり、今年度の改定では、重症度係数が高いほど機能評価係数Ⅱが高くなるこ

図表5-1-5　重回帰分析の結果

	標準化係数ベータ		
	Ⅰ群	Ⅱ群	Ⅲ群
保険診療係数	0.025	0.020	0.004
効率性係数	0.187	0.255	0.281
複雑性係数	0.391	0.384	0.280
カバー率係数	0.207	0.187	0.274
救急医療係数	0.219	0.414	0.387
地域医療係数	0.368	0.499	0.373
後発医薬品係数	0.447	0.329	0.275
重症度係数	0.607	0.718	0.388

とが明らかになった。

　重症度係数と診療密度には正の相関があり、いずれも医療資源投入量の多寡が問われている（図表5-1-6）。救急医療入院の2日目までの損失補てんは救急医療係数で行われるため、予定入院を中心とした医療資源投入量が多い病院が評価されたことになる。

　図表5-1-7がⅡ群における重症度係数トップ40病院であり、伝統的な大病院や大学病院分院などが見られるが、研修医数が多いことなどが関係してい

図表5-1-6　診療密度と重症度係数

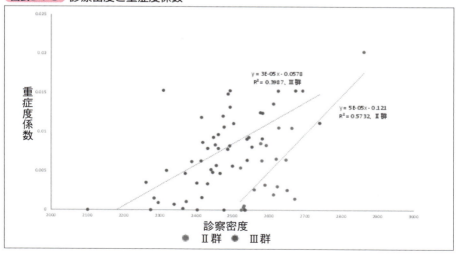

るのであろう。重症度係数が評価されたことにより、今まで機能評価係数Ⅱで下位の評価だった病院が、一気に評価を高めて顔ぶれが大きく変わった。

我々が目指すべきは、少ない医療資源投入量で質の高い医療を提供することである。何度も指摘してきたように、重症度係数が高いことがよいことではない。とはいえ、現行の評価基準ではそもそもⅡ群になるためには診療密度が高くなければならないし、Ⅱ群になってからも重症度係数という呪縛から逃れられない。医療資源投入量が多いことばかりが評価対象である現行のDPC/PDPSのあり方は、本来のあるべき姿とかけ離れてきてしまった。今ここで軌道修正しなければ、制度そのものに対する不信感が募り、いずれ崩壊につながりかねない。

2018（平成30）年度改定に向けて機能評価係数Ⅱがどうあるべきなのか、その目的が何なのか今一度議論を行う必要がある。機能評価係数Ⅱは基礎係数と同じように、損失補填的な性格を有するものなのか、それとも質の高い医療機関を評価すべきものかなど、折衷案的で総花的かつ複雑な仕組みではなく、今、急性期病院に求めることを簡潔に表現するのがよい。暫定調整係数が高かった病院は、既に多くの貯金ができたであろうから、その議論から

図表5-1-7 2016年度Ⅱ群における重症度係数トップ40病院

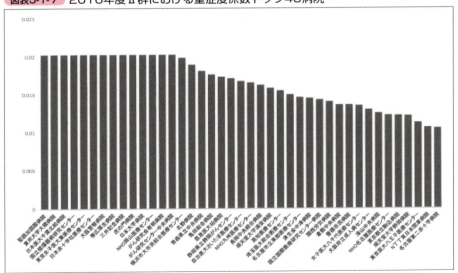

離れてよいだろうし、激変緩和に対応するだけの柔軟性を多くの医療機関は有している。

　係数の設定にあたっては医療政策が求める方向性を明確に示すシンプルな項目を盛り込むことを期待したい。最も重要なことは、高度医療を提供する能力に加え、在院日数が短いことであると私は考えている。

2 コーディングと機能評価係数Ⅱ
——特に効率性係数・複雑性係数・カバー率への影響

❶ いかに高い機能評価係数Ⅱを確保するかが大きな課題

　DPC/PDPS制度では機能評価係数Ⅱのウェイトが次第に高くなってきており、2016（平成28）年度診療報酬改定では調整係数の75％が機能評価係数Ⅱに置き換わることになった。したがって、いかに高い機能評価係数Ⅱを確保するかが医療機関にとって大きな課題となっている。機能評価係数Ⅱは前年度の実績評価である。どのような症例を取り扱い、どのような医療の提供を行ったかが評価される。診療科数や病院の規模など当該医療機関が持っている医療提供体制が影響を与える部分もあるが、診療の在り方を変えることによりさらに高い係数に結び付けることができる。また、コーディングを適切に行うことも大切である。DPC/PDPS制度では１症例ごとに１つの診断群コードを付けることになっている。ここで付けるコードが適切であることが機能評価係数Ⅱを高めることに結び付く。

　旭川赤十字病院は機能評価係数Ⅱを高めるための努力を続けてきた。2015（平成27）年度はⅢ群病院の中で３番目に多い係数となった。機能評価係数Ⅱの６つの項目がすべて上位25％に位置していた唯一の医療機関として日本経済新聞の日経実力病院調査（2016年２月21日朝刊）でも紹介された。努力の対象は主に効率性係数であったが、コーディングを適切に行った努力は複雑性係数やカバー率などにも良い方向に働いたと考えている。

❷ 効率性係数

　効率性係数は"各医療機関における在院日数短縮の努力を評価"したものと定義している。その計算式は、

［全DPC/PDPS対象病院の平均在院日数］／［当該医療機関の患者構成が、全DPC/PDPS対象病院と同じと仮定した場合の平均在院日数］
　※当該医療機関において、12症例（1症例／月）以上ある診断群分類のみ
　　を計算対象とする
　※包括評価の対象となっている診断群分類のみを計算対象とする
である。

　効率性係数は文字どおり効率的な医療を行ったことを評価する係数である。在院日数が短いことが評価対象である。しかし、疾患には白内障のように数日で退院できるものもあれば、くも膜下出血のように何週間も掛かるものもある。そこでDPC/PDPSでは診断群ごとに入院日数を全国の医療機関と比較している。医療機関が注目すべきは、診断群ごとに設定されている入院期間Ⅱである。入院期間Ⅱはその診断群における全国平均の入院日数である。第1に考えるべきことは各診断群の自院の入院日数を短縮することである。無理に早く退院させることではない。診療のプロセスを検討し、無駄な部分がないかを見つけるのである。外来で実施可能な検査は外来ですませることが必要である。手術目的の入院であれば、術前検査や説明、麻酔科診察等を外来で行うことにより手術の当日ないし前日に入院することができる。医療行為のない無駄な入院を防ぐことが必要である。月曜日に手術を予定している患者を前日の日曜日に入院させる体制づくりも重要である。金曜に入院して土曜・日曜を外泊・外出で費やす運用は見直さなければならない。

　入院後に関して最も大切なことは、事故や感染を起こさないことである。事故や感染を起こさぬよう最大限の予防を行うことである。事故にはさまざまなレベルがある。たとえば、手術の直前に抗血小板剤を使用していることが判明して手術が延期になったというのも事故である。血栓症のハイリスク患者に予防策をとらず、数日間臥床安静にしていて深部静脈血栓や肺塞栓を起こすのも事故である。同室者がカルバペネム耐性腸内細菌科細菌感染症（CRE）に感染していることがわかったため、患者本人への感染が否定できるまでリハビリテーション病院に転院できないというのも感染関連の事故である。このような事故防止がまず重要である。

　もう1つ大切なことがコーディングである。プロセスの検討をしっかり行った医療機関において予定外に入院日数が延びている場合には当初の入院目

❷コーディングと機能評価係数Ⅱ──特に効率性係数・複雑性係数・カバー率への影響

的と異なった診療が行われている可能性がある。複数の疾患に対して診療を行っているのであれば、どの疾患を請求病名としてコーディングするかを再度検討しなくてはならない。特に注意が必要なのが副傷病である。一般に副傷病があれば入院期間Ⅱは長くなる。副傷病は診断群ごとに異なっているため、診療内容を確認し見落とされている病名がないかを確認することも必要である。発熱が生じたために抗生剤を投与した場合の病名の確認は特に重要である。肺炎や尿路感染症が副傷病に含まれていることが多いからである。診療の現場においては疑いの段階で治療を始めることもある。この場合に、病名記載が漏れていることも考慮して検討することが必要となる。

　効率性係数でもう１つ注意したいのが、計算する際に診断群構成の調整が働くことである。自院で多く取り扱っている症例の在院日数を縮めることはもちろん必要である。ところが、これにより自院の平均在院日数が短縮しても効率性係数が比例して改善していないことは珍しくない。それは、診断群構成を全国の医療機関に合わせて計算するからである。自院での取り扱い症例は少なくても（年12例以上あればその診断群は計算対象となる）、その診断群が全国的に症例数の多い診断群であれば効率性係数に大きく影響する。自院の症例数が少ないからと油断していてはいけない。自院の取り扱い件数ではなく、全国の医療機関の取り扱い件数が効率性係数の計算で使用されることを忘れないようにしたい（図表5-2-1）。

❸ 複雑性係数

　複雑性係数は"各医療機関における患者構成の差を１入院当たりの点数で評価"したものと定義している。その計算式は、
［当該医療機関の包括範囲出来高点数（１入院当たり）を、DPC（診断群分類）ごとに全病院の平均包括範囲出来高点数に置換えた点数］／［全病院の平均一入院当たり包括点数］
　※当該医療機関において、12症例（１症例／月）以上ある診断群分類のみ
　　を計算対象とする
　※包括評価の対象となっている診断群分類のみを計算対象とする
である。

図表5-2-1 全国の医療施設において取り扱い件数が多い診断群（上位10コード）

順位	診断群分類番号	診断群分類名称	件数
1	060100xx03xx0x	小腸大腸の良性疾患（良性腫瘍を含む。）内視鏡的消化管止血術等 定義副傷病 なし	264,289
2	040080xx099x0xx	肺炎、急性気管支炎、急性細気管支炎（15歳以上）手術なし 手術・処置等2 なし	234,002
3	050050xx99100x	狭心症、慢性虚血性心疾患 手術なし 手術・処置等1 1あり 手術・処置等2 なし 定義副傷病 なし	198,177
4	050050xx0200xx	狭心症、慢性虚血性心疾患 経皮的冠動脈形成術等 手術・処置等1 なし、1,2あり 手術・処置等2 なし	138,169
5	040081xx99x0x	誤嚥性肺炎 手術なし 手術・処置等2 なし 定義副傷病 なし	126,603
6	040080x1xxx0x	肺炎、急性気管支炎、急性細気管支炎（15歳未満）手術・処置等2 なし	117,513
7	050130xx99000x	心不全 手術なし 手術・処置等1 なし 手術・処置等2 なし 定義副傷病 なし	106,751
8	100070xxxxxxxx	2型糖尿病（糖尿病性ケトアシドーシスを除く。）	101,687
9	150010xxxxx0xx	ウイルス性腸炎 手術・処置等2 なし	97,655
10	110310xx99xxxx	腎臓または尿路の感染症 手術なし	96,685

出所：平成27年度第7回診療報酬調査専門組織・DPC評価分科会　参考資料2（6）診断群分類毎の集計より改変

　複雑性係数は診療内容が複雑な疾患の評価である。入院日数が長く、入院期間中に使用する薬剤が高額となったり、検査費用が高額となる症例の割合が多いと高い評価を受ける係数である。すなわち、1入院における包括範囲出来高点数の高い患者の多いことが評価される。ただし、自院における包括範囲出来高点数ではなく全病院平均の包括範囲出来高点数が用いられるので自院で余計な検査や高額な薬剤を使用することにより複雑性係数が上がるものではない。全病院の平均が高いことが前提である。全病院の平均包括範囲出来高点数や入院日数が年度ごとに大きく変化するものではないので、結局は入院期間Ⅱが長く、日当点が高い診断群の割合が高く、逆に入院日数が短くその日当点の低い診断群の割合が低い医療機関が高い評価を受ける。これは取り扱う疾患構成の影響が大きく関係する。図表5-2-2に1入院当たり平均包括部分点数別の診断群数を示している。血液疾患、神経疾患、呼吸器疾患、循環器疾患、消化器疾患では1入院で1万点以上の高点数となる診断群の割合が多い。これらの疾患を多く取り扱う医療機関が高い評価を受ける傾向がある。　逆に、眼科、耳鼻科、皮膚科、産婦人科、小児科等の患者を多く取り扱う医療機関が低い評価を受けやすい。

　また、軽症の短期間で退院するような患者を積極的に受け入れている医療機関の評価が低くなり、軽症例は他の医療機関に任せて重症例に特化している医療機関の評価が高くなる。したがって、診療科構成が大きく影響するとともに、診療の方針も複雑性係数に影響を与える。旭川赤十字病院において

❷コーディングと機能評価係数Ⅱ──特に効率性係数・複雑性係数・カバー率への影響

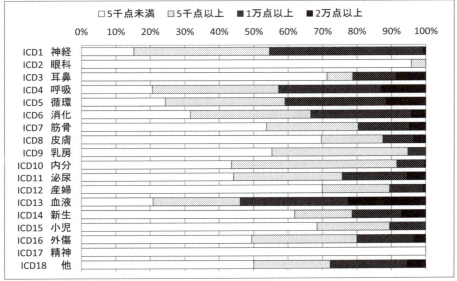

図表5-2-2　1入院当たり平均包括部分点数別の診断群数

出所：平成28年度診断群分類点数表に基づき筆者作成

は、神経疾患の患者が入院患者の20～25％、血液疾患の患者が約10％、さらに呼吸器、循環器、消化器疾患が比較的多いのに対して、婦人科、周産期、小児の患者が少ないこと、救急からの入院も重症例が多いことが複雑性係数の高いことに関係していると考えている。

複雑性係数は病院の診療科構成等が大きく関係するために、努力して改善させることが効率性係数などに比べて難しい。しかし、改善させることは可能である。1つは、軽症例の入院を減らして重症例中心とすることである。もう1つはコーディングの工夫である。工夫といってもアップコーディングを行うのではなく、使用した薬剤・検査・処置や副傷病を忘れずにコーディングすることである。現在は電子カルテなどのシステムを導入している医療機関が多く存在しており、これらの医療機関では薬剤・検査・処置が実施された段階でシステムに記録されるため、これらを無視したコーディングすることはないであろう。しかし、副傷病に関してはあるにもかかわらずそれをコーディングに用いていない場合が珍しくない。効率性係数の説明の際にも記載したが、副傷病のあるコードで副傷病ありを選択すると入院期間Ⅱが長

くなる。日当点が必ずしも高くなるとは限らないが入院日数が長い分、1入院での包括部分出来高点数は増える。したがって、副傷病がある場合に確実にコーディングに反映させることにより複雑性係数が増えることが期待できるのである（図表5-2-3）。

❹ カバー率係数

カバー率係数は、"様々な疾患に対応できる総合的な体制について評価"したものと定義している。その計算式は、
［当該医療機関で一定症例数以上算定しているDPC数］／［全DPC数］
　※当該医療機関において、12症例（1症例／月）以上ある診断群分類のみを計算対象とする
　※すべて（包括評価の対象・対象外の両方を含む）の診断群分類を計算対象とする
である。

多くの診療科を持ち、軽症から重症までの様々な疾患に対応できる医療機

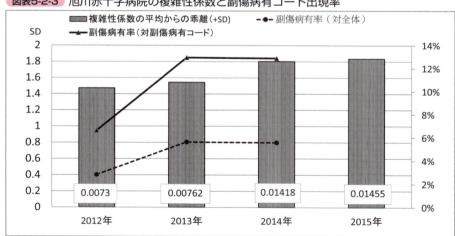

図表5-2-3　旭川赤十字病院の複雑性係数と副傷病有コード出現率

※2013年に副傷病を確実に診断群に反映させる取り組みを行った。この結果が2014年度の複雑性係数に反映された。グラフ内の数値は実際の複雑性係数であるが、2014年度は機能評価係数Ⅱのウェートが高くなった年であり、直接の比較が出来ないため標準偏差の変化を棒グラフに表している

❷コーディングと機能評価係数Ⅱ──特に効率性係数・複雑性係数・カバー率への影響

関が高い評価を受ける。大学病院や高機能の医療機関として専門性の高い症例・重症例に特化した医療機関よりも、高度の医療とともに風邪などのcommon diseaseまで診療している市中病院が高い評価を受けている。したがってカバー率で高い評価を受けるための条件としては、第1が多くの診療科を有していること、もう1つが軽症から重症までの様々な疾患に対応することである。病院の規模、診療の方針に依存する部分が高い係数であり効率性係数のように診療プロセスを見直すことで変化するものではない。しかし、この係数も複雑性係数と同様にコーディングを適切に行うことにより変化が期待できる。実施した手術や処置を確実にコーディングに結び付けることはもちろんである。これによりバリエーションが増えることに繋がる。副傷病がある場合に確実にコーディングに反映させることも大切である。

なお、全DPC数は2年ごとの診療報酬改定で変化している（図表5-2-4）。2016年度改定においてはCCPマトリックスを導入したことに伴いDPCコード総数が4918と大幅に増加した。特に、CCPマトリックスの対象となった脳梗塞（010060）、肺炎（040080）、糖尿病（100060～100081）では診断群分類数がそれぞれ1584、1104、144分類、支払い分類がそれぞれ7、16、27分類と大幅に増加している。（図表5-2-5）。次年度からのカバー率の計算に診断群分類を用いるのか支払い分類を用いるのかの説明はまだ行われていないが、いずれにしてもこれら3つの疾患がカバー率に与える影響が大きくなると推測される。

図表5-2-4 DPC診断群分類数

改定時期	MDC数	傷病名数	DPCコード総数	うち包括分類数（支払い分類）
2003年4月	16	575	2552	1860
2004年4月	16	591	3074	1726
2006年4月	16	516	2347	1438
2008年4月	18	506	2451	1572
2010年4月	18	507	2658	1880
2012年4月	18	516	2927	2241
2014年4月	18	504	2873	2309
2016年4月	18	506	4918	4244（2410）

出所：厚生労働省保険局医療課　平成28年度診療報酬改定説明資料「平成28年度診療報酬改定の概要（DPC制度関連部分）」2016年3月4日版より

図表5-2-5 CCPマトリックス対象疾患と分類数

診断群分類	診断群分類数	支払い分類
010060　脳梗塞	1584分類	7分類
040080　肺炎等	1104分類	16分類
100060～100081　糖尿病	144分類	27分類

出所：厚生労働省保険局医療課　平成28年度診療報酬改定説明資料「平成28年度診療報酬改定の概要（DPC制度関連部分）」2016年3月4日版より

3 複雑性の評価とその実態

本項ではDPCⅡ群の実績要件であり、機能評価係数Ⅱでも採用されている複雑性の特徴を取り上げる。

❶ 診療密度と複雑性の相違点

DPCⅡ群の実績要件には診療密度と複雑性指数があるが、両者は混同されることが多い。"重症患者に対する診療の実施"を行えば両者は高くなるはずという総論的考えからすれば大きく違わないともいえるが、評価されているポイントは異なっている。

診療密度は1日当たり包括範囲出来高平均点数であり、包括範囲で実施した医療行為を出来高換算して求める。ポイントは2つある。1つ目は"1日当たり"であり、医療資源投入量が同じでも、在院日数を短くすることで密度を高められる。つまり、在院日数を短縮した集中治療が求められている。もう1つは実施した医療行為を適切にオーダリングに反映しているかが鍵を握っている。

重症患者が多く、研修医が多数在籍する病院ほど診療密度は高くなるはずだという考えは一般論としては間違ってはいない。

それに対して複雑性は（機能評価係数ⅡとⅡ群の実績要件では異なる点もあるが）各医療機関における患者構成（ケースミックス）の差を1入院当たり点数で評価したものである。評価に当たっては当該医療機関の包括範囲出来高点数（1入院当たり）を、診断群分類ごとに全病院の平均包括範囲出来高点数に置き換えた点数が採用されている。

医療資源の投入量が多くなり、出来高との差（包括収入と出来高換算収入の差）が小さくなる、あるいは出来高換算収入が多くなりマイナスになれば

複雑性は高まるといわれるが、複雑性指数では、各医療機関の医療資源投入量の多寡は問われない。つまり、患者にどの診断群分類を選択したかによって評価が行われるものであり、患者構成の違いを反映したものである。一般的に、在院日数の短縮をすれば診療密度は高くなるはずだが、複雑性には影響しない。

❷ 複雑性と効率性

　重症患者に対する診療の実施状況を表す複雑性と在院日数の長短を表す効率性は相反すると指摘されることがある。つまり、"うちは重症患者が多いから在院日数が長くなる"といった主張だ。一般論としてはそのような主張は筋が通っているかもしれないが、DPC/PDPSの制度設計が妥当であり選択した診断群分類が適切だという前提からすると、そうとはいえない。DPC/PDPSでは定義副傷病名の設定があり、合併症を有する重症患者は診断群分類が異なり、入院期間Ⅱ（全国平均の日数）が長くなるからだ。

　図表5-3-1は、2015（平成27）年度の機能評価係数Ⅱについて、医療機関群別に複雑性係数と効率性係数をプロットしたものである。ここから複雑性係数と効率性係数には相関が見られないことが分かる（相関係数、Ⅰ群：−0.20、Ⅱ群：−0.16、Ⅲ群：−0.33）。なお、複雑性係数は医療機関群ごと、効率性係数は全群共通の評価である）。

　複雑性係数は、全国のDPC対象病院の1入院当たりの医療資源投入量が評価の対象となっており、どの診断群分類を選択したかがポイントとなる。それに対して効率性係数は入院期間Ⅱ以内の割合が高くなると評価が向上する（図表5-3-2）。選択した診断群分類の入院期間Ⅱを目安に、在院日数を短縮することが効率性係数において高い評価を受けるポイントになる。診断群分類を選択した時点で評価が決まるのが複雑性であり、その診断群分類の中で在院日数を短縮できるかが効率性の評価につながる。

❸複雑性の評価とその実態

図表5-3-1　2015年度　効率性係数と複雑性係数

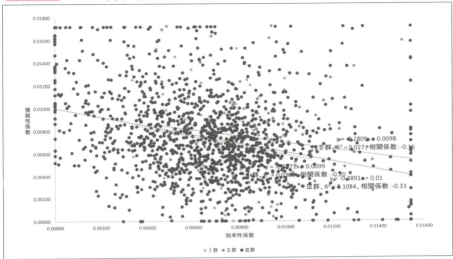

図表5-3-2　効率性係数と入院期間Ⅱ以内の退院患者割合

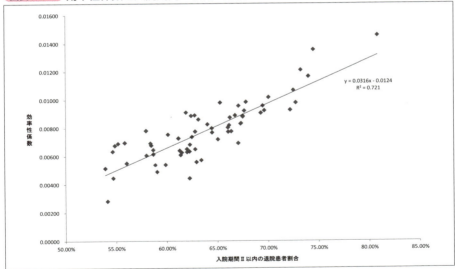

❸ 複雑性の評価

　ここでは複雑性の高低に影響を与える診断群分類を具体的に取り上げる。図表5-3-3は、複雑性における評価が比較的高い診断群分類である。ここからがん、整形外科、脳卒中専門病院（あるいはその患者割合が多い病院）で評価が高くなることは読み取れるだろう（上にある診断群分類ほど高い評価になる）。しかし、複雑性係数を地域の医療機関と比較すると、診療機能からして想定外に高い医療機関が存在するのも事実だ。それはこの中で頻出する診断群分類に脳梗塞、誤嚥性肺炎、肺炎、心不全などが挙げられていることが関係する。

　一般的に「在院日数が長くなり、結果として1入院包括点数が高くなる疾患だから複雑性においては評価が高くなる」ということは、制度の考え方からしたら間違っていない。しかし、脳梗塞や肺炎でもそれぞれ重症度は異なり、その違いが評価には反映されないため、違和感を生じるのだろう。高齢者の緊急入院患者割合が多い病院で、複雑性が高くなる傾向にある。

　その一方で、複雑性における評価が比較的低いのが図表5-3-4に挙げられる診断群分類である（下にある診断群分類ほど低い評価になる）。この中で件数が多いものとして、狭心症CAG（050050xx99100x）や狭心症PCI（050050xx0200xx）が注目される。

　2014（平成26）年度診療報酬改定では、短期滞在手術等基本料3の評価が拡大され、ポリペクや白内障などが診断群分類の評価から外されたのに対して、狭心症CAGについてはいわゆるD方式として診断群分類の対象となった。このような制度変更はⅡ群病院の顔ぶれに大きく影響する。診療報酬に一喜一憂することなく、地域から求められている医療を愚直に提供する姿勢を持ちたいものだ。

❸複雑性の評価とその実態

図表5-3-3 複雑性における評価が比較的高い診断群分類

診断群分類	診断群分類名	全国平均1入院包括点数	入院期間Ⅱ
130010xx97x2xx	急性白血病 手術あり 手術・処置等22あり	160,996	44
130030xx99x40x	非ホジキンリンパ腫 手術なし 手術・処置等24あり 定義副傷病なし	74,076	17
040040xx9907xx	肺の悪性腫瘍 手術なし 手術・処置等1なし 手術・処置等27あり	60,567	12
160800xx01xxxx	股関節大腿近位骨折 人工骨頭挿入術 肩、股等	56,924	28
070230xx01xxxx	股関節(変形性を含む。) 人工関節再置換術等	50,349	26
010060x099030x	脳梗塞 (JCS10未満) 手術なし 手術・処置等1なし 手術・処置等23あり 定義副傷病なし	49,791	17
040081xx99x00x	誤嚥性肺炎 手術なし 手術・処置等2なし 定義副傷病なし	47,950	20
07040xxx01xx0x	股関節骨頭壊死、股関節症(変形性を含む) 人工関節再置換術等 定義副傷病なし	47,376	24
060020xx01x00x	胃の悪性腫瘍 胃全摘術 手術・処置等なし	46,680	20
040110xxxxx00x	間質性肺炎 手術・処置等2なし	46,118	19
070343xx01x00x	脊柱管狭窄(脊椎症を含む。) 腰部骨盤、不安定椎 脊椎固定術、椎弓切除術、椎弓形成術(多椎間又は多椎弓の場合を含む。) 前方椎体固定等 手術・処置等	45,111	22
070341xx01xxxx	脊柱管狭窄(脊椎症を含む。) 頸部 その他の手術あり	45,089	22
060035xx0100xx	結腸(虫垂を含む。)の悪性腫瘍 結腸切除術 全切除、亜全切除又は悪性腫瘍手術 手術・処置等1なし 手術・処置等2なし	40,534	17
070560xx99x00x	全身性臓器障害を伴う自己免疫性疾患 手術なし 手術・処置等2なし	40,397	17
010040xx99x00x	非ヘルペス頭蓋内血腫(非外傷性硬膜下血腫以外) (JCS10未満) 手術なし 手術・処置等2なし 定義副傷病なし	40,050	18
050130xx99000x	心不全 手術なし 手術・処置等1なし 手術・処置等2なし 定義副傷病なし	39,943	17
120170xx99x00x	早産、切迫早産 手術なし 手術・処置等なし	36,356	17
040040xx9904xx	肺の悪性腫瘍 手術なし 手術・処置等24あり	35,773	13
07050xx97xxxx	椎間板変性、ヘルニア その他の手術あり	35,309	17
070343xx0xx0xx	脊柱管狭窄(脊椎症を含む。) 腰部骨盤、不安定椎 その他の手術あり 手術・処置等2なし	35,097	17
180040xx97x00x	手術・処置等の合併症 その他の手術あり 手術・処置等2なし	35,052	16
12002xxx99x41x	子宮頸・体部の悪性腫瘍 手術なし 手術・処置等24あり 定義副傷病なし	34,747	11
060270xx97100x	肝硬変(胆汁性肝硬変を含む。) その他の手術あり 手術・処置等1あり 手術・処置等2なし 定義副傷病なし	34,667	15
010060x09600xx	脳梗塞 (JCS10未満) 手術なし 手術・処置等2なし 手術・処置等23あり 定義副傷病なし	34,090	14
060050xx99x30x	肝・肝内胆管の悪性腫瘍(続発性を含む。) 手術なし 手術・処置等23あり 定義副傷病なし	33,340	10
050030xx97000x	心不全、肺水腫(続発性合併症を含む。) 再発性心筋梗塞 その他の手術あり 手術・処置等1なし、あり 手術・処置等2なし 定義副傷病なし	33,005	13
040080xx99x00x	肺炎、急性気管支炎、急性細気管支炎(15歳以上) 手術なし 手術・処置等2なし	32,877	13
12002xxx01x0xx	子宮頸・体部の悪性腫瘍 子宮頸部円錐切除術 手術・処置等2なし	32,263	14
10070xxxxxxxxx	2型糖尿病(糖尿病性ケトアシドーシスを除く。)	32,180	15
040040xx99900x	肺の悪性腫瘍 手術なし 手術・処置等1なし 手術・処置等2なし	31,505	13
040040xx97x0xx	肺の悪性腫瘍 その他の手術あり 手術・処置等2なし	31,181	13
060030xx99x00x	肝硬変(胆汁性肝硬変を含む。) 手術なし 手術・処置等2なし 定義副傷病なし	30,374	13
060340xx03x00x	胆管(肝内外)結石、胆管炎 胆管腹腔鏡下術等 手術・処置等2なし 定義副傷病なし	27,038	11
160720xx01xxxx	肩関節周辺の骨折脱臼 骨折観血的手術 肩甲骨、上腕、大腿等 定義副傷病なし	26,875	13
050210xx97000x	徐脈性不整脈 ペースメーカー移植術、1,3あり 手術・処置等1なし 手術・処置等2なし	26,498	11
110310xx99xxxx	腎臓または尿路の感染症 手術なし	26,306	11
060050xx97x00x	肝・肝内胆管の悪性腫瘍(続発性を含む。) その他の手術あり 手術・処置等2なし	25,369	11
090010xx01x0xx	乳房の悪性腫瘍 乳腺悪性腫瘍手術 乳房部分切除術(腋窩部郭清を伴うもの(内視鏡下によるものを含む。))等 手術・処置等2なし	24,982	11
080011xx99xxxx	急性膿皮症 手術なし	24,944	11

図表5-3-4 複雑性における評価が比較的低い診断群分類

診断群分類	診断群分類名	全国平均1入院包括点数	入院期間Ⅱ
060050xx99x00x	肝・肝内胆管の悪性腫瘍(続発性を含む。) 手術なし 手術・処置等2なし 定義副傷病なし	24,868	10
060140xx97x00x	胃十二指腸潰瘍、胃憩室症、幽門狭窄(穿孔を伴わないもの) その他の手術あり 手術・処置等2なし	24,085	10
090010xx02x0xx	乳房の悪性腫瘍 乳腺悪性腫瘍手術 単純乳房切除術(乳腺全摘術)等 手術・処置等2なし	23,635	10
120170xx01xxxx	卵巣の良性腫瘍 卵巣部分切除術(膣式含む) 開腹によるもの等	23,040	10
12060xxxx01xxxx	子宮の良性腫瘍 子宮全摘術等	22,180	10
060050xx0300xx	肝・肝内胆管の悪性腫瘍(続発性を含む。) 肝悪性腫瘍ラジオ波焼灼療法(一連として) 等 手術・処置等1なし 手術・処置等2なし	22,134	9
110280xx02x00x	慢性腎炎症候群・慢性間質性腎炎・慢性腎不全 動脈形成術、吻合術 その他の勧脈等 手術・処置等2なし 定義副傷病なし	21,878	10
060295xx99x0xx	慢性C型肝炎 手術なし 手術・処置等2なし	21,510	9
060020xx04x00x	胃の悪性腫瘍 内視鏡的胃、十二指腸ポリープ・粘膜切除術 手術・処置等2なし	20,557	9
160100xx97500x	頭蓋・頭蓋内損傷 その他の手術あり 手術・処置等2なし 定義副傷病なし	20,369	8
060210xx99000x	ヘルニアの記載のない腸閉塞 手術なし 手術・処置等1なし 手術・処置等2なし 定義副傷病なし	19,972	8
12002xxx99x40x	子宮頸・体部の悪性腫瘍 手術なし 手術・処置等24あり 定義副傷病なし	19,846	5
160620xx01xxxx	肘、膝の外傷(スポーツ障害等を含む。) 靭帯縫合術	19,845	10
120260xx01xxxx	分娩の異常 子宮破裂手術等	19,613	9
120180xx01xxxx	胎児及び妊児付属物の異常 子宮全摘術等	19,134	9
11013xxx99xxxx	下部尿路疾患 手術なし	18,067	8
060102xxx99xxxx	穿孔または瘻孔を伴わない憩室性疾患 手術なし	16,910	8
030230xxxxxxxx	扁桃、アデノイドの慢性疾患	16,016	8
060330xx02xxxx	胆嚢炎(胆嚢結石を含む。) 腹腔鏡下胆嚢摘出術等	15,981	7
160100xx99x00x	頭蓋・頭蓋内損傷 手術なし 手術・処置等2なし 定義副傷病なし	15,808	6
110070xx02xxxx	膀胱腫瘍 膀胱悪性腫瘍手術 経尿道的手術 手術・処置等1なし 手術・処置等2なし	15,308	7
060150xx03xx0xx	虫垂炎 虫垂切除術 虫垂周囲膿瘍を伴う 開腹によるもの	14,657	5
120070xx02xxxx	卵巣の良性腫瘍 卵巣部分切除術(膣式含む。) 腹腔鏡によるもの	13,899	6
050070xx01x0xx	頻脈性不整脈 経皮的カテーテル心筋焼灼術 手術・処置等2なし	13,833	5
12060xx02x0xx	子宮の良性腫瘍 腹腔鏡下腟式子宮全摘術等	13,815	6
120260xx02xxxx	分娩の異常 骨盤位娩出術等	13,104	6
010230xx99x00x	てんかん 手術なし 手術・処置等2なし	12,846	5
040100xxx00x	喘息 手術・処置等2なし 定義副傷病なし	12,846	6
050170xx03000x	閉塞性動脈疾患 腹部動脈閉塞除去術 その他のもの(観血的なもの)等 手術・処置等1なし、あり 手術・処置等2なし 定義副傷病なし	12,401	5
030240xx99xxxx	睡眠障害、急性鼻咽炎、急性咽頭喉頭炎 手術なし	12,249	5
140010x0199x00x	妊娠期間短縮、低出生体重に関連する障害(出生時体重2500g以上) 手術なし 手術・処置等2なし 定義副傷病なし	12,027	5
150010xxxx0x0x	ウイルス性腸炎 手術・処置等2なし	11,274	5
040081xx1xx00x	肺炎、急性気管支炎、急性細気管支炎(15歳未満) 手術・処置等2なし	10,506	5
050050xx0200xx	狭心症、慢性虚血性心疾患 経皮的冠動脈形成術等 手術・処置等1なし、1,2あり 手術・処置等2なし	9,714	4
010030xx99100x	未破裂脳動脈瘤 手術なし 手術・処置等2なし 手術・処置等2なし	9,399	3
040070xx99100x	肺炎、急性気管支炎、急性細気管支炎 手術なし 手術・処置等2なし 定義副傷病なし	9,207	3
050050xx99100x	狭心症、慢性虚血性心疾患 手術なし 手術・処置等11あり 手術・処置等2なし 定義副傷病なし	9,069	3
070343xx99x1xx	脊柱管狭窄(脊椎症を含む。) 腰部骨盤、不安定椎 手術なし 手術・処置等21あり	8,819	3
180040xx02x0xx	手術・処置等の合併症 内シャント血栓除去術等 手術・処置等2なし	4,291	2

4 複雑性を高めるための3つの施策

　前項では、DPCⅡ群の実績要件であり、機能評価係数Ⅱでも近似した概念が採用されている複雑性について取り上げた。本項では、複雑性についてさらに掘り下げていき、有効な対応策を考えたい。

❶ 複雑性は患者構成が問われるため、医療機関の努力が反映されにくい

　複雑性は患者構成が問われる。各医療機関の診断群分類の傾向により、評価が分かれることは既に指摘した。前回は診断群分類ごとの複雑性の高低を具体的に挙げたが、この傾向は病院の複雑性に強く影響を及ぼしている。

　図表5-4-1は2015（平成27）年度DPCⅡ群病院の複雑性係数の上位20病院だ。がん専門病院が非常に高い評価を受けていることが分かる。特に血液系疾患において優位性を有する病院の評価が高い。それに対して、複雑性係数が低い病院は循環器系疾患のアクティビティーが高い（図表5-4-2）。患者構成が問われている複雑性の評価では、在院日数を評価する効率性のように病院側の努力が反映されにくい。

❷ 循環器系疾患の複雑性

　ここでは複雑性の評価で大きな影響を受ける循環器系疾患を取り上げたい。
　循環器系疾患の患者割合が多ければ、複雑性は低くなりやすい。これは狭心症の冠動脈造影検査（CAG）および冠動脈形成術（PCI）の件数が強く関係している。図表5-4-3は狭心症インターベンション患者に占める冠動脈バイパス術（CABG）と循環器系疾患の複雑性の状況を示しており、PCIよりもCABGを優先する施設は複雑性が高くなっていることが分かる。複雑性は

❹複雑性を高めるための３つの施策

図表5-4-1 2015年度複雑性係数　DPCⅡ群上位20病院

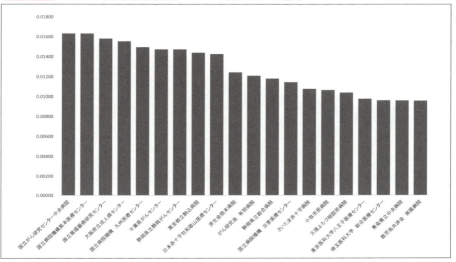

筆者作成

図表5-4-2 2015年度複雑性係数　DPCⅡ群下位20病院

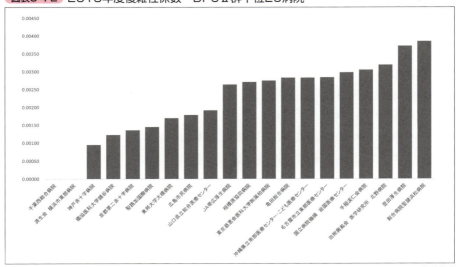

筆者作成

図表5-4-3 狭心症インターベンション患者に占めるCABG割合と複雑性

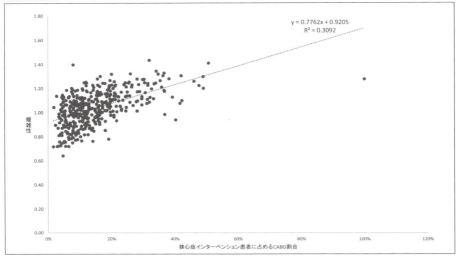

出所:平成26年度第5回診療報酬調査専門組織・DPC評価分科会の資料をもとに筆者作成

重症患者に対する診療の実施状況を意味している。例えば同じ狭心症でも多肢病変などの重症患者が多ければ、実際の治療でもPCIよりもCABGが優先されているはずだという前提に立って評価している。

国立循環器病研究センターが複雑性係数において高い評価を受けているが、それはCABG割合が高く、重症疾患が多いことが関係している。つまり、医療機関の患者構成が問われているのだが、患者構成は医師の大幅な入退職や病院の機能転換等がない限り、短期的な変動は考えにくい。

もう1つ循環器系疾患の複雑性に影響を及ぼすのが、心不全だろう。図表5-4-4は循環器系疾患の患者に占める心不全の割合と複雑性を見たものであり、両者には正の相関がある。心不全の患者の多くは高齢者であり、在院日数が長くなることから、結果として複雑性が高くなる。DPCコーディングテキストでは、原因疾患でコーディングすることを求めているが、不適切な例として心筋梗塞や心筋症を心不全とするコーディングが挙げられている。アップコーティングにより複雑性を意図的に高めるような行動は慎まなければならない。

図表5-4-4 心不全患者の割合と複雑性

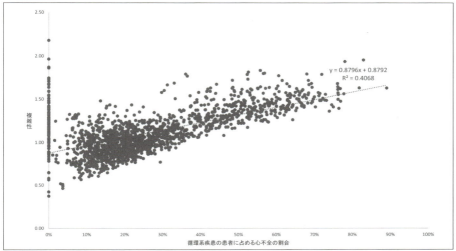

出所：平成26年度第5回診療報酬調査専門組織・DPC評価分科会の資料をもとに筆者作成

❸ 対応策はあるか？

　複雑性は入院期間Ⅱの設定が短い症例が多ければ下落するので、狭心症CAG、PCIやカテーテルアブレーション、その他小児科患者の割合が多ければ、不利に働いてしまう。それに対して、心不全、誤嚥性肺炎、脳梗塞のような高齢者の緊急入院の割合が多ければ、複雑性は高くなる傾向がある。このため、救急医療に注力することは、通常は評価を高めることにつながる。

　患者構成が問われる複雑性についての対策を打つことは容易ではない。各病院とも地域の中でのポジショニングがある程度固まっていることから、それを変えていくのは難しい。そうはいっても、適切な評価を受ける必要があることも確かだ。私ならば以下の3つの施策を検討し、実施可能な施策に前向きに取り組んでいく。

　1つ目は新入院患者数を増加させることだ。入院期間Ⅱの平均日数を年間12症例以上入院している診断群分類の疾患と12症例未満の疾患で比較すると、年間12症例以上の診断群分類の方が2倍程度入院期間Ⅱの設定が長い。狭心症CAGのように頻出する診断群分類の入院期間Ⅱは短いものが多いのに対

して、くも膜下出血のような発症頻度が低い疾患は入院期間Ⅱが長く設定される傾向があるからだ。また、複雑性は年間12症例以上が評価の対象であるため、病床回転率を高めることで、さらに多くの新入院患者が獲得可能であり、当該評価を向上させることができる。

　2つ目は狭心症フォローアップのCAGなどの短期症例を外来にシフトさせることだ。入院期間Ⅱが3日の狭心症CAGを多数実施すれば、複雑性の評価は下落してしまう。だからといって、心臓外科等の大手術を積極的に実施することは手術室等の制約もあり、容易ではない。現実的な解決策として、積極的に外来化を進めることが挙げられる。複雑性の評価は入院で実施したものに限られるので、外来化は当該評価を高める。近い将来、外来化は標準的な医療として定着するであろう。さらに外来で手術等を実施すれば、その分空いた病床に救急などの重症患者を受け入れられる。救急患者は高齢者が多く、在院日数が長い疾患が多いため、複雑性においても高い評価につながる。

　3つ目は副傷病名を実態に応じて適切に入力することだ。診療報酬で定義される副傷病名が適切に入力されていれば、入院期間Ⅱは約2倍に延長され、複雑性の評価は高くなる。ただし、副傷病がない患者に架空のコーディングをすることはいうまでもなく許容されるものではない。実態に応じたデータの提出が複雑性において適切な評価を受ける鍵を握っている。

副傷病名の適正入力が制度発展の鍵を握る

　前項では、複雑性を高めるための3つの施策を紹介した。複雑性は患者構成が問われるため、医療機関の努力が反映されにくいが、試す価値はあると思う。施策の1つに副傷病名を実態に応じて適切に入力することを挙げたが、本項では、副傷病名の重要性について説明したい。これは、今後のDPC/PDPSの制度設計にも影響するだろう。

❶ 副傷病を入力するメリット

　副傷病とは、入院時併存症と入院後発症疾患のことである。DPC様式1では退院患者ごとにそれぞれ記入できる。これが診断群分類点数表で定義された定義副傷病に該当すれば、診療報酬点数および入院日数の設定が異なってくる。

　副傷病を適切に入力することはDPC/PDPSにおける評価を高める。医療機関にとっては次の3つのメリットがあるだろう。

　1つ目は入院診療単価が向上することがありえることだ。例えば脳梗塞の場合、入院が長期化する傾向があり、適切に副傷病名を入力しないと損をする可能性がある（図表5-5-1）。

　2つ目は効率性係数の評価が向上することだ。在院日数が短いことを評価する効率性係数は、入院期間Ⅱと強い相関がある。定義副傷病を適切に入力することで、入院期間Ⅱの設定はどの診療領域でも大幅に延びる仕組みになっている（図表5-5-2）。

　ある脳梗塞の患者が30日で退院した場合、定義副傷病なしであれば入院期間Ⅱを大幅に超過するが、副傷病ありの場合には入院期間Ⅱの中に納まり、全国平均よりも早く退院したという評価になる。効率性係数では、実際の入院日数は相対的に評価されている。

図表5-5-1 脳梗塞（JCS10未満）手術なし症例 エダラボン使用有無 副傷病有無による点数設定

脳梗塞（脳卒中発症3日目以内、かつ、JCS10未満）手術なし 手術・処置等1なし 手術・処置等2あり（エダラボン）

DPCコード	副傷病有無	入院期間Ⅰ 日数	入院期間Ⅰ 点数	入院期間Ⅱ 日数	入院期間Ⅱ 点数	入院期間Ⅲ 日数	入院期間Ⅲ 点数	Ⅱまでの総点数
010060x2990401	なし	9	3,185	17	2,354	60	1,710	47,497
010060x2990411	あり①	9	3,185	17	2,354	60	1,710	47,497
010060x2990421	あり②	17	2,919	34	2,158	90	1,721	86,309

脳梗塞（脳卒中発症3日目以内、かつ、JCS10未満）手術なし 手術・処置等1なし 手術・処置等2あり（脳血管・廃用症候群リハ）

DPCコード	副傷病有無	入院期間Ⅰ 日数	入院期間Ⅰ 点数	入院期間Ⅱ 日数	入院期間Ⅱ 点数	入院期間Ⅲ 日数	入院期間Ⅲ 点数	Ⅱまでの総点数
010060x2990201	なし	9	2,722	18	2,012	60	1,688	42,606
010060x2990211	あり①	9	2,722	18	2,012	60	1,688	42,606
010060x2990221	あり②	17	2,672	33	1,975	90	1,679	77,024

脳梗塞（脳卒中発症3日目以内、かつ、JCS10未満）手術なし 手術・処置等1なし 手術・処置等2あり（tPA）

DPCコード	副傷病有無	入院期間Ⅰ 日数	入院期間Ⅰ 点数	入院期間Ⅱ 日数	入院期間Ⅱ 点数	入院期間Ⅲ 日数	入院期間Ⅲ 点数	Ⅱまでの総点数
010060x2990501	なし	11	5,488	22	1,751	60	1,488	79,629
010060x2990511	あり①	11	5,488	22	1,751	60	1,488	79,629
010060x2990521	あり②	23	3,012	46	2,226	120	1,820	120,474

副傷病
①水頭症、てんかん、頻脈性不整脈、脳性麻痺
②肺炎等、誤嚥性肺炎、腎臓または尿路の感染症、敗血症、その他の真菌感染症、呼吸器のアスペルギルス症

図表5-5-2 診療領域別 副傷病有無による入院期間Ⅱの平均

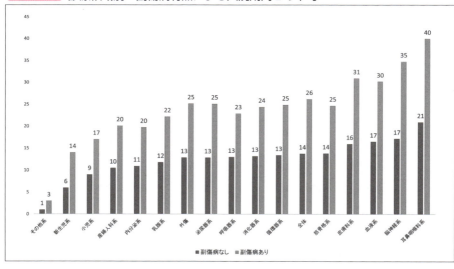

3つ目は複雑性係数が向上することだ。複雑性係数は全国平均に補正した1入院包括点数が評価の対象であり、入院期間Ⅱが長い疾患が多いことが評価のポイントである。定義副傷病に該当する場合には、入院期間Ⅱが約2倍に延びることから、複雑な患者を診ているという評価につながる。

　定義副傷病とは要するに、合併症のある患者は医療資源の投入が多くなり、在院日数も長くなるのだから、そのことを加味して評価しようという仕組みだ。患者の病態に合わせた適切なコーディングが評価向上の鍵を握っている。

❷ 副傷病を増加させるために

　ただ、患者の実態に合致するように定義副傷病名を入力するのは予想以上にハードルが高い。多忙な医師にとって、DPCコーディングなど二の次だからだ。ではどうすれば、定義副傷病を増やせるのだろうか。

　まずは、医師をはじめとする現場のスタッフに副傷病の意義を繰り返し伝え、その重要性を浸透させる必要がある。その上で、頻出する疾患については、定義副傷病との組み合わせを診療科別に伝えたい。ただし、これを医師だけに任せるのではなく、診療情報管理士や医事課などが日々の傷病名について提案したり、日ごろから密接なコミュニケーションを取っていることが不可欠である。

　もう1つは、抗生剤に着目することだ。定義副傷病名には、肺炎や敗血症などの感染症系の病名が多く入っている。抗生剤を使用した、あるいは中止した後に再開したケースや銘柄を変更した場合、副傷病に該当するかどうかを常に確認するルールを設けることも有効かもしれない。

　最後は、抗がん剤治療を実施した患者の白血球の減少に着目することだ。がん患者の場合、定義副傷病名の白血球疾患が該当する場合もある。そのような実態を適切にコーディングに反映することが評価を高めることにつながる。

❸ 健全な制度設計のために

　適切なコーディングに向けてすべての医師が前向きに取り組んでくれればいいが、思うようにはいかない。かといって医事課職員が勝手に入力するのもルール違反だ。DPC/PDPSの健全な制度設計のためにも適切なデータ提出は不可欠であり、副傷病を正確に入力することは医療機関のメリットのためだけではない。このことを忘れてはならない。
　今後、導入される予定のCCPマトリックス[*1]においては副傷病の重要性が増すことが予想される。導入には各医療機関が適切なデータを提出していることが大前提となる。

　最後に健全な制度設計となるよう、副傷病について3つの提言を行う。
　1つ目は、入院時併存症を中心に評価し、入院後発症疾患については重みを下げることだ。確かに高齢者ほど合併症が多く、入院後に肺炎を併発することなどが在院日数を長引かせる要因である。しかし、医療機関が適切な管理を行っていれば、入院後発症疾患は防げたかもしれないし、成果に対するインセンティブを設けることが望ましい。皮肉なことに、入院時併存症は入力漏れが多いのに対して、入院後に発症した合併症の情報は正確に記入される可能性が高い。もちろん持参薬チェックと副傷病の入力を連動させるなど、医療機関が取り組まなければならないことは多いが、入院時併存症と入院後発症疾患は同じ副傷病であってもその意味が異なる。
　2つ目は、「定義副傷病あり」で入院期間Ⅰの点数が低く設定されている疾患の扱いだ。脳梗塞などでも入院期間Ⅰは「副傷病あり」のほうが低く設定されていたりする。そうなると、在院日数が短い患者について、「副傷病あり」を選択すると収入が減少する可能性もあるため、実際は副傷病に該当するのに、あえてその情報を隠すという医療機関が少なくない。これらを回避するために、「定義副傷病あり」の入院期間Ⅰの点数を増加させることが望ましい。ただし、これも入院後発症疾患の影響があると予想され、入院時

[*1]　CCPマトリックス：2016年度のDPC制度改革において、「糖尿病」「肺炎」「脳血管疾患」の3疾患を対象として、入院患者の重症度を勘案するためのツールとして「CCPマトリックス」が試行導入された。

併存症を中心に評価することにより解決できる可能性が高い。

　最後は「副傷病あり」と判断するルールの明確化だ。副傷病はDPCコーディングテキストでは、「患者管理に影響を与えた病態」とされているが、医療機関によっては副傷病を対象にした診療行為があった場合のみ「副傷病あり」としたり、直接的な診療行為がなくても、管理に影響を与えている場合に「副傷病あり」とするなど判断にバラつきがある。統一のルールを決めることは容易ではないが、基準の明確化がさらなる制度の発展につながる。

6 地域差に影響されない救急医療係数の設計を

❶ 救急医療係数と機能評価係数Ⅱ

　DPCⅢ群病院の場合には、救急医療係数と機能評価係数Ⅱの相関係数が0.55と正の相関を示している（213ページ図表5-1-1参照）。つまり、救急医療係数が高い病院は、機能評価係数Ⅱの合計が高くなる傾向があり、特に救急医療に注力するⅢ群病院は当該係数で適切な評価を受けることが重要になる。

　なお、救急医療係数については、重篤な緊急入院患者については、救急医療入院（救急医療管理加算等を算定する入院）として処理することが重要である。ただし、救急医療入院については地域差があり、比較的査定されにくい地域とそうではない地域が存在する。

　本項では、救急医療入院の判断に影響を及ぼす事象について検証し、地域差の実態が救急医療係数に強い影響を及ぼしていることを明らかにする。その上で、今後の救急医療係数のあり方を考えたい。

❷ 救急医療入院の割合

　図表5-6-1は、病床規模別に緊急入院患者に占める救急医療入院の割合（以下、救急医療入院割合）を見たものだ。100床未満が最も割合が低く、100床台がそれに続く。これは命にかかわる重篤な患者を中小病院が受けられないことに関係している可能性もあるが、200床台および800床台の救急医療入院割合が52％であることを考えると、患者の状態だけでなく、病院による判断が影響を及ぼしているのかもしれない。

　次に図表5-6-2で医療機関群別に救急医療入院割合を見たところ、Ⅱ群、Ⅲ群、Ⅰ群、準備病院、出来高病院の順になった。Ⅱ群病院は高機能な病院だから救急医療入院割合が高いのかもしれないが、Ⅰ群はⅢ群平均よりも低

❻地域差に影響されない救急医療係数の設計を

図表5-6-1 病床規模別　緊急入院患者に占める救急医療入院の割合

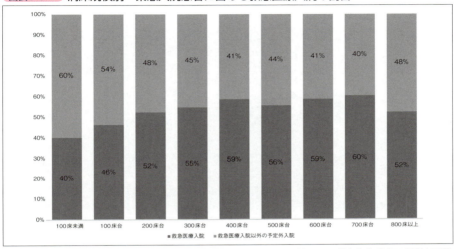

出所：平成27年度 第7回 診療報酬調査専門組織・DPC評価分科会の資料をもとに筆者作成（以下の資料も同様）

図表5-6-2 病院機能別　緊急入院患者に占める救急医療入院の割合

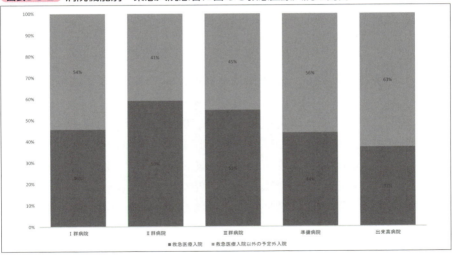

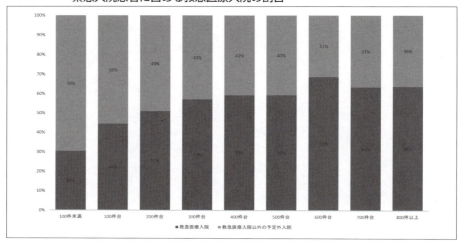

図表5-6-3 100床当たり救急車搬送入院件数別
緊急入院患者に占める救急医療入院の割合

くなっている。確かにⅠ群病院は予定入院の割合が多く、緊急入院の割合は少ないだろうが、緊急入院する患者については重篤なケースが多いはずだ。つまり、救急医療入院割合は、病院機能を適切に反映していないと考えられる。

　さらに図表5-6-3で100床当たり救急車搬送入院件数と救急医療入院割合の関係を見たところ、100床当たり救急車搬送入院件数が多いほうが、救急医療入院割合が高くなる傾向が見られた。100床当たり救急車搬送入院件数が多ければ、病床を緊急入院患者に多く割り当てており、さらに救急車搬送で入院するのであれば重篤な可能性が高く、うなずける結果である。2016（平成28）年度診療報酬改定では、「重症度、医療・看護必要度」（以下、看護必要度）のA項目で救急車搬送後の入院が評価対象とされたが、重篤な緊急入院の代理変数の1つとして救急車搬送を考えることもできる。

　救急車搬送入院のような重篤な緊急患者を救急医療入院としている医療機関もあれば、比較的軽症なウォークイン患者も救急医療入院と判断し、救急医療管理加算を算定する病院も存在する。このような"重篤"という判断基準は、病院の閾値の設定にもよるが、それ以上に地域の"査定の事情"が関係している。そこで、2014年度のDPC評価分科会の公表資料を用いて、都

❻地域差に影響されない救急医療係数の設計を

道府県別に緊急入院患者に占める救急医療入院の割合を算出した。図表5-6-4がその結果だ。救急医療入院割合が最も高いのが千葉県であり、最も低いのが福井県であった。図表5-6-5に示すように千葉県でも病院によって判断はばらついているが、福井県では全体的に保守的な傾向が見られる（図表5-6-6）。これは保険の審査基準が関係している。

さらにこの救急医療入院割合と都道府県別の救急医療係数の関係を見ると、有意な正の相関がみられ、地域の査定の事情が救急医療係数に影響を及ぼしている（図表5-6-7）。財源の問題などもあり、地域の査定の事情が異なるのはある意味致し方ない問題だろう。しかしながら、DPC/PDPSの機能評価係数Ⅱという全国一律の係数に対して、地域性が影響を及ぼすことは避けたい。

このことについて解決先は2つある。1つ目は、緊急入院のすべてを救急医療入院の対象とすることだ。救急医療係数が緊急入院初期の医療資源投入量の損失補填をする役割ならば、状態が軽い緊急入院を多く受ければ、当該係数は下がるだろうし、重篤な患者が多ければ、当該係数は上昇する。病院で重篤かどうかを判断するよりも実態を表すはずだ。

もう1つが"救急車搬送入院"に限定するという考え方だ。救急車搬送入

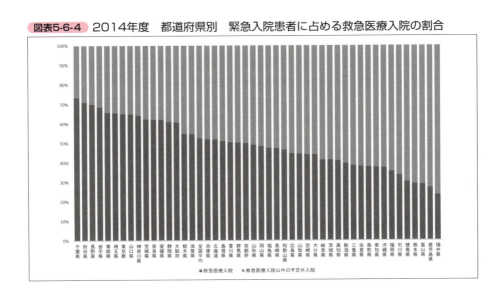

図表5-6-4　2014年度　都道府県別　緊急入院患者に占める救急医療入院の割合

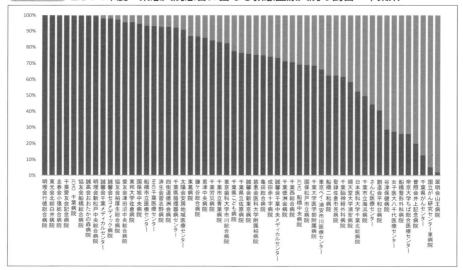

図表5-6-5 2014年度 緊急入院患者に占める救急医療入院の割合 千葉県

院だけが重篤ではないが、救急車で来院し、入院した患者については、一定程度の重篤度を表す指標にはなりえる。また、看護必要度との整合性も図れ、さらに「ウォークインよりも重篤な救急車搬送に注力せよ」というメッセージにもなることだろう。

病院マネジメントという点からは、実態に応じた適切な評価を受ける仕組みを構築しなければならない。多くの病院で救急医療係数を高めた私の経験では、最終的には入院初期の医療資源投入量の多寡が係数に影響を及ぼすが、適切な評価を受けるためには、仕組みづくりが欠かせない。

医療政策的には、2018（平成30）年度診療報酬改定において、地域の査定の事情を反映しない救急医療係数の制度設計を期待したいところだ。

❻地域差に影響されない救急医療係数の設計を

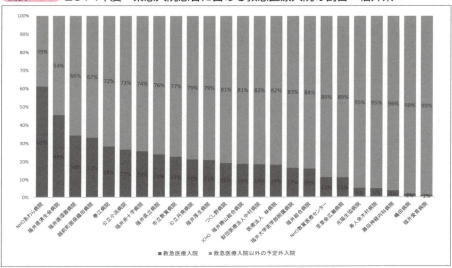

図表5-6-6 2014年度 緊急入院患者に占める救急医療入院の割合 福井県

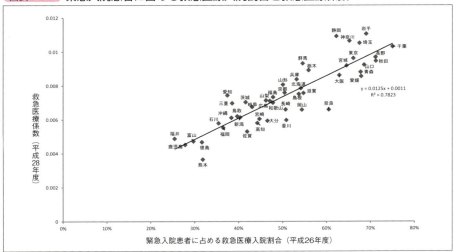

図表5-6-7 緊急入院患者に占める救急医療入院割合と救急医療係数

7 後発医薬品の積極的採用にあたっての課題——適応外使用をどう考えるか

❶ 後発医薬品係数導入の経緯

　DPC/PDPSでは医療機関別係数が存在し病院ごとに係数が異なることから、その対策が重要であることはいうまでもない。今後、暫定調整係数が廃止され、機能評価係数Ⅱの経済的な重みが大きくなっていく。機能評価係数Ⅱは8項目から構成されており、差がつきづらいデータ提出係数やカバー率係数、努力しても報われにくい複雑性係数、地域医療係数、実態に応じたデータ提出など医療機関の努力が報われやすい効率性係数、救急医療係数に分類することができる。後発医薬品係数についてあえて分類すれば努力が報われやすいものになるだろうが、現行制度における評価が数量ベースで70％以上使用していることが最大とされているため、もともと後発医薬品の導入が進んでいた病院は2016（平成28）年度係数が下落したこともあり、努力しても報われないという側面も存在している。

　後発医薬品係数は2014（平成26）年度診療報酬改定において評価された項目である。この評価がはじまったのは、2012（平成24）年度診療報酬改定において医療機関群が登場したことが影響していると私は考えている。Ⅰ群は大学病院本院であり、Ⅱ群が大学病院本院に準ずる高診療密度病院、Ⅲ群がそれ以外とされ、それぞれ基礎係数が付与されたことの影響は甚大だ。Ⅱ群だから機能的に優れているとは必ずしもいえないが、大学病院本院並みという評価を行い、高い係数がついていることは医療関係者にとって意味するものが大きいと感じるのが普通だ。だから皆、Ⅱ群を目指して診療密度の向上に努めるようになったわけだ。しかし、後発医薬品を導入することは診療密度を下げる方向に動くことを意味し、2012年度診療報酬改定からの2年間、Ⅱ群を目指すあるいはⅡ群を維持したい病院はジェネリック医薬品の積極的な導入を避ける傾向が強くあった。後発医薬品の係数化については、包括払いという環境下で低薬価の医薬品を用いることは利益があるはずであり、二

重評価になるという理由で見送られてきたのだが、2014年度診療報酬改定ではそうもいっていられなくなったという現実があるのだろう。

❷ 後発医薬品係数導入の影響

　後発医薬品係数が導入されたことにより、今までジェネリック医薬品に対してアレルギーが強かった医療機関も本気で採用を進めざるをえなくなった。係数というニンジンをぶら下げられたことに加え、係数は官報で公表されることが関係しているのだろう。年に１度試験の点数発表があるわけなので、それに向けて対策をする医療機関が増えることは自然流れだ。

　図表5-7-1は、2012年度診療報酬改定時からⅡ群である武蔵野赤十字病院と千葉大学医学部附属病院の後発医薬品の採用状況である。積極的に取り組んだタイミングの違いはあるが、いずれも80％を超えており高機能な急性期病院であっても"やればできる"ことを意味している。できない理由を探すことは簡単だが、どうしたら前向きに取り組めるかを皆で議論することが望ましい。試験に出題される問題は決まっているわけだから、それにあわせて

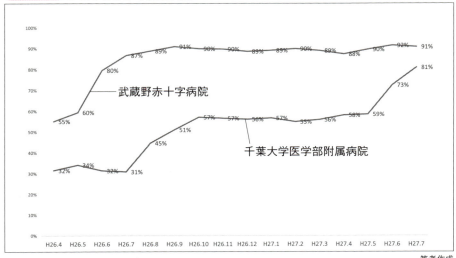

図表5-7-1　ジェネリックの採用状況

筆者作成

対策をしていけば高得点が保証されている。いずれはどの医療機関もジェネリックを使うことになるはずだ。タイミングの違いで得られる利益が大きくなる、先行者優位の世界がDPC/PDPSだ。早めの取り組みが期待される。後発医薬品係数は差がつかず、役割を終える時もそう遠くはない。

❸ 適応外使用をどう考えるか

　後発医薬品が存在するものはすべてを切り替えようという方針の医療機関も多いだろう。武蔵野赤十字病院はそのような方針の下に切り替えを行ってきたがゆえに、90％を超える水準にまで上昇した。しかし、切り替えを進めていくと適応外使用をどう考えるかという問題に直面する。仮にいったん後発医薬品に切り替えても、先発品が適応を拡大してくることもある。適応外使用を一切しないという方針を採用するといったん後発医薬品に切り替えても先発メーカーの動向によってまた元に戻すことがありえ、適応外使用を一切しないで後発医薬品を80％以上導入することは容易ではない。

　適応外使用の可否について3つの視点から検討を行うことが望ましい。

　まず1つ目は診療報酬の面からであり、保険審査において査定される可能性をどう考えるかだ。DPC/PDPSに限らず今日多くの入院医療は包括払いが採用されており、包括の中で使用した薬を査定することはないだろう。しかし、DPC対象病院であっても出来高請求する患者は存在するし、外来ではどうかという問題も生じる。この点については、地域差があるかもしれないが、私が調べたところ適応外使用であっても査定はしないという方針のようだ。

　2つ目が副作用によって患者に不利益が生じる場合についてどう考えるかだ。患者に不利益がある場合に備えて、医薬品副作用被害救済制度があるが、そこでは医薬品を適正に使用した場合のみ救済されることになっている。「適正な使用」とは、原則的には医薬品等の容器あるいは添付文書に記載されている用法・用量および使用上の注意に従って使用されることが基本であり、個別の事例については、現在の医学・薬学の学問水準に照らして総合的な見地から判断することになっている。これを文言どおりに解釈すると適応外使用は避けたい気持ちになるが、適応外使用だからといって救済されないわけ

ではないようだ。また、抗がん剤については救済の対象外である点にも留意する必要がある。

　3つ目が訴訟になった際に医師あるいは医療機関が不利益を被るリスクをどう考えるかだ。患者は医薬品副作用被害救済制度によって保護されることになっている。しかし、訴訟になった際に後発医薬品の適応外使用をした医師あるいは医療機関にリスクが生じる。最終的には裁判によって決着する問題だが、この点においても先発品と同効の後発医薬品を使用したのであれば問題はないようだ。また、仮に患者の生命予後に影響があったとしても、後発医薬品を使用したことが直接の原因だったかどうかを立証することは極めて困難である。もちろん後発医薬品について類似する名称の異なる効果の医薬品を誤って投与してしまった場合の責任は生じるわけであり、切り替えにあたり医療安全面から細心の注意を払うことはいうまでもない。

　適応外使用にはリスクがある。しかし、国の政策に沿って行動した医療機関が見捨てられることはあってはならない。私は積極的に後発医薬品を採用することが望ましいと考えている。

8 重症度指数に依存せず、効率性と質の追求を

❶ 重症度指数の意義

　2016（平成28）年度診療報酬改定では、DPC/PDPSの機能評価係数Ⅱの8項目として「重症度指数」が試行的に導入された。

　これは、診断群分類では十分に評価されない重症度の高い患者を受け入れていることを評価するための指数である。包括払いという環境下では、軽症の患者のみを診ようするクリームスキミング（収益性の高い分野だけ参入し、"いいとこ取り"をすること）が起きるリスクが高くなることから、合併症を持った重症患者の引き受け手を評価するという趣旨であるならば高く評価できる。

　しかし、問題はその評価方法である。重症患者への対応機能は、包括範囲出来高実績点数と診断群分類点数表の比で表すというのだ。つまり、医療資源投入量の多寡が問われており、医療機関群Ⅱ群の実績要件の1つである診療密度と似た性格を有することになるため、二重の評価になる恐れもある。

　重症度指数は、医療資源の投入量が多いことが、重症患者への対応状況を表すという面がある一方で、標準化と効率化が遅れた医療機関を評価してしまう側面もあり得る。重症度指数が本当に重症度を反映するものなのか、あるいは無駄な医療資源投入が多い医療機関を保護することにつながるのか、本項では重症度についてDPCデータを用いた検証を行い、今後のDPC/PDPSの制度設計のあり方および各医療機関における対応策に言及する。

❷ 重症度指数が生まれた背景

　重症度指数は、2018（平成30）年度の診療報酬改定で暫定調整係数が廃止されることに伴い、新設される項目である。暫定調整係数は、2012（平成

24）年度および2014（平成26）年度診療報酬改定において、出来高部分も含めた推計報酬変動率が±2.0％を超える場合に、激変緩和措置の一環として、調整弁の役割を果たしてきた。暫定調整係数の廃止に伴い、2018年度に収入変動が集中する可能性があることが、重症度指数が生まれる議論の発端であった。

ただ、一般企業であれば、為替リスクなどを背負いながら経営をするのが常識である。先が読めない中でも未来を見据えた経営が求められているわけだが、なぜ医療界には手厚い庇護があるのだろうか。そもそも新規参入が困難など、病院は既に規制によって守られており、収入変動リスクについて、さらなる激変緩和措置を設ける必要が本当にあるのだろうか。あるいは、現行のDPC/PDPSという制度設計が医療機関の機能をまったく反映できないものであり、矛盾に満ちたものだから激変緩和措置が必要なのであろうか。

重症度指数の登場は、医療機関の「推計診療報酬変化率」と「包括範囲内出来高実績点数」に負の相関があることが明らかになったためのようだが、本当に診断群分類では重症度の差が表せないのか、さらなる検証が必要である。

❸ 重症患者の医療資源投入量は多いのか？

重症度指数の基本的な考え方は、「医療資源の投入量が多ければ、重症なのだろう」というものだ。そこで、DPCデータを用いて、様式１に入力される重症度と出来高差および死亡率の状況を、日本人の死因第２位である心疾患について検証した。

急性心筋梗塞患者について、重症度をクラスⅠ～Ⅳに分類したKillip分類別に１症例当たりの出来高差（DPC/PDPSによる請求額と出来高換算金額の差）を見ると、確かにKillip 4（心原性ショック）のような重症患者については、出来高差が縮小している。このことから、重症患者ほど、医療資源の投入量が多いことが分かる（図表5-8-1）。出来高換算点数は、検査や投薬、処置なども含むため、出来高差が小さくなれば、それだけ医療資源投入量が多くなっていることを意味する。

ここでは医療機関別係数の影響を除外したもの「係数なし」と、係数を考

図表5-8-1　急性心筋梗塞　Killip分類別1症例当たり出来高差と件数

	全症例			死亡症例除く		
	1症例当たり出来高差（円）		件数	1症例当たり出来高差（円）		件数
	係数なし	係数あり		係数なし	係数あり	
Killip1	51,337	82,779	9281	52,988	84,361	9125
Killip2	45,596	78,230	4978	50,879	83,119	4752
Killip3	32,660	90,684	1623	47,308	108,419	1389
Killip4	-9,798	45,791	3017	38,032	125,237	1526

※"係数なし"は医療機関別係数の影響を除いたものであり、"係数あり"は医療機関別係数を加味したもの
出所：平成27年度第8回（11月30日開催）診療報酬調査専門組織・DPC評価分科会資料

慮したもの「係数あり」を掲載しているが、特に「係数なし」のケースでは、その傾向が顕著である。Killip 4 の患者は重症度が高く、死亡率が高いことが関係しているのだろう。

命に関わる救命の場面において、「医療資源の投入が多いから無駄である」との議論をすることはできない。赤字であろうと救うべき命があるはずだ。だとすれば、死亡症例を除いた場合について、検証することが求められるであろう。急性心筋梗塞について死亡症例を除き、かつ医療機関別係数を考慮した出来高差「係数あり」を見ると、むしろKillip 4 のほうが高くなっている。つまり、重症だから資源投入が多く、持ち出しになっているとは、必ずしもいえない。

結局、出来高差の違いは、病院ごとの診療プロセスにあり、重症だから資源投入が多いのではなく、クリニカルパスによる標準化が進んでいない、あるいは研修医が多く、検査が多いなどの何らか別の理由が関係しているものと予想される（後者については医療機関群で補填されているはずだ）。

心不全についても検証を行ってみた。重症度をクラスⅠ～Ⅳに分類したNYHA分類で、最も重いNYHA 4 の重篤な状態では、出来高差は小さいことが分かり、やはり死亡率が高いことから医療資源投入量が多くなっている（図表5-8-2）。しかし、死亡症例を除き、かつ医療機関別係数を考慮する「係数あり」と、NYHA 4 の患者については、むしろ出来高差が大きいことが分かる。

死亡症例については評価から除外し、医療機関別係数を加味することによ

❽重症度指数に依存せず、効率性と質の追求を

図表5-8-2 心不全　NYHA心機能分類別1症例当たり出来高差と件数

	全症例			死亡症例除く		
	1症例当たり出来高差（円）		件数	1症例当たり出来高差（円）		件数
	係数なし	係数あり		係数なし	係数あり	
NYHA1	43,534	80,716	2,815	46,935	84,404	2,703
NYHA2	37,869	79,968	11,675	41,030	83,042	11,271
NYHA3	32,468	80,979	15,387	39,830	87,863	14,296
NYHA4	19,875	73,825	17,570	36,161	92,710	14,445

※ "係数なし"は医療機関別係数の影響を除いたものであり、"係数あり"は医療機関別係数を加味したもの
出所：平成27年度第8回（11月30日開催）診療報酬調査専門組織・DPC評価分科会資料

り、重症心筋梗塞や心不全であっても、現行の診断群分類の仕組みで適切に評価されていると考えられる。この分析は、急性心筋梗塞について約1.9万症例、心不全について約4.7万症例を対象としており、一定の大規模データである。

Killip分類やNYHAが適切に入力されているか、重症度を適切に表していないという声も聞こえてきそうだが、死亡率をある程度適切に反映している（図表5-8-3、図表5-8-4）。つまり、重症度の1つの指標となっているはずだ。

また、急性心筋梗塞や心不全は、入院から2日目までの医療資源投入量については、救急医療係数で補填されているわけであり、重症度指数よりも救急医療係数の評価を手厚くしたほうが妥当ではないだろうか（予定入院患者は医療資源の投入量がコントロールしやすい）。なお、これは心疾患の一部の事例に過ぎないが、他の疾患でも同様の傾向となる可能性が高い。

重症だから医療資源の投入量が多いという感覚は理解できる。しかし、今回の心疾患の分析からは必ずしもそうとはいえない結果であった。

医療費の抑制が急務である中で、医療資源の投入量が多いことを評価するような仕組みは避けたほうがよい。効率的で質に優れる医療機関が、高い評価を受けるべきである。無駄が多くても、機能評価係数Ⅱで評価されるのだから、効率化しなくていいという発想を医療機関に持たせることは望ましくない。2016年度の重症度係数で、高い評価を受けた病院は恥ずべき点があり、

図表5-8-3 急性心筋梗塞　Killip分類別死亡率

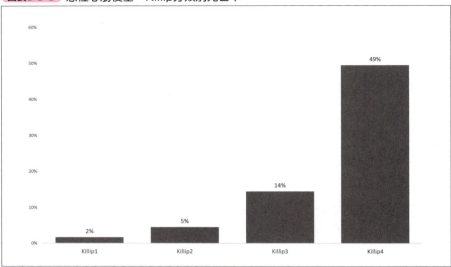

図表5-8-4 心不全NYHA　心機能分類別死亡率

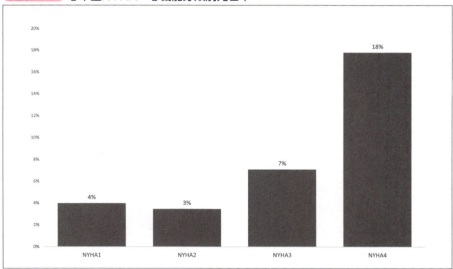

改善の余地があると捉えるべきであろう。

　医療機関側は、重症度指数があるから効率化を進めなくてよいという発想を持つべきではなく、適切な診療プロセスとそれに伴うアウトカムを追求すべきである。当該係数は、中長期的に存在しえるとは考えにくい。重症度指数が高かった病院は危機感を持って対応すべきであろう。

　この国の有識者は本気で医療費抑制を図ろうとしているのであろうか。実際、医療機関側もこのような評価を望んではいないはずだ。効率的で医療の質を適切に評価する新たなステージに移行することが、今私たちに求められている。

9 重症度係数ゼロを目指して

❶ はじめに

　2016（平成28）年度の医療機関別係数が各医療機関に内示され、次回改定時までの医療機関群および暫定調整係数に加え、機能評価係数Ⅱが明らかになった。

　私自身、発表をとても楽しみにしていた。2015（平成27）年4月より着任した千葉大学医学部附属病院の評価をはじめ、アドバイザーを務める関連病院の評価は、自分自身の評価の一部でもあると思っている。

　本項では、2016年度の機能評価係数Ⅱで新設された重症度係数について、千葉大学医学部附属病院等の事例を通じて再度取り上げ、今後のあり方について言及する。

❷ 重症度係数

　2016年度は、機能評価係数Ⅱにとって大きな転換点となった。今まで、DPC/PDPSに参加することのインセンティブとして位置付けられ、機能評価係数Ⅱが高いことは、優れた取り組みが評価されていると見なすこともできた。地域医療係数など、病院の努力ではどうにもならない評価項目が一部存在するが、地域の最後の砦である急性期医療を支える医療機関を評価することは適切であろう。

　また、在院日数を短縮したり、重症な救急患者を受け入れることで、個々の医療機関の努力が実を結ぶ面も大いにあった。しかし、今回は重症度係数が入ったことで、損失補填という性格が一気に強まり、「機能評価係数Ⅱ合計が高い＝優れた診療機能を有する医療機関」とは説明できなくなってしまった。

　重症度係数については、すでに、当該係数に依存するのではなく、質と効

❾重症度係数ゼロを目指して

率性を追求することが望ましいと説明した。内示を受けてさらにその思いを強くしている。

図表5-9-1は、2016年度Ⅰ群の機能評価係数Ⅱの状況であり、千葉大学医学部附属病院は上位6番手の評価を受けた。2015年度が48位であったので、大躍進と捉えることもできる。

2015年4月の着任以降、在院日数の短縮が進み（図表5-9-2）、入院期間Ⅱ以内での退院割合を高められた（図表5-9-3）。また、定義副傷病の適切な記載を進めたり（図表5-9-4）、薬剤部を中心にジェネリック医薬品の導入などを強化した（図表5-9-5）。

「大学病院だから、取り組みが進められない」という理由はどこにもない。あるべき姿に向かって大きな船を動かしていくことこそが、経営参謀あるいは組織の司令塔に求められる役割だ。

図表5-9-1　（参考）機能評価係数Ⅱの平均、標準偏差および分布図【Ⅰ群】

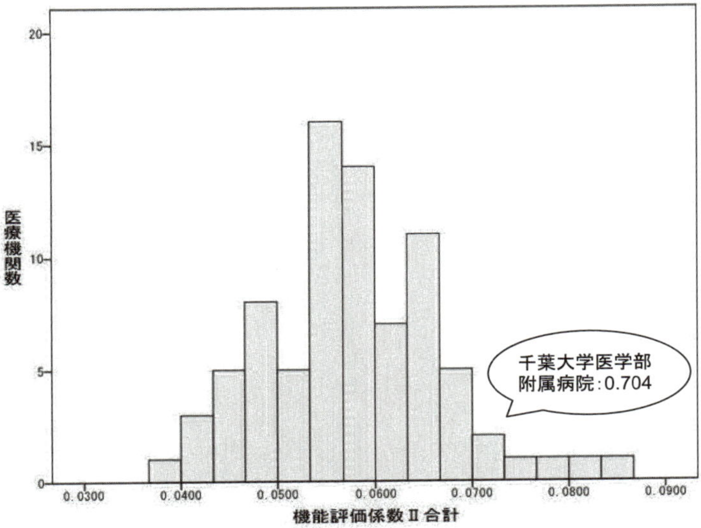

平均値	0.0576
標準偏差	0.0089

千葉大学医学部附属病院：0.704

図表5-9-2 千葉大学医学部附属病院　平均在院日数の推移

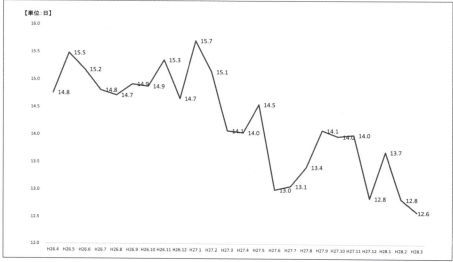

筆者作成

図表5-9-3 千葉大学医学部附属病院　入院期間Ⅱ以内の退院患者割合

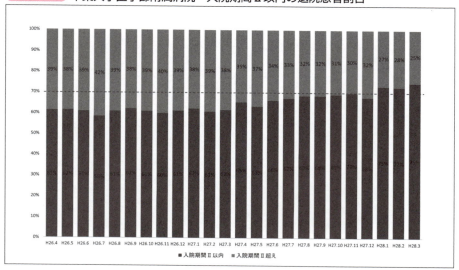

筆者作成

❾重症度係数ゼロを目指して

図表5-9-4 千葉大学医学部附属病院　副傷病あり患者の割合

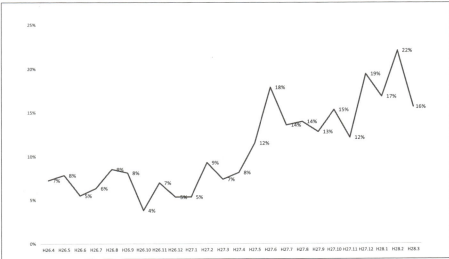

筆者作成

図表5-9-5 千葉大学医学部附属病院　後発医薬品の採用状況

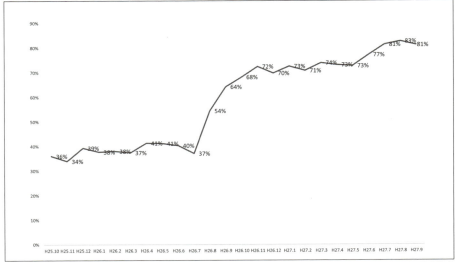

筆者作成

千葉大学医学部附属病院では、病院長企画室のメンバーを中心に、機能評価係数Ⅱの向上に向けて取り組み、対前年比の伸び率では、Ⅰ群病院の中で最も高い評価を受けられると期待していた。前職の東京医科歯科大学医学部附属病院でも、着任後に対前年比の上昇幅がⅠ群でトップになった。そして、今回は評価期間が半年しかなかった（2015年４月～９月）ものの、やれるという自信はあった。実際に機能評価係数ⅡでⅠ群48位から６位まで大幅に上がったことになる（ただし、暫定調整係数の減少に伴い医療機関別係数は微増にとどまった）。とはいえ、私自身、この結果をとても微妙な気持ちで受け止めている。

　理由は、千葉大学医学部附属病院がⅠ群の中でも重症度係数が高いためだ（図表5-9-6）。これは、検査や画像診断において過剰な部分があり、抗生剤の適正使用などが遅れている可能性があると評価されたのかもしれない。これらの改善に着手し始めたところであり、他院に出遅れている感は否めない。

図表5-9-6　（参考）機能評価係数Ⅱの平均、標準偏差および分布図【Ⅰ群】

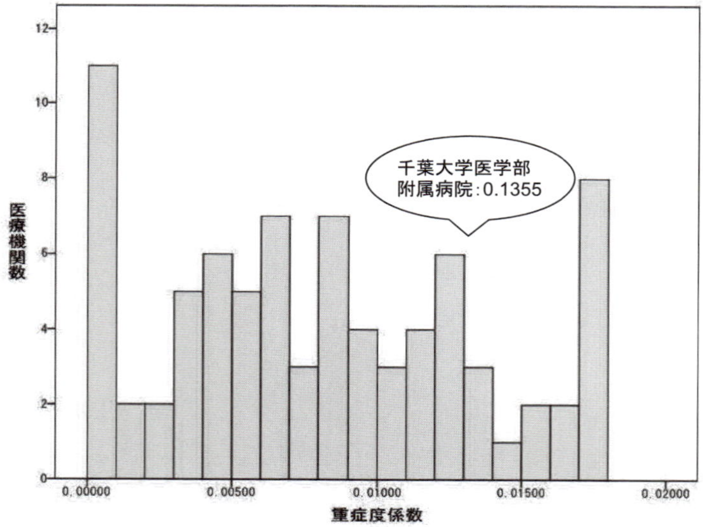

平均値	0.00815
標準偏差	0.00541

千葉大学医学部附属病院：0.1355

「係数で補填されたからよい」と安心するのではなく、むしろ危機感を持って臨まなければならない。

　今回、Ⅲ群からⅡ群になった横浜市立みなと赤十字病院（私がアドバイザーを務めている）は、Ⅱ群の中で重症度係数がゼロという評価であった。入院期間Ⅱを意識したパスの運用や検査・画像診断などの効率化に徹底して取り組んだ結果だった。なお、同院がⅡ群になったのは偶然ではなく、今まで基準値を下回っていた診療密度について、適切な対策を講じたためだ。診療密度はある意味、無駄が多い病院が評価されるが、そもそも非効率的な診療を目指すことなどありえない。重要なのは、在院日数を短縮し、"１日当たり"の濃度を濃くすることであり、そのことを病院全体で取り組んだ結果だ。

　千葉大学医学部附属病院には重症患者が多いから医療資源の投入が多く、横浜市立みなと赤十字病院は軽症が多いから医療資源の投入が少ないわけではない（なお、重症度係数は医療機関群ごとの評価である）。ここには、効率化に向けての取り組みが大きく影響している。そもそも医療資源投入量の多寡は、"診療密度"として医療機関群で評価されており、二重に評価する理由は乏しい。

　制度設計において、「弱い者」の立場を考慮するという視点は欠かせない。しかし、それはあくまで条件が不利で、できるだけフェアに扱うという意味においてである。甘えがあり、ぜい肉が多い医療機関ではなく、自らの肉体をストイックに磨き上げ、"筋肉質"に変えていこうとする病院が高い評価を受けることが望ましい。

　厳しい財政事情を考えれば、これからの医療政策は甘えた医療機関を"守る"ことよりも、強靭な医療機関を"創る"方向へシフトしていくべきである。そのためにも、医療資源の投入量の多寡で病院を評価するのはやめたほうがよい。せっかくDPC/PDPSという包括払いにした意義が消失してしまう。国は、各医療機関は対応できるだけの潜在能力を有していると考え、医療政策の方向性を明確にしていいのではないか。

　我々医療機関側は、重症度係数に甘えることなく、少ない医療資源の投入で最大の成果を生むよう、自らの襟を正していくことが求められている。

　千葉大学医学部附属病院では、今回の評価に甘んじることなく、効率的で質の高い医療を追求していく。特定機能病院として重症患者を受け入れ、地

域医療の最後の砦としての役割は果たしていくが、重症患者を診ていることを言い訳に、効率化が進まない病院であってはならない。限られた国民医療費を効率的かつ効果的に使う病院こそが、高い評価を受ける時代が来るだろう。そのような医療政策の実現に向けて、私たちが実績をつくり、それをデータで明らかにし、医療政策を主導していくことが求められている。

10 退院支援加算1を取得する上で必要な視点

　2016（平成28）年度診療報酬改定では、従来の退院調整加算をアップグレードした退院支援加算1が1つの目玉となっている。

　連携パスを評価した地域連携診療計画管理料が廃止されたが、それに代わる地域連携診療計画加算を算定するには、退院支援加算1の届け出が必要だ（新生児を除く）。国はおよそ10年にわたり連携パスを強く推進し、そのためのインセンティブも用意してきたが、算定回数が少ないことから、当該管理料を廃止した。

　退院支援加算1は、人員配置などのハードルが高く、届け出は困難かもしれない。ただ、後方病院が退院支援加算1を算定するには、前方病院での算定が前提となる。連携先に迷惑を掛けないためにも早期に届け出をしたい。

　なお、DPC/PDPSにおける地域医療指数の脳卒中連携では現在、地域連

図表5-10-1 退院支援に関する評価の充実

退院支援加算1
　イ　一般病棟入院基本料等の場合　　600点
　ロ　療養病棟入院基本料等の場合　　1,200点
退院支援加算2
　イ　一般病棟入院基本料等の場合　　190点
　ロ　療養病棟入院基本料等の場合　　635点

	退院支援加算1	退院支援加算2（改定前の退院調整加算と同要件）
退院困難な患者の早期抽出	3日以内に退院困難な患者を抽出	7日以内に退院困難な患者を抽出
入院早期の患者・家族との面談	7日以内に患者・家族と面談	できるだけ早期に患者・家族と面談
多職種によるカンファレンスの実施	7日以内にカンファレンスを実施	カンファレンスを実施
退院調整部門の設置	専従1名（看護師または社会福祉士）	専従1名（看護師または社会福祉士）
病棟への退院支援職員の配置	退院支援業務等に専従する職員を病棟に配置（2病棟に1名以上）	
医療機関間の顔の見える連携の構築	20か所以上の連携する医療機関等の職員と年3回以上の面会を実施	
介護保険サービスとの連携	100床当たり年15回以上の介護支援連携指導料の算定（療養病棟等では10回）	

携診療計画管理料が体制評価指数の評価対象だが、2016度診療報酬改定の廃止を受け、2017（平成29）年度の機能評価係数Ⅱではどう評価するのだろうか。地域連携診療計画加算の届け出状況や算定件数に置き換えられる可能性が濃厚だが（最終的にそのようになった）、医療機関にとっては、地域連携診療計画加算の算定が経済的な意味ではベストとは限らない。

本項では矛盾をはらんだ制度を概説し、どのように対応すべきかについて言及する。

❶ 今回改定における退院支援加算1

退院支援加算1の算定には、入院後3日以内に退院困難な患者を抽出し、7日以内に患者・家族と面談し、カンファレンスを実施することなどが求められる。これは退院支援加算2（従来の退院調整加算をスライド）よりも要件が厳しい。ただ、退院困難な患者の抽出が7日以内という加算2の要件は、今日の在院日数の短さを考えれば遅すぎる。より実態に即した要件となったと考えるべきだろう。

退院支援加算1では、退院調整部門および病棟への退院支援職員の専従職員の配置がネックという声も多い。ただ、高齢化が進む中、特に救急医療に積極的な病院では、退院が困難な患者は確実に増加することから、地域連携をより密にする必要がある。そのような点では、退院支援における手厚い人員配置は望ましく、できるだけ早期に届け出をしたい。

配置する職種（看護師または社会福祉士）は、所帯の大きい看護部から人を出すことが早期届け出の鍵になるだろうし、エース級の看護師を重点的に配置すれば、業務が円滑に進む可能性も高まる。ICUや7対1入院基本料の要件厳格化に伴い、重症系ユニットを閉鎖するなど、経過措置期間が終了する今年9月末に向けて対応を検討した病院も多いだろう。他の届け出との兼ね合いがあるが、ICUなどの高次機能の看板に無理に執着するのではなく、退院支援に人材を振り向けるという選択も検討に値する。

なお、退院支援加算1では、100床当たりの介護支援連携指導料の算定件数が年間15回以上であることも要件とされた（一般病棟入院基本料の場合）。介護支援連携指導料は今回、300点から400点にアップされたが、これは2018

（平成30）年度の診療・介護報酬の同時改定に向けて布石を打つという意味だろう。ただ、退院時共同指導料2は、介護支援連携指導料を併算定できない。退院時共同指導料2を算定し、三者共同指導を行えばプラス2,000点となることから、介護支援連携指導料をあきらめ、退院時共同指導料2を優先してきた病院も多いはずだ。そうはいっても、100床当たり年間15回の算定とは、400床であっても年間60件だ。このくらいは本気でやれば、1か月で実績をつくれる。要件を満たせなかった病院は粛々と取り組みを進めるべきだろう。なにしろ、入院中2回まで算定が可能なのだから。

2 地域連携診療計画加算を算定すべきか

　DPC/PDPSにおける地域医療指数の脳卒中連携では、2016年度までは地域連携診療計画管理料が評価対象だが、管理料の廃止で2017（平成29）年度からは地域連携診療計画加算に変更される可能性が高い（最終的にそうなった）。となると、Ⅲ群の場合には退院支援加算1の届け出がなければポイントを充足できないほか、Ⅰ・Ⅱ群の場合は、脳卒中患者に占める地域連携診療計画加算の算定率が評価対象となるはずだ。前述したように回復期等の後方病院に迷惑を掛けないためにも、連携を重視して、急性期病院は退院支援加算1を届け出て、地域連携診療計画加算を算定すべきともいえる。

　ただ、点数の多寡を重視すれば、別の選択肢が存在する。それは、300点の地域連携診療計画加算を算定せずに、診療情報提供料Ⅰ（250点）および退院時診療情報添付加算（200点）、介護支援連携指導料（400点）あるいは退院時共同指導料2（400点）を算定するものだ。

　図表5-10-2のように、地域連携診療計画加算を算定すると、併算定できない項目があり、経済的には不利な状況になるケースも存在する。なお、300点の地域連携診療計画加算と、200点の退院時診療情報添付加算では、連携先の医療機関に画像や検査データを渡す手続きに大きな差はないことから、診療報酬の設定に整合性を持たせてもいいはずだ。

　連携を重視し、あえて低い地域連携診療計画加算を算定するのか。あるいは地域医療係数における体制評価係数の1項目を捨ててでも、高い点数を算定するのか。これは担当者ベースでは判断が難しいため、病院として方針を

図表5-10-2 地域連携診療計画加算を算定すると併算定できない項目

地域連携診療計画管理料	900点	併算定不可	
		退院調整加算	340点
		地域連携計画加算	300点
		介護支援連携指導料	300点
		退院時共同指導料2	300点
		診療情報提供料Ⅰ	250点
		退院時情報添付加算	200点

▼

		併算定不可	
退院支援加算	600点		
地域連携診療計画加算	300点	診療情報提供料Ⅰ	250点
		介護支援連携指導料	400点
		退院時共同指導料2	400点

明確にすべきであろう。なお、2016年度を前提にすると、体制評価係数の1ポイントは機能評価係数Ⅱにおいて Ⅱ群では0.00048、Ⅲ群では0.00063に該当するが、経済的な重みは小さいといわざるをえない。

2016年度の診療報酬改定関係資料では、体制評価指数について、廃止されるはずの地域連携診療計画管理料が残るなど、議論の"積み残し"が見られた。DPC/PDPSの仕組み自体の複雑化が影響したと見られる。今後は医療政策の方向性がより明確になるよう大幅な簡素化を期待したい。

なお、救急搬送患者地域連携紹介加算および受入加算についても算定回数が少ないという理由で廃止された。緊急入院で7日以内に転院した場合に紹介病院で1,000点、後方の受け入れ病院で2,000点を算定することができた。受け手にメリットがある点がポイントだったのだが、多くの病院で空床が目立つからだろうか、転院受け入れに報酬などもはや不要だという趣旨なのかもしれない。報酬がなくても連携を構築することは重要だが、このような有効な仕組みが廃止されたことは残念でならない。

退院支援加算1は退院調整加算よりも点数が高く魅力的という評価がある一方、手厚い人員配置の割には点数が十分でないという意見もあるようだ。ただ、医療機関の個別最適でなく、地域の全体最適を実現するために有効な手段の1つと考えられ、地域医療を支えるために、多くの医療機関に前向きに取り組んでほしい事項である。

第6章

外来診療機能を
どう考えるか

1　地域医療支援病院に不可欠の積極的な逆紹介

❶ 地域医療支援病院とは

　地域医療支援病院は地域医療の中核となる急性期病院を評価したものであり、1997（平成9）年の第三次医療法改正で機能分化を推進するために設置された。

　原則として200床以上であり、紹介や救急患者を中心とした医療提供を行い、高額医療機器の共同利用を進めたり、地域の医療従事者への教育機能を果たす必要がある。

　このような機能は診療報酬でも評価されている。地域医療支援病院入院診療加算は、入院初日に1,000点、DPC/PDPSにおける機能評価係数Ⅰでは0.0266と設定され、500床規模の病院では当該加算だけで約1億円程度の重みがある。

　承認を受けるためには、図表6-1-1にある紹介率・逆紹介率のハードルをクリアする必要がある。制度創設当初は「二次医療圏に1つ以上」という目

図表6-1-1　地域医療支援病院の紹介率および逆紹介率の基準

①紹介率が80％以上
②紹介率が65％以上、かつ逆紹介率が40％以上
③紹介率が50％以上、かつ逆紹介率が70％以上

【紹介率】

＜参考：休日・夜間の定義＞
休日：日曜日および国民の祝日に関する法律第3条に規定する休日
　　　1月2日および3日ならびに12月29日、30日および31日
夜間：午後6時から翌日の午前8時（土曜日の場合は、正午以降）

❶地域医療支援病院に不可欠の積極的な逆紹介

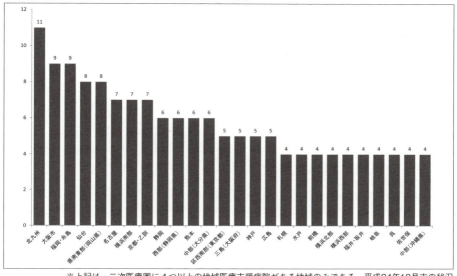

図表6-1-2 二次医療圏別 地域医療支援病院数

※上記は、二次医療圏に4つ以上の地域医療支援病院がある地域のみである。平成24年10月末の状況

標にはほど遠かったものの、現在では500以上の病院が承認され、過剰な地域も存在するようだ。図表6-1-2の二次医療圏別の地域医療支援病院数を見ると、同一医療圏に10を超える地域医療支援病院が存在するケースもある。

❷ 紹介率・逆紹介率の意義

　地域医療支援病院に承認されるためには、紹介率・逆紹介率の基準を年度実績でクリアしなければならない。地域医療支援病院は年度の実績をもって、都道府県の医療審議会で承認を受ける必要がある。つまり、地域医療支援病院入院診療加算を算定できるのは、取り組みから少し時間がかかる。「そのうち算定できれば」といった対応では、結果は先送りになってしまう。承認を目指している病院は今すぐにでも動き出すことが必要だろう。

　図表6-1-3は武蔵野赤十字病院の紹介率・逆紹介率の推移だ。同院では逆紹介率が100％を超える月もあるが、これに違和感を覚える方もいるかもしれない。ただ、逆紹介率が100％を超える病院は少なくないし、私は100％を目指すべきだと考えている。100％を超える理由は、紹介率も逆紹介率も分

図表6-1-3 東京都地域医療支援病院紹介率・逆紹介率の状況

	多摩南部地域病院	東部地域病院	河北総合病院	武蔵野赤十字病院	榊原記念病院	多摩北部医療センター	KKR立川病院	災害医療センター	荏原病院	大久保病院	江戸川病院	東京労災病院	東京共済病院
対象期間	平成26年4月1日～平成26年8月31日	平成25年4月1日～平成26年3月31日	平成25年4月1日～平成26年3月31日	平成25年4月1日～平成26年3月31日	平成25年4月1日～平成26年3月31日	平成26年4月1日～平成26年8月31日	平成25年4月1日～平成26年3月31日	平成25年4月1日～平成26年3月31日	平成25年4月1日～平成26年3月31日	平成25年4月1日～平成26年3月31日	平成25年4月1日～平成26年3月31日	平成25年4月1日～平成26年8月31日	平成25年4月1日～平成26年3月31日
承認要件					イ	イ				ウ	イ		ウ
紹介率※ ①/②−(③+④+⑤)	89.7%	76.4%	69.6%	87.0%	86.6%	61.3%	73.0%	74.6%	65.5%	55.9%	79.1%	60.5%	54.9%
①紹介患者数	4,882人	5,612人	2,303人	23,433人	5,096人	3,585人	12,618人	8,155人	2,216人	1,511人	3,136人	2,079人	4,359人
②初診患者数	7,271人	10,394人	6,216人	45,401人	7,244人	9,955人	20,148人	16,418人	4,720人	3,706人	8,999人	5,505人	11,155人
③地方公共団体又は医療機関に所属する救急自動車により搬入された患者の数（初診分に限る）	782人	373人	362人	4,424人	690人	1,067人	534人	3,451人	616人	399人	2,042人	1,031人	2,398人
④休日又は夜間に受診した救急患者の数（初診分に限る）	1,044人	2,676人	2,545人	14,055人	680人	3,040人	2,318人	2,035人	721人	604人	2,994人	1,032人	820人
⑤健康診断を目的とする受診により、治療の必要性を認めて治療を開始した患者の数	0人	0人	0人	0人	0人	0人	6人	0人	0人	0人	7人	0人	0人
逆紹介率※ ⑦/②−(③+④+⑤)	61.8%	78.5%	46.3%	104.2%	164.1%	77.1%	95.7%	86.2%	60.1%	82.7%	113.0%	79.6%	72.2%
⑦逆紹介患者数	3,364人	5,765人	1,531人	28,061人	9,637人	4,511人	16,553人	9,423人	2,034人	2,235人	4,119人	2,733人	5,778人

	東京医療センター	豊島病院	公立昭和病院	国療加国際病院	順天堂練馬病院	関東中央病院	柳生会中央病院	日赤医療センター	三井記念病院	大森赤十字病院	多摩総合医療センター	府中恵仁会病院
対象期間	平成25年4月1日～平成26年3月31日	平成26年4月1日～平成26年3月31日	平成25年4月1日～平成26年3月31日	平成25年4月1日～平成26年3月31日	平成25年4月1日～平成26年3月31日	平成25年4月1日～平成26年3月31日	平成25年4月1日～平成26年3月31日	平成25年4月1日～平成26年3月31日	平成25年4月1日～平成26年3月31日	平成25年4月1日～平成26年3月31日	平成25年4月1日～平成26年3月31日	平成25年4月1日～平成26年3月31日
承認要件	イ		ウ		ウ	ウ	イ	ウ		イ	ウ	
紹介率※ ①/②−(③+④+⑤)	67.8%	63.0%	58.7%	56.6%	78.1%	55.5%	50.39%	71.2%	58.6%	66.9%	74.0%	62.4%
①紹介患者数	16,104人	4,058人	14,200人	16,038人	20,829人	1,326人	8,120人	4,822人	15,627人	7,093人	17,999人	2,564人
②初診患者数	39,182人	8,741人	36,500人	47,779人	37,997人	3,151人	21,246人	11,313人	30,527人	15,027人	39,474人	10,793人
③地方公共団体又は医療機関に所属する救急自動車により搬入された患者の数（初診分に限る）	5,895人	424人	1,586人	2,341人	4,086人	1,462人	1,079人	2,075人	1,829人	5,257人	1,088人	
④休日又は夜間に受診した救急患者の数（初診分に限る）	9,528人	1,874人	10,725人	17,097人	7,235人	354人	3,671人	3,460人	1,681人	2,906人	9,882人	5,593人
⑤健康診断を目的とする受診により、治療の必要性を認めて治療を開始した患者の数	0人	0人	0人	0人	0人	不明	0人	0人	0人	0人	0人	0人
逆紹介率※ ⑦/②−(③+④+⑤)	64.5%	74.2%	96.3%	70.7%	45.4%	89.5%	95.0%	61.1%	75.2%	67.8%	84.7%	91.2%
⑦逆紹介患者数	15,327人	4,780人	23,292人	20,025人	12,118人	2,154人	15,311人	4,138人	20,751人	6,953人	20,613人	3,751人

出所：東京都地域医療支援病院業務報告書

　母が初診患者だからだ。かかりつけでずっと来院していた再診患者を積極的に逆紹介すれば、100％を超えることになる。また、1患者を2か所に逆紹介することもありえる。

　例えば、逆紹介率が80％の病院であれば、初診患者が100人来たら80人は逆紹介したけれど、20人は自院の外来に残っていることになる。もちろん終診の患者もいるだろうが、救急を除いて数はそれほど多くはない。多くの患者を抱え続ければ、やがて外来はパンクしてしまうし、外来にかける労力は相当なものだ。外来で患者を抱え続けることは、医療政策が掲げる機能分化の方向性と乖離する。患者に対し、地域の医療機関と「2人の主治医を持とう」と説得や教育を続け、地域の医療機関と連携を強化していくことが求められる。

　地域中核病院の外来患者は減らそうと思っても、そう簡単には減少しない。まずは逆紹介を行うという強い病院の方針を病院の内外に明らかにすることが必要だろう。積極的な逆紹介を行わなければ、外来に投入する医療資源が増大し、高機能な医療提供に支障をきたす可能性すらある。

❸ テクニックでなく、求められているのは逆紹介

　地域医療支援病院を目指す際に、最も高いハードルは紹介率・逆紹介率である。これらをクリアするために、あるテクニックを使う病院が少なくない。分母、つまり初診患者を減らすという手段だ。

　本来は分子の紹介件数や逆紹介件数の増加に注力すべきだが、限界があるのかもしれない。その際、初診料を算定しないという手法を採る病院が散見される。地域医療支援病院の承認前後で外来患者数はまったく変わらないのに、再診料を算定する患者の割合が増加するケースが多い。初来院の患者はもちろん初診だろう。しかし、前回来院があり、診察券を持っている患者の取り扱いが病院によって大きく異なっているのだ。

　３か月から６か月程度の来院間隔で初診料を算定する病院が多い一方で、１年以上来院がなく前回とは異なる傷病名であっても「再診」のフラグを立てる方針をとっている病院もある。医学的な所見に基づくことが基本であるが、地域医療支援病院になることの報酬はかなり大きい。安い外来診療料に多少は目をつぶっても、地域医療支援病院入院診療加算を取れば十分プラスになるという考えなのだろう。ただし、地域医療支援病院の事業報告で各病院の状況が開示されていることを忘れてはいけない。

　先ほどの図表6-1-3は東京都の地域医療支援病院の紹介率・逆紹介率の状況だが、常に外部の目が光っていることを念頭に置く必要がある。

　大切なことは適切に逆紹介を推進することである。初診患者を逆紹介するという視点だけでなく、図表6-1-4に示すように、外来延べ患者に対する診療情報提供料Ⅰの算定率を逆紹介に関する院内の目標指標とすることが有効である。診療科の特性にもよるが、各科で10％を目指したい。逆紹介率が100％を超える武蔵野赤十字病院であっても、決して高い水準にあるとはいえない。分母の設定を外来延べ患者数にしているため、手厚いフォローアップが必要な通院回数の多い患者が当該数値に影響する。

　小手先のテクニックを使って地域医療支援病院に承認されるだけでは、本当の意味での地域中核病院とはいえない。積極的な逆紹介を行い、地域との連携を深めることが医療機関間の信頼感の醸成につながっていく。

図表6-1-4 武蔵野赤十字病院の外来延べ患者に対する診療情報提供料Ⅰ算定率（平成26年度）

診療科名	外来延べ患者数	診療情報提供料Ⅰ算定件数（外来）	算定率
救命救急科	714	240	34%
心臓外科	2074	669	32%
整形外科	24121	4501	19%
外科	11736	1960	17%
放射線科	8687	1167	13%
神経内科	6863	917	13%
泌尿器科	14802	1837	12%
脳外科	11389	1189	10%
眼科	21553	2101	10%
皮膚科	6123	545	9%
新生児科	1288	102	8%
循環器科	26127	2007	8%
内分泌科	10401	731	7%
消化器科	45107	2696	6%
総合診療科	24078	1321	5%
腫瘍内科	5228	284	5%
心内精神	6668	356	5%
呼吸器科	18444	945	5%
耳鼻科	10649	485	5%
呼吸器外科	1924	87	5%
感染症科	567	21	4%
腎臓内科	11303	396	4%
乳腺科	11579	397	3%
産婦人科	30624	1046	3%
リウマチ	6272	211	3%
血液内科	6461	180	3%
特殊歯科	10253	227	2%
形成外科	5533	120	2%
小児科	25155	316	1%
麻酔科	2		0%
リハビリ科	3889		0%
緩和ケア科	28		0%
全体	369642	27054	7%

2 診療密度高い患者に集中、外来収入は減らず

本項では、高機能急性期病院に求められる外来診療機能を考えたい。高機能急性期を目指すのであれば、診療密度の高い外来患者に絞り込むことが有効である。

❶ 医療政策での外来機能分化

医療政策では、地域の中核病院は専門外来に特化し、一般外来は中小規模病院や診療所と連携することを求めている（図表6-2-1）。特に外来診療単価が低い患者は診療所とできるだけ連携したいところだが、患者の大病院志向も手伝って、結果として大病院における外来患者数は増加傾向にある。選定療養費の徴収が義務化されたが、医療政策あるいは診療報酬の動向を待つ

図表6-2-1 外来医療の役割分担のイメージ

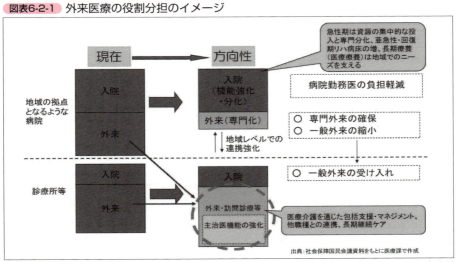

出所：中央社会保険医療協議会総会（2011年11月30日）資料

のではなく、病院から前向きに取り組みたい。

❷ 病院にとっての外来縮小の意義

　急性期病院が外来を縮小し、診療密度の高い外来患者に焦点を絞ることで、3つのメリットが考えられる。

　1つ目は、現場の負担軽減である。勤務医にとって外来は煩雑であり、当直の次に負担が重い（図表6-2-2）。外来があれば朝から手術ができなかったり、救急車を断らねばならない場面も出てくる。ただし、予定の手術枠をこれ以上広げられなかったり、救急車を断ることがほぼない病院もあるかもしれない。つまり、一般外来を減らせば、稼働額の減少になるだけという状況だ。そうだとしても、高機能急性期病院では、地域の他の医療機関では提供できない医療に焦点を絞ることが望ましい。外来が早く終われば、医師が早い段階で病棟に行けるし、結果としてオーダーが早いタイミングで出せるだろう。これにより、スタッフの時間外勤務が減少し、現場の疲弊が軽減されるという副産物も期待できるはずだ。

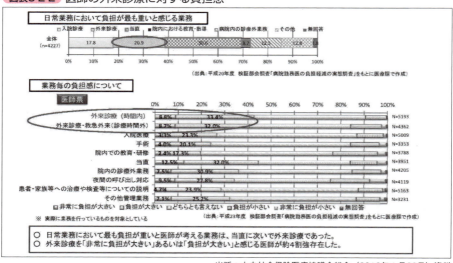

図表6-2-2　医師の外来診療に対する負担感

出所：中央社会保険医療協議会総会（2013年1月23日）資料

2つ目は、より重症な患者、高度な検査が必要な患者に注力することで、結果的に新入院患者の獲得につながることだ。一般外来の患者が入院する確率は極めて低いのに対して、紹介患者については20〜30％の入院が期待できる。投薬のみなど状態が落ち着いた患者を地域に逆紹介し、専門的な検査や治療が必要になれば、患者を紹介してもらうことが期待される。

　3つ目は、一般外来を地域の医療機関にお任せするほうが、患者にとっても安心ではないかということだ。

　専門医が診る一般外来にはリスクが考えられる。急性期病院の外来担当医は、ほとんどが専門医であり、自分の専門領域については適切な診断と治療を提供するだろう。しかし、そのような専門医に総合的かつ全人的な医療についても期待するのは残念ながら難しい。急性期病院が一般外来を提供し、長期的に患者をフォローアップする場合、あらゆる疾患に専門医がすべて対処できるだろうか。もちろん他の診療科に紹介すればいいが、予約枠がほとんど埋まっている大病院の外来では、複数科受診はしづらく、適切な診断がなされない危険性もある。

　自らの専門領域に関して最善の医療を提供しようとする専門医に対し、患者は「医師ならばあらゆる領域に長けているはずだ」と考えているかもしれない。このような意識の溝を埋めることは容易ではない。最悪の場合には訴訟となったりして、お互いが傷つく恐れがある。顔の見える関係構築は、地域の医療機関にお任せするのが望ましいと私は考えている。

❸ 適切な方策による外来縮小は稼働額を下落させない

　医療政策では外来縮小が強く求められ、外来患者を抱え込むことが効率的でないことをほとんどの病院経営層は理解しているはずだ。しかしながら、外来稼働額は全体の20〜30％を占めており、外来縮小を進められないケースは多い。平均在院日数の短縮によって入院延べ患者数が減少する病院が多い昨今、外来縮小はさらなる減収につながるとの懸念もあるだろう。しかし、適切な方法で逆紹介を行えば、外来患者数は減少しても外来稼働額には影響しない。

武蔵野赤十字病院では、2013（平成25）年7月に時間外選定療養費の徴収を開始し、さらに10月に完全紹介予約制を導入した（図表6-2-3）。同院は住宅街にあるため一次救急患者が多く、二次救急の受け入れに支障を来たすことがあった。時間外選定療養費には、時間外のウォークインの患者で緊急性が高くない場合に一定額を徴収することで、「コンビニ受診を抑えてほしい」というメッセージを伝える目的があった。これにより時間外のウォークイン患者が15～20％減少し、現場の負担軽減につながった。さらに、原則として紹介状を持ち、予約をしている患者のみを対象とする完全紹介予約制に移行することで、外来患者の絞り込みを行った。

　図表6-2-4は完全紹介予約制導入前後の同院の平日日中の外来患者の動向である。ここから、完全紹介予約制等により患者数は減少したが（初診9％、再診6％、全体6％）、外来診療単価が9％上昇し、結果として外来稼働額は微増となった。同院の外来診療単価は従来1万6,000円～1万7,000円程度であったが、完全紹介予約制導入後に急上昇し、1万9,000円台になった（図表6-2-5）。高機能急性期病院として診療密度の高い診るべき患者に集中し

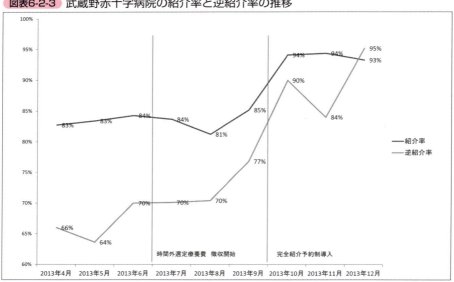

図表6-2-3　武蔵野赤十字病院の紹介率と逆紹介率の推移

筆者作成

❷診療密度高い患者に集中、外来収入は減らず

図表6-2-4 完全紹介予約制導入による外来患者数、外来単価・稼働額の変化

	Before 2012年10月～2013年3月	After 2013年10月～2014年3月	増減率
初診	14,280	12,939	-9%
再診	154,900	145,811	-6%
延べ患者数	169,180	158,750	-6%
単価(円)	17,410	18,953	9%
稼働額(千円)	2,945,478	3,008,776	2%

図表6-2-5 武蔵野赤十字病院の外来患者1人1日当たりの稼働額

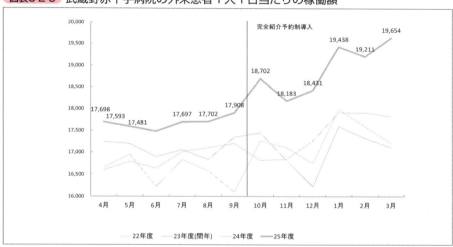

た結果であろう。

　時間外選定療養費の徴収や完全紹介予約制の導入については、すべての医療機関が行うべき施策ではない。ただ、ここでいえるのは、外来の敷居を高くし、患者数を絞り込んでも外来稼働額は減少しないということだ。自院の地域の中での立ち位置を踏まえ、適切な戦略を策定することが期待される。

3 その同一日複数科受診は本当に必要なのか

　前項では、高機能急性期病院に求められる外来診療機能について取り上げた。逆紹介を適切に推進することで外来患者数を減らしても稼働額は減らないと説明した。入院診療機能を高めるために、外来を縮小することは重要であり、そのための施策として、時間外選定療養費や完全紹介予約制についても紹介した。

　高機能急性期病院では、時間外のウォークイン患者への対応など多くの共通課題があるだろう。しかし、他院の施策をまねようと思っても、自院の環境によって採るべき戦略は異なる。単に物まねをしても、目的が達成されるとは限らないことには留意したい。

❶ 完全紹介予約制や選定療養費は魔法の杖か？

　大病院に一定額の選定療養費の徴収を課すという政策が2016（平成28）年度診療報酬改定で実現された。また、完全紹介予約制への移行を前向きに検討している医療機関も多いことだろう。

　前回も指摘したが、外来の敷居を上げることは高機能急性期病院の戦略あるいは医療資源の配分方法として適切である。しかし、選定療養費の額を上げさえすれば外来患者が減少し、完全紹介予約制に移行すれば、すべての問題が片付くというわけではない。

　選定療養費や紹介予約制は主に初診患者の抑制を狙ったものである。再診患者からの選定療養費徴収は容易ではない。軽症の飛び込み患者を減らすには、一定の効き目があることは否定しない。しかし、初診患者は救急患者を除けば、外来患者全体に占める比率が低く、10〜15％に過ぎない。

　大切なのは、地域と連携して、かかりつけの再診患者の二人主治医制を確立することである。もちろん、再診患者でも化学療法や放射線治療など積極的な治療をする患者や、定期的な画像診断等のフォローアップなど、高機能

急性期病院で診るべき患者を無理やり地域に移せといっているわけではない。投薬のみで90日処方をしている患者などの中には、地域と連携する意義を有する患者が存在することは明らかだろう。

高機能を志向するのであれば、まずは自らが逆紹介を積極的に推進する方針を掲げることが大切だ。それが次の新入院患者の獲得につながっていくことだろう。

❷ 逆紹介を推進する際の留意点

ここでは適切に逆紹介を推進する際に留意すべきことを挙げたい。

まず1つ目は、連携医からの紹介は絶対に断らないという覚悟を持つことだ。逆紹介を推進して外来を縮小したとしても、地域の開業医等は入院治療が必要など、困ったときには病院を頼ってくるはずだ。紹介は一度断ると長く尾を引き、影響が極めて大きい。救急車は断っても次の依頼は来るだろうが、紹介はそうはいかない。紹介を断らない、あるいはスムーズに受けるための仕組みづくりは欠かせない。

武蔵野赤十字病院では、地域の開業医から緊急入院の相談を受けるホットラインを設けた。PHSを主要診療領域で5台ほど用意し、各科の医師に毎日交替で持ってもらっている。断らない紹介に向けて、これ以外にもさまざまな手段が考えられるだろう。自院に適した紹介を受けるシステムを構築したいものだ。

2つ目が紹介元を絶対に批判しないことだ。"こんな紹介"などと頭ごなしに否定する医師もいるかもしれない。何らかの事情があって紹介してくれたのだから、紹介医を否定することは避けたい。患者の病態については専門医との見解の相違があるかもしれないし、診たタイミングによる影響もあるだろう。いずれにしろ、自院を頼って紹介してくれた医師を絶対に否定しないという院内教育は必須であろう。

3つ目が適切に診療情報提供書を記載し、逆紹介を行うことだ。患者の病態等を分かりやすく、適切に記載することは必須であり、実態を調査してもほとんどは適切に書かれている。しかし、一部に開業医批判と取れるような記述が潜んでいるかもしれない。その場合には厳重に注意することが望まし

い。まずは最低限のマナーが守られているか、サンプリングでよいのでチェックすることも必要である。理想としては、診療情報提供書を見ればどんな医療が提供されたのかが想像でき、担当医を惹きつけ、また次に紹介したいと思えるような記載を心掛けたいものだ。

❸ 同一日複数科受診をどう考えるか

　積極的な逆紹介を行い、紹介患者の受け入れを中心とした体制づくりを目指す中では、同一日複数科受診が論点として浮かび上がることが多い。患者が総合病院にかかるメリットは、何かあったときに安心であるほか、1日に何科もかかれるから便利であるという側面もあるだろう。ただ、高機能な急性期医療に注力するためには、"便利な病院"であることをどう考えるかは重要な鍵を握る。

　もちろん患者の病態により複数科受診が不可欠である場合には、たとえ何診療科であっても対応するのが病院の役割だ。しかし、かかりつけ患者が"今日は足が痛いから"などの理由で別の診療科への受診を要望することも少なくない。担当医としては無下に断ることもできないであろうが、複数科受診を認めることで、次の診療科の医師の手術時間が遅れることもある。このように、病院全体の視点としては避けたい複数科受診も存在することだろう。

　やはり地域でできる医療は開業医の先生にお任せするという視点が欠かせない。一見すると、複数科受診の要望に応えることは患者への優しさととれるかもしれない。しかし、診るべき患者に注力し、そこで最善の医療を提供することこそが、高機能急性期病院ではないだろうか。地域の開業医で対応できない診療に注力することこそが、地域からの信頼につながるはずだ。

　初再診別の複数科受診の状況（月間）を、武蔵野赤十字病院と同規模の600床台A病院で比べてみた（図表6-3-1）。外来患者数は武蔵野赤十字病院のほうが多いが、2診療科以上を受診する患者の割合はA病院のほうが高い。武蔵野赤十字病院では外来の敷居を高く設定したことがこのような結果につながっているのだろう。

❸その同一日複数科受診は本当に必要なのか

図表6-3-1 武蔵野赤十字病院とA病院の初再診別の複数科受診の状況（月間）

【武蔵野赤十字病院】

	初診		再診	
	件数	割合	件数	割合
1診療科	3027	92%	25385	95%
2診療科	249	8%	1254	5%
3診療科	12	0%	59	0%
4診療科	1	0%	2	0%
同一日複数科算定あり	167	−	577	−

【A病院】

	初診		再診	
	件数	割合	件数	割合
1診療科	2182	90%	14941	92%
2診療科	218	9%	1224	8%
3診療科	25	1%	97	1%
4診療科	1	0%	11	0%
5診療科	2	0%	2	0%
同一日複数科算定あり	228	−	971	−

筆者作成

　外来では、患者が同一日に複数科を受診した際、初診料・外来診療料の2分の1を算定することができるが、A病院はその算定件数が多い。算定は、患者の意思によって、関連する疾病以外の疾病について受診した場合にのみ可能だ。この算定が多いことは、A病院の外来を便利に使う患者が多いことを意味する。

　病院の針路に唯一絶対の選択など存在しない。地域の中での立ち位置を踏まえた、自院ならではの地域への貢献についてまずは議論したいところだ。

4 大病院の外来制限には、次なる一手がある

❶ 選定療養費の義務化で外来患者は減るのか？

　2016（平成28）年度診療報酬改定で、選定療養費の定額徴収の義務化が始まった。対象は特定機能病院および一般病床500床以上の地域医療支援病院だが、大病院でも治療密度が薄く、診療単価が低い患者が一定の割合を占めている。一般外来を縮小し、専門外来に特化せよという国のメッセージだろう。

　この選定療養費の義務化によって、初診で紹介状を持参しない患者は、最低5,000円が課されるため、相応の効果を発揮することだろう。風邪をひいたから大病院で薬が欲しいなどと訴える患者にとって、紹介状がなければプラス5,000円となり、外来の敷居が高くなる。地域に医療機関が存在する場合、軽症患者について役割分担ができれば、大病院もそれに越したことはない。2016年度診療報酬改定の対象が特定機能病院および一般病床500床以上の地域医療支援病院に限られ、一定程度の紹介率・逆紹介率が既に義務付けられているため、地域医療の崩壊につながる事態にはならないだろう。

　今後対象を拡大する場合には、地域性に十分配慮する必要がある。ただし、緊急その他やむをえない事情がある場合など、定額負担を求めなくてよいケースも明示されており、病院の運用次第で何とでもなるのが現実である。

　ただ、大病院の外来患者が減らない本当の理由は初診ではない。すべての初診患者が紹介状を持参すれば、大病院としても、そこに逆紹介すればよいわけで、今まで以上に逆紹介がしやすくなる。この点については、各医療機関でもそれなりの患者教育を行い、自院の機能についても周知しているはずなので、紹介状を持参しないで大病院を受診する初診患者は多くはないだろう。

　問題は再診で、大病院がかかりつけであると豪語するような患者をどう扱

うかだ。大病院にはあらゆる診療科があり、万が一にも安心であり、複数科受診もできて便利というのが患者の本音だろう。また、大病院では長期処方をしてくれるが、地域の診療所に逆紹介されれば受診の頻度が多くなり煩雑だというかもしれない。

2016年度診療報酬改定で、再診でも2,500円以上の選定療養費が義務化されたが、金額を設定することと実際に徴収することではまったく意味が異なる。特に再診については運用が難しく、結果として外来患者数が大幅に減ることはないだろう。では、選定療養費の義務化は無意味に終わってしまうのかといえばそうではない。今後に向けた布石が既に打たれているからだ。

❷ 次なる一手、長期投与の制限

それは今回打ち出された長期処方の制限にある。大病院では状態が安定した再診患者に対して90日処方を頻繁に行っている。患者も便利であり、医師も患者の同意を得て診療情報提供書を記載するよりは、薬を出し続けるほうが手間もかからないという現実があり、両者の利害がある意味一致する。

しかし、2016年度診療報酬改定で図表6-4-1の長期投与の制限の方針が打ち出された意義は極めて大きい。①は、当たり前と思うかもしれないが、長期処方を行う場合には「患者の状態が安定していることを医師が何らかのか

図表6-4-1　長期投薬の取扱の明確化

医師が処方する投薬量については、予見することができる必要期間に従ったものでなければならないこととされており、長期の投薬に当たっては、以下のような取り扱いとする。
①30日を超える投薬を行う際には、長期の投薬が可能な程度に病状が安定し、服薬管理が可能である旨を医師が確認する。病状が変化した際の対応方法等を患者に周知する。
②①の要件を満たさない場合には、原則として以下のいずれかの対応を行うこととする。
・30日以内に再診する
・200床以上の保険医療機関にあっては、200床未満の保険医療機関または診療所に文書による紹介を行う旨の申し出を行う。
・患者の病状は安定しているが服薬管理が難しい場合には、分割指示処方せんを交付する。

出所：「平成28年度調剤報酬改定及び薬剤関連の診療報酬改定の概要」

たちで診療録等に記載する」という意味だろう。病状が安定していることが記録として残れば、次に、「その患者は大病院で診なくてよい」という方向に議論を展開していける道が開ける。

　さらに、①の要件を満たさない場合には、30日以内の再診とあるが、この選択はありえない。せっかく90日分の処方をしたのに、その患者が30日ごとの頻度で来院すれば外来はパンクしてしまう。手術や救急など本来注力すべき医療がおろそかになる恐れがあるし、不採算で経済的に成り立たない。

　だとすると、200床以上の病院では、地域の医療機関に文書による紹介を行う旨の申し出を行うことになる。このような規定が現実味を帯びていけば、患者としても逆紹介に納得せざるをえなくなるかもしれない。ただ、患者の大病院志向をそう簡単に変えることはできないだろう。だとすると、今後の診療報酬改定で長期処方が一定以上（たとえば50％以上など）の病院には、ペナルティーを加えるといった対応が現実味を帯びる。

　ペナルティーが課されるから重い腰を上げるのではなく、大病院が長期処方患者を積極的に逆紹介していく対応が求められる。医療政策の方向性を見据え、長期処方の制限を前向きにとらえ、限りある医療資源を有効活用するという視点が戦略的病院経営には不可欠である。

5 診療所、薬局にとっての2016年度改定
——実地医家に課された医療政策の方向性

本項では2016（平成28）年度診療報酬改定で診療所、薬局に評価された報酬を整理していく。いずれも高いハードルの設定であり、すぐに対応できない事項も多いだろうが、今後の医療政策の方向性を示す重要事項である。

❶ 地域包括診療料、地域包括診療加算の要件緩和

2014（平成26）年度診療報酬改定において外来の機能分化を推進するために評価された地域包括診療料および地域包括診療加算による主治医機能の評価について、その施設基準が緩和され、さらなる普及が期待されている。

地域包括診療料（月1回／1,503点）は、200床未満の病院および診療所で算定できる包括点数であり、その対象は、高血圧症、糖尿病、脂質異常症、認知症の4疾病のうち2つ以上を有する患者で、複数の疾患を管理することが条件となっている。再診料、在宅療養指導管理料、薬剤料以外、多くが包括されている。在宅では、往診料、訪問診療料、在宅時医学総合管理料、特定施設入居時等医学総合管理料が包括されており、主に外来で通院する患者が対象となる。診療所では、24時間対応を意味する時間外対応加算1の届け出、常勤医師複数名の配置、在宅療養支援診療所であることのすべてが求められており、実質的に要件を満たすのは困難である。なお、投薬については院内処方が原則とされており、院外処方を行う場合には病院においては24時間開局している薬局との連携が求められ、お薬手帳を持参させ、その写しをカルテに貼付することも求められるなど高いハードルが設定されている。

地域包括診療料については2014年7月1日現在、13病院、109診療所からの届け出にすぎない。2016年度診療報酬改定では診療所について常勤医師3名以上が2名以上に緩和され、病院の場合には二次救急あるいは病院群輪番制病院であることの要件が削除された（図表6-5-1）。

図表6-5-1　地域包括診療料の施設基準の緩和

改定前	改定後
【地域包括診療料】 ［施設基準］ 在宅医療の提供及び当該患者に対し24時間の対応を実施している旨を院内掲示し、以下のすべてを満たしていること。 ア 診療所の場合 ①時間外対応加算1の届出を行っていること。 ②常勤の医師が3名以上配置されていること。 ③在宅療養支援診療所であること。 イ 病院の場合 ①医療法第30条の3の規定に基づき都道府県が作成する医療計画に記載されている第二次救急医療機関、救急病院等を定める省令に基づき認定された救急病院又は「救急医療対策事業実施要綱」第4に規定する病院群輪番制病院であること。 ②地域包括ケア病棟入院料の届出を行っていること。 ③在宅療養支援病院の届出を行っていること。	【地域包括診療料】 ［施設基準］ 在宅医療の提供及び当該患者に対し24時間の対応を実施している旨を院内掲示し、以下のすべてを満たしていること。 ア 診療所の場合 ①時間外対応加算1の届出を行っていること。 ②常勤の医師が2名以上配置されていること。 ③在宅療養支援診療所であること。 イ 病院の場合 (削除) ①地域包括ケア病棟入院料の届出を行っていること。 ②在宅療養支援病院の届出を行っていること。

　地域包括診療加算は時間外対応加算2で届け出が可能であるなど地域包括診療料よりも基準は緩やかであるがいまだ敷居が高いことに加え、医療機関側からして届け出のためのインセンティブが大きくないのであろう。また、地域包括診療加算については2014年7月1日現在、6,536医療機関からの届け出に止まり、さらなる普及のため常勤医師3名以上が2名以上に緩和された（図表6-5-2）。

　なお、2016年度診療報酬改定では大病院に対する選定療養費義務化が行われ、外来機能分化のさらなる推進が期待されている。大病院は一般外来でなく専門外来へという方向性だ。地域包括診療料等は地域の一般外来の包括化へ向けた布石を打ったものであると私は考えている。

❷ 認知症に関する主治医機能の評価

　2016年度診療報酬改定において、認知症地域包括診療料が評価され、認知症および認知症以外の疾患を有する外来患者に対して1処方につき5種類を超える内服薬がない、さらに1処方につき抗うつ薬、抗精神病薬、抗不安薬、

図表6-5-2 地域包括診療加算の施設基準の緩和

改定前	改定後
【地域包括診療加算】 [施設基準] （略） 在宅医療の提供及び当該患者に対し24時間の対応を実施している旨を院内掲示し、以下のいずれか1つを満している。 ①時間外対応加算1又は2の届出を行っている。 ②常勤の医師が3名以上配置されている。 ③在宅療養支援診療所である。 （略）	【地域包括診療加算】 [施設基準] （略） 在宅医療の提供及び当該患者に対し24時間の対応を実施している旨を院内掲示し、以下のいずれか1つを満している。 ①時間外対応加算1又は2の届出を行っている。 ②常勤の医師が2名以上配置されている。 ③在宅療養支援診療所である。 （略）

睡眠薬を合わせて3種類を超えないことを要件に月1回1,515点を算定できるようになった。当該診療料は、地域包括診療料の届け出を行うことが要件とされているため、要件緩和が行われたとはいえ前述したように高いハードルが設定されており普及には時間がかかりそうだ。一方で、地域包括診療加算の届け出を行う医療機関について認知症地域包括診療加算が新設され、療養上必要な指導および診療を行った場合には、30点が再診料に加算されることになった。

③ かかりつけ薬剤師指導料

2016年度診療報酬改定では、かかりつけ薬剤指導料が新設され、患者が選択したかかりつけ薬剤師が患者に対して服薬指導等の業務を行った場合の評価が行われた（かかりつけ薬剤師指導料70点）。ただし、かかりつけ薬剤師が担当患者に対して提供する業務が厳格であり、たとえば患者が受診しているすべての保険医療機関の情報を把握し、服用している処方薬をはじめ、要指導医薬品および一般用医薬品並びに健康食品等についてすべて把握するとともに、その内容を薬剤服用歴に記載することや患者から24時間相談に応じ

る体制をとり、開局時間外の連絡先を伝えるとともに、勤務表を作成して患者に渡すことなどが列挙されている。

また、かかりつけ薬剤師の業務について包括評価も新設された（かかりつけ薬剤師包括管理料270点）。ただし、対象患者は地域包括診療料、地域包括診療加算等の算定対象となる患者に限定されている。

❹ 基準調剤加算

従来、2区分であった基準調剤加算が一本化され基準も厳格化され、調剤基本料Ⅰを算定している薬局のみが対象となる。施設基準では、1,200品目以上の医薬品の備蓄、一定時間以上の開局、単独の保険薬局または近隣の保険薬局と連携により24時間調剤および在宅業務の体制整備、麻薬小売業者の免許取得、過去1年間に在宅の業務実績、管理薬剤師の実務経験として、薬局勤務経験5年以上、当該保険薬局に週32時間以上勤務かつ1年以上の在籍、かかりつけ薬剤師指導料またはかかりつけ薬剤師包括管理料に係る届け出、特定の保険医療機関に係る処方せんによる調剤の割合が90％を超える薬局は、後発医薬品の調剤割合が30％以上であることなどが求められている。改定前の基準調剤加算1よりも高い点数だが、上位加算であった基準調剤加算2よりも低い設定となり要件は厳しいが、これからの薬剤師像が明確になった印象だ。

❺ 在宅医療専門の医療機関に関する評価

保険医療機関は、外来応需の体制を有していることが原則であるが、その例外として在宅医療を専門に実施する医療機関を一定の要件のもとに認めることになった。ただし、機能強化型の在宅療養支援診療所の施設基準に加えて、過去1年間の在宅における看取り実績20件以上あるいは重症小児の十分な診療実績などが要件として加えられている。なお、機能評価側の在宅療養支援診療所については2014年10月1日現在で、単独型が213、連携型が3,468という届け出状況である（図表6-5-3）。

❺診療所、薬局にとっての2016年度改定──実地医家に課された医療政策の方向性

図表6-5-3 在宅療養支援診療所等　施設基準の届け出状況

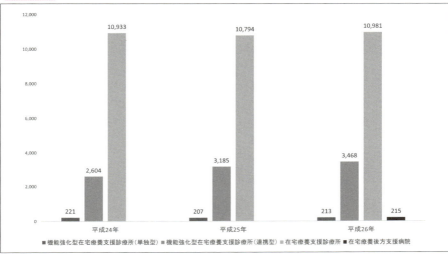

初出一覧

第1章

第1項　書き下ろし
第2項　書き下ろし
第3項　書き下ろし
第4項　書き下ろし
第5項　書き下ろし
第6項　書き下ろし
第7項　書き下ろし

第2章

第1項　原題「病院経営についての３つの誤解」(『CBネット』連載第1回)
第2項　原題「激戦区と競争の緩やかな地域　戦略の違い」(『CBネット』連載第3回)
第3項　原題「地域の競争状況」(『CBネット』連載第4回)
第4項　原題「新入院患者数が増えない理由」(『Visionと戦略』連載第53回)
第5項　原題「高齢社会において高度急性期を目指すこと」(『Visionと戦略』連載第49回)
第6項　原題「予定入院をいかに獲得するか」(『病院羅針盤』連載第4回)
第7項　原題「高機能とは何か」(『CBネット』連載第5回)
第8項　原題「高齢者増で救急に注力」(『CBネット』連載第2回)
第9項　原題「何かをしないという選択」(『Visionと戦略』連載第52回)
第10項　書き下ろし

第3章

第1項　原題「平成28年度診療報酬改定　７対１入院基本料をどう考えるか」(『病院羅針盤』連載第1回)
第2項　原題「７対１入院基本料を維持するため　看護必要度向上のための施策」(『病院羅針盤』連載第3回)
第3項　原題「７対１からの４つの転換オプション」(『CBネット』連載第26回)
第4項　原題「地域包括ケア病棟　要件見直しの意味」(『CBネット』連載第28回)
第5項　原題「地域包括ケア病棟への転換」(『CBネット』連載第20回)
第6項　原題「DPCの義務化」(『Visionと戦略』連載第60回)
第7項　原題「看護必要度から発想の転換を」(『CBネット』連載第24回)
第8項　原題「特定集中治療室管理料」(『病院羅針盤』連載第2回)

●初出一覧

第4章

- **第1項** 原題「総合入院体制加算」(『CBネット』連載第14回)
- **第2項** 原題「総合入院体制加算1」(『CBネット』連載第15回)
- **第3項** 原題「総合入院体制加算と地域包括」(『CBネット』連載第19回)
- **第4項** 原題「Ⅱ群要件を満たすための機能の高度化」(『CBネット』連載第6回)
- **第5項** 原題「地域医療構想ガイドラインとⅡ群の関係」(『CBネット』連載第7回)
- **第6項** 原題「高齢化進む地域のⅡ群降格」(『CBネット』連載第22回)
- **第7項** 書き下ろし
- **第8項** 原題「画像診断管理加算の意義」(『CBネット』連載第33回)
- **第9項** 原題「休日・時間外・深夜の手術処置等の加算の意義と課題」(『Visionと戦略』連載第46回)

第5章

- **第1項** 原題「平成28年度機能評価係数Ⅱ」(『CBネット』連載第34回)
- **第2項** 書き下ろし
- **第3項** 原題「複雑性の評価」(『CBネット』連載第8回)
- **第4項** 原題「複雑性を高める3つの施策」(『CBネット』連載第9回)
- **第5項** 原題「副傷病の適正入力」(『CBネット』連載第10回)
- **第6項** 原題「救急医療入院の地域差」(『CBネット』連載第35回)
- **第7項** 原題「後発医薬品」(『Visionと戦略』連載第57回)
- **第8項** 原題「重症度指数に依存せず」(『CBネット』連載第23回)
- **第9項** 原題「重症度係数ゼロを目指して」(『CBネット』連載第27回)
- **第10項** 原題「退院支援加算1」(『CBネット』連載第32回)

第6章

- **第1項** 原題「地域医療支援病院」(『CBネット』連載第16回)
- **第2項** 原題「外来診療機能」(『CBネット』連載第17回)
- **第3項** 原題「同一日複数科受診」(『CBネット』連載第18回)
- **第4項** 原題「大病院の外来制限 次の一手」(『CBネット』連載第30回)
- **第5項** 原題「診療所・薬局にとっての平成28年度改定」(『Visionと戦略』連載第64回)

※本書は、『CBネット』(キャリアブレイン)、『病院羅針盤』(産労総合研究所)、『Visionと戦略』(保健・医療・福祉サービス研究会)連載の原稿をベースに大幅な加筆・改筆・再編を行い、新たに書き下ろしを加えたものである。

編著者・執筆者紹介

●**井上貴裕**（いのうえ・たかひろ）
（監修、第2章第1項〜第9項／第3章／第4章第1項〜第6項、第8項、第9項／第5章第1項、第3項〜第10項／第6章執筆）
千葉大学医学部附属病院病院長企画室長・特任教授、日本赤十字社本社医療施設教育研修アドバイザー
その他、長野市民病院、武蔵野赤十字病院、諏訪赤十字病院、横浜市立みなと赤十字病院、名古屋第一赤十字病院、名古屋第二赤十字病院、那須赤十字病院、君津中央病院、山形県立中央病院、中東遠総合医療センター等の地域中核病院の経営アドバイザーを務めている。
医学博士（東京医科歯科大学大学院）、医療政策学修士（東京医科歯科大学大学院）。経営学修士（上智大学大学院・明治大学大学院）。東京医科歯科大学医学部附属病院病院長補佐・特任准教授を経て現職。主な著書に『医療経営士・中級テキスト専門講座1　診療報酬制度と医業収益［第3版］』（日本医療企画）、『戦略的病院経営マネジメント 財務分析・管理会計』（清文社）など多数がある。

●**松本晴樹**（まつもと・はるき）
（第1章第1項執筆）
千葉大学医学部を卒業後、石巻赤十字病院、湘南鎌倉総合病院を経て厚生労働省に入省。母子保健、診療報酬、医療提供体制等を担当した後、現在はハーバード公衆衛生大学院修士課程在籍。

●**吉村健佑**（よしむら・けんすけ）
（第1章第2項執筆）
厚生労働省医政局研究開発振興課医療技術情報推進室室長補佐
2007年千葉大学医学部医学科卒業。2012年東京大学大学院医学系研究科公共健康医学専攻修了（MPH）。精神保健指定医、精神科専門医・指導医、医療情報技師。

●**小林美亜**（こばやし・みあ）
（第1章第3項、第4項執筆）
千葉大学医学部附属病院地域医療連携部医療安全管理部所属。ニューヨーク大学大学院博士課程修了（Ph.D取得）。

●編著者・執筆者紹介

●**亀田義人**（かめだ・よしひと）
（第1章第5項、第6項執筆）
千葉大学医学部附属病院病院長企画室特任助教
千葉大学予防医学センター特任助教、ふなばし健やかプラン21推進評価委員会会長、循環器内科医、医学博士（千葉大学大学院医学薬学府）
千葉大学医学部附属病院循環器内科、厚生労働省雇用均等児童家庭局母子保健課課長補佐、医薬食品局血液対策課課長補佐を経て現職。

●**武居哲洋**（たけい・てつひろ）
（第1章第7項執筆）
横浜市立みなと赤十字病院院長補佐兼集中治療部長
医師、医学博士（東京医科歯科大学）、医療政策学修士（東京医科歯科大学）
1993年東京医科歯科大学医学部卒業。国保旭中央病院レジデント、東京医科歯科大学麻酔・蘇生・ペインクリニック科、東京医科歯科大学集中治療部等を経て、2005年より横浜市立みなと赤十字病院集中治療部副部長、2007年より部長、2015年より現職。2008年より東京医科歯科大学臨床准教授、2015年より埼玉医科大学国際医療センター客員教授を兼任。日本集中治療医学会専門医・評議員、日本集中治療医学会関東甲信越地方会評議員、日本救急医学会指導医・評議員、日本麻酔科学会指導医、日本内科学会認定内科医、日本プライマリケア連合学会認定医など。

●**田中利樹**（たなか・りき）
（第2章第10項執筆）
ハイズ株式会社医療事業部長
横浜市立大学付属病院医療経営アドバイザー、医療政策学修士（東京医科歯科大学大学院）。亀田総合病院、聖路加国際病院の経営部門での勤務を経て現職。

●**山本晃**（やまもと・こう）
（第4章第7項執筆）
横浜市立みなと赤十字病院、血液内科部長、院長補佐、経営戦略室長、医療情報センター長
1986年東京医科歯科大学卒業。東京医科歯科大学、都立駒込病院、St. Jude Children's Research Hospitalなどを経て、2005年から現職。日本血液学会認定血液専門医、指導医、評議員。

●**牧野憲一**（まきの・けんいち）
（第5章第2項執筆）
旭川赤十字病院院長
1979年旭川医科大学卒業。2003年旭川赤十字病院副院長、2012年より現職。日本病院会理事、地域連携ネットワーク研究会会長。日本脳神経外科学会専門医、日本救急医学会専門医、日本脳卒中学会専門医。

医療経営士「実践テキスト」シリーズ

実践テキストシリーズ 1
なるほど、なっとく 医療経営 Q&A 50

3訂版

医療経営の本質を背景・しくみから詳しく解説。
『医療経営テキスト』[初級]シリーズに対応

- 著者：長 英一郎（東日本税理士法人）
- 体裁：A5判／並製／1色／300ページ
- 定価：本体価格3,000円+税
- ISBN：978-4-86439-460-4

実践テキストシリーズ 2
診療科別・病院経営戦略の「理論」と「実践」

地域No.1病院・診療科に至る、必ず成功する"経営鉄則"実践事例が満載。経営戦略を磨き抜く差別化戦略のノウハウを大公開！

- 著者：井上貴裕（東京医科歯科大学医学部附属病院特任講師）
- 体裁：A5判／並製／2色／200ページ
- 定価：本体3,000円+税
- ISBN：978-4-86439-032-3

実践テキストシリーズ 3
なるほど、なっとく医療経営実践ポイント37
経営データの活用と金融機関との上手なつきあい方

数字やデータの本当の意味を理解すれば、経営会議で説得力のある提言ができる！ 「財務会計」「資金調達」の実践的手引書。

- 著者：長 英一郎（東日本税理士法人）
- 体裁：A5判／並製／1色／168ページ
- 定価：本体3,000円+税
- ISBN：978-4-86439-165-8

(株)日本医療企画 〒101-0033 東京都千代田区神田岩本町4-14 神田平成ビル TEL:03-3256-2862 FAX:03-3256-2865

- 関東支社 ☎03-3256-2885
- 関西支社 ☎06-7660-1761
- 九州支社 ☎092-418-2828
- 北信越支社 ☎076-231-7791
- 中部支社 ☎052-209-5451
- 北海道支社 ☎011-223-5125

詳しくは 医療経営士 検索

医療経営士「実践テキスト」シリーズ

実践テキストシリーズ4
職員トラブルを未然に防ぐ
医療機関のための人事労務管理術

リスクを想定したルールづくりと問題職員への対処法
トラブル防止&回避のための実践的ノウハウを大公開!

- 著者：服部英治（株式会社名南経営コンサルティング／社会保険労務士）
- 体裁：A5判／並製／2色／208ページ
- 定価：本体3,000円+税
- ISBN：978-4-86439-203-7

実践テキストシリーズ5
これだけは知っておきたい
医療機関のためのマイナンバー対策

個人情報保護法から医療等IDがもたらす影響まで
経営者や職員の視点から対応策を会話形式で徹底解説!

- 著者：石橋賢治（株式会社富士見坂病院研究所代表取締役）
- 体裁：A5判／並製／2色／184ページ
- 定価：本体1,800円+税
- ISBN：978-4-86439-511-3

※肩書きは執筆時のものです。

(株)日本医療企画 〒101-0033 東京都千代田区神田岩本町4-14 神田平成ビル TEL:03-3256-2862 FAX:03-3256-2865
- 関東支社 ☎03-3256-2885
- 関西支社 ☎06-7660-1761
- 九州支社 ☎092-418-2828
- 北信越支社 ☎076-231-7791
- 中部支社 ☎052-209-5491
- 北海道支社 ☎011-223-5125

詳しくは 医療経営士 検索

医療経営士 実践テキストシリーズ 6
これからの医療政策の論点整理と戦略的病院経営の実践

2017年3月13日 初版第1刷発行

編著者	井上貴裕
発行者	林 諄
発行所	株式会社 日本医療企画

〒101-0033 東京都千代田区神田岩本町4-14
神田平成ビル
TEL 03(3256)2861(代表)
FAX 03(3256)2865
http://www.jmp.co.jp/

印刷所 図書印刷株式会社

ISBN978-4-86439-564-9 C3034 ©Takahiro Inoue 2017, Printed in Japan
(定価は表紙に表示してあります)